本书为国家社科基金项目“戴克里先研究”（项目批准号：13BSS001）结项成果

戴克里先研究

张晓校　著

中国社会科学出版社

图书在版编目(CIP)数据

戴克里先研究／张晓校著.—北京：中国社会科学出版社，2020.6
ISBN 978-7-5203-6220-7

Ⅰ.①戴…　Ⅱ.①张…　Ⅲ.①戴克里先（243-313）—人物研究
Ⅳ.①K831.985.7＝2

中国版本图书馆 CIP 数据核字(2020)第 054645 号

出 版 人　赵剑英
责任编辑　宫京蕾
特约编辑　李晓丽
责任校对　周　昊
责任印制　郝美娜

出　　版　中国社会科学出版社
社　　址　北京鼓楼西大街甲 158 号
邮　　编　100720
网　　址　http：//www.csspw.cn
发 行 部　010-84083685
门 市 部　010-84029450
经　　销　新华书店及其他书店

印刷装订　北京君升印刷有限公司
版　　次　2020 年 6 月第 1 版
印　　次　2020 年 6 月第 1 次印刷

开　　本　710×1000　1/16
印　　张　16
插　　页　2
字　　数　252 千字
定　　价　88.00 元

目　录

第一章　三世纪危机与戴克里先崛起

三世纪危机过后的罗马帝国历史，以戴克里先（拉丁语全名为 Gaius Aurelius Valerius Diocletianus）登基为分界线，似不存在疑问。戴克里先开启了帝国历史新的界面，英国历史学家 H. 斯图亚特·琼斯（H. Stuart Jones）宣称，戴克里先的统治是世界历史上新时代的起点[①]。另有学者认为，戴克里先是自奥古斯都以来，帝国行政机构最伟大的重构者[②]。蒙森更是称戴克里先为"历史上最著名的人物之一"[③]。罗马帝国后期的历史，一系列重大事件与戴克里先的名字联系在一起。戴克里先崛起于乱世，结束了对罗马帝国打击沉重的三世纪危机，使帝国度过劫难，继续生存了近两个世纪。戴克里先"恢复了国内的秩序，边境相对安全"，甚至把帝国边境扩大到美索不达米亚[④]。作为三世纪危机的"终结者"，戴克里先战胜了对手，"结束了军事无政府状态，以及短命皇帝血腥继位的历史"[⑤]；独掌王权后，推行"多米那提"制（Dominate），罗马帝国最后完成了向专制制度的过渡；别出心裁地推行"四帝共治"，进行了一系列前所未有的改革，对基督教进行了最后一次大迫害，等等。戴克里先的这些作为，无论是生前，还是死后，都是人们议论的话题。

---

① H. Stuart Jones, *The Roman Empire*, *B. C.* 29-*A. D.* 476, New York, G. P. Putnam's Sons, London: T. Fisher Unwin, 1908, p. 352.

② William E. Dunstan, *Ancient Rome*, Rowman & Littlefield Publishers, Inc., 2011, p. 427.

③ Theodor Mommsen, *A History of Rome under the Emperors*, English translation by Clare Krojzl, Routledge, 1996, p. 349.

④ *The Cambridge Companion to the Age of Constantine*, edited by Noel Lenski, Cambridge University Press, 2006, p. 53.

⑤ Antonio Santosuosso, *Storming the Heavens: Soldiers, Emperors, and Civilians in the Roman Empire*, Westview Press, 2001, p. 177, p. 179.

戴克里先各项治国理政措施，致力于帝国的稳定和统一。戴克里先生前，帝国的确保持了一个多世纪以来罕见的稳定。但也必须看到，戴克里先的作为、措施，从多重角度考察，消极后果或许是戴克里先未曾想到的，不妨认为，戴克里先的各项措施产生的消极效应，在很大程度上抵消了积极作用。比如，戴克里先推行“四帝共治”，等于为他退位后诸雄争霸乃至最后帝国东西分裂埋下了祸根。“戴克里先设立四帝共治的初衷或许是好的，但不幸的是这个制度最终加剧了各个势力之间的争斗。”① 戴克里先结束帝国危机之后，长期居住东方的尼科米底亚（Nicomedia），极少现身都城罗马，似乎可视为后世君士坦丁大帝最终放弃罗马城，迁都君士坦丁堡的“预演”。然而，无论积极，抑或消极，戴克里先奠定帝国后期历史走向基础的地位都不会发生动摇。

戴克里先堪称帝国后期地位特殊的皇帝。美国学者米切尔·布尔甘（Michael Burgan）把罗马帝国衰亡形容为一个缓慢的过程②。戴克里先的种种作为使帝国度过了深重的危机，减缓了衰亡的速度。从这一层面考量，西方学者的判断有合理之处。戴克里先的历史地位，通过这一点得到了集中反映。

第一节　三世纪危机

公元3世纪，罗马帝国遭遇了前所未有的三世纪危机。国内学术界主流观点认为，这场危机是罗马奴隶制危机的总爆发，包括了政治、军事、经济、边境等多方面的危机。在西方学者各类著述中，涉及三世纪危机的论述，crisis（危机、转折点等）和 chaos（混乱、无序等）两个词汇每每交替使用，且各有道理。笔者认为，这两个英文词汇恰恰是三世纪危机的真实写照：既混乱无序，亦动荡不安，是帝国统治全面危机的总体概括。“三世纪的劫难像狂风似的卷走了帝国的繁华……”③ 整

---

① ［英］彼得·琼斯：《罗马帝国档案》，孙逸凡译，北方文学出版社2015年版，第294页。

② Michael Burgan, *Empire of Ancient Rome*, Chelsea House Publisher, 2009, p. 14.

③ ［美］M. 罗斯托夫采夫：《罗马帝国社会经济史》（下册），马雍、厉以宁译，商务印书馆1985年版，第715页。

个帝国被“洗劫一空”，毫无生机[①]。

关于三世纪危机的时间断限，国内外学术界有不同的观点。苏联学者认为，三世纪危机的起点是3世纪30年代[②]。西方学术界讨论三世纪危机的起点，两种观点占据主导地位：一种观点认为，三世纪危机的起点为192年，即康莫德（Marcus Aurelius Commodus Antoninus）被杀之后，罗马帝国再燃内战烈火，危机由此拉开帷幕；另一种观点认为，危机以235年塞维鲁王朝末代皇帝亚历山大被杀为起点[③]。关于三世纪危机的下限，学术界大多数观点认为，284年戴克里先登基为这场危机的终点。某些苏联学者也持这一观点[④]。笔者采纳公元235年为三世纪危机起始的观点。虽然193年罗马帝国再次爆发大规模内战，但内战平息后，塞维鲁统治时期，社会尚未出现类似三世纪危机这般全国性的动荡。西方学术界一种观点认为，塞维鲁王朝实际上危机深重，但并未达到“天下大乱”的程度。总之，所谓三世纪危机并非100年的具体数值，主要集中在235—284年50年间，在260年前后达到顶峰[⑤]。据此，一些学者更加具体、明确地认为，三世纪危机是“三世纪中期危机（The Crisis of the Mid-Third Century）”[⑥]。无论时间长短，三世纪危机对帝国持续造成的种种危害，以及前所未有的乱象是不争的事实。英国著名学者吉尔·哈里斯（Jill Harries）将3世纪称为“漫长的三世纪”[⑦]。笔者以为，所谓“漫长的三世纪”旨在说明：（1）三世纪危机

---

① ［美］M. 罗斯托夫采夫：《罗马》，邹芝译，世纪出版集团2014年版，第224页。

② 《苏联大百科全书选译——古代罗马》，生活·读书·新知三联书店1959年版，第30页。

③ 关于三世纪危机始于235年，常见于西方学术界各类著述中，既有通史类著述，也有专门史著作。西方学者认为，235年是罗马历史的转折点，真正的变化从未如此迅速、如此彻底，以这一年作为分界线，容易被人接受。见Pat Southern，*The Roman Empire*：*from Severus to Constantine*，Routledge，200，p. 2。

④ ［苏］B. H. 狄雅可夫、C. И. 科瓦略夫主编：《古代世界史（古代罗马部分）》，高等教育出版社1959年版，第291页。

⑤ *The Cambridge Ancient History*，Second Edition，Volume XII，The Crisis of Empire，a. d. 193-337. Cambridge University Press，2008. p. 28.

⑥ Charles Freeman，*Egypt*，*Greece and Rome*，*Civilizations of the Ancient Mediterranean*，third edition，Oxford University Press，2014，p. 563.

⑦ Jill Harries，*Imperial Rome*，*AD* 284 *to* 363：*The New Empire*，Edinburgh University Press Ltd.，2012，p. xii.

由来已久；（2）“罗马帝国经历了巨大的不幸和灾难”①，委实是一种痛苦、漫长的煎熬。针对“漫长的三世纪”，西方学术界还有“短缺的三世纪”之说，指的是人们议论的“三世纪”实际上仅为 91 年——193—284 年②，比正常世纪的 100 年“短缺”9 年。耐人寻味的是，“漫长的三世纪”并不指代 3 世纪比正常的世纪多出多少年，而“短缺的三世纪”的确不足 100 年。无论是“漫长”，还是“短暂”，都从不同的视角揭示了罗马帝国的三世纪的特殊性。阿拉里克 · 沃森（Alaric Watson）鉴于三世纪危机带给帝国的重重危害，将这一时期称为“罗马人的黑暗年代”（Roman Dark Age）③。

对于罗马帝国而言，用“内外交困”形容三世纪危机期间帝国的总体状况，为之不过：内部经济、政治、军事等各种危机集中爆发，并通过军队参与的各种与军事政变性质的、频繁的帝位更迭直接表现出来；外部则是由外敌入侵导致边患重重，迫使多个皇帝经年累月忙于同外敌的战事。西方学者总结说，这一时期的“突出特点是内外战争”④；“……外敌入侵的沉重打击，各种名目的战争，此起彼伏的各种起义反叛，使帝国遍体鳞伤。持续不断的战事和不断的瘟疫，导致人口锐减。”⑤“内战纵容了蛮族入侵，关于这一点，在 3 世纪一览无遗。罗马军队在内部争斗中相互厮杀，边防脆弱不堪。”⑥战争、瘟疫等外部原因从诸多方面对罗马帝国的经济与社会结构产生了破坏性影响，由此产生的各种危机导致帝国政治秩序大乱，“礼乐崩坏”，国力衰微，经济萧条，军队忙于内部纷争，一些将领公开反叛中央政权，疏于边防，为蛮族入侵创造了条件。所以，三世纪危机“实际上，既是内部危机，又

---

① *The Cambridge Ancient History*, Second Edition, Volume XII, The Crisis of Empire, a. d. 193-337. Cambridge University Press, 2008. p. 58.

② Olivier Hekster with Nicholas Zair, *Rome and Its Empire*, *AD*193-284, Edinburgh University Press, 2008, p. ix.

③ Alaric Watson, Aurelian and the Third Century, Routledge, 1999. p. 2.

④ *The Cambridge Ancient History*, Second Edition, Volume XII, The Crisis of Empire, a. d. 193-337. Cambridge University Press, 2008, p. 28.

⑤ William E. Dunstan, *Ancient Rome*, Rowman & Littlefield Publishers, Inc. , 2011, p. 424.

⑥ Adrian Goldsworthy, *How Rome Fell*, *Death of a Superpower*, Yale University Press, 2009, p. 215.

是外部危机”①。而外部、内部危机，又可以归结为边患加剧，王位继承每每引发内战。通过这些表象不难发现，军队的混乱与失控构成了危机的主要祸根。军队在每一个行省进进出出，疯狂掠夺无助的居民②，民不聊生。

三世纪危机爆发的原因是复杂的。除了社会、经济等方面的因素外，军队的作为，是其中不可忽视的原因之一。比如，论及三世纪危机，乃至罗马帝国灭亡，蛮族入侵始终为学术界所强调。然而，无论是帝国内部混乱不堪，抑或边境频频告急，都可在军队这里找到答案：军队没有履行自己对内维护秩序、保持国家稳定，对外抵御外敌入侵、维护帝国安全等最基本的职能。军队没有履行自己应尽的义务，把主要精力投入到内部纷争中，不断杀死在位君主，把自己所拥戴的将领推上王位。学术界普遍认为，三世纪危机的顶峰是“军营皇帝时代”（Barracks Emperors）的出现。“军营皇帝时代”亦被称为“军人皇帝时代”③。顾名思义，这一时期的皇帝或出身行伍，或由不同地区军团、军队拥上王位——在军队或军营中诞生。这些皇帝要么是手握重兵的骄兵悍将，要么恃赖军队登基称王。三世纪危机的主角正是这样一批“军营皇帝”。关于这一时期的混乱与危机，多位西方学者以“军事无政府状态”（Military Anarchy）④予以概括。“军事无政府状态”主要指的是，罗马帝国235—284年的历史。在半个世纪的时间里，数十名各色皇帝走马灯般轮番登基称王，许多反叛者怀有夺权称帝的野心，在帝国领土上，称王称帝者超过60人⑤，其中包括了“三十暴君”在内的各

① Charles Freeman, *Egypt, Greece and Rome, Civilizations of the Ancient Mediterranean*, third edition, Oxford University Press, 2014, p. 563.

② H. Michell, The Edict of Diocletian: A Study of Price Fixing in the Roman Empire, *The Canadian Journal of Economics and Political Science*, Vol. 13, No. 1 (Feb., 1947), p. 1.

③ Solomon Katz, *The Decline of Rome and the Rise of Mediaeval Europe*, Cornell University Press, 1955. p. 32.

④ Antonio Santosuosso, *Storming the Heavens: Soldiers, Emperors, and Civilians in the Roman Empire*, Westview Press, 2001, p. 168. 西方学者的各类著述中，military anarchy 的使用频率非常高，说明关于“军事无政府”的概念已经得到普遍认同。

⑤ Adrian Goldsworthy, *How Rome Fell, Death of a Superpower*, Yale University Press, 2009, p. 138.

种反叛的首领和割据势力，平均不足一年便发生一次帝位更替。这些皇帝绝大多数惨遭“横死”，而且死因可谓多种多样，有的在内战中殒命，有的死于近卫军之手，有的被罗马人的敌人杀死，极个别染病身亡——则属于“自然死亡”。“近卫军和军团士兵通过暴力和杀戮，推翻当朝皇帝或另立君主。”① 皇帝死于非命，3 世纪司空见惯，不论具体死因如何，绝大多数与军队有着千丝万缕的联系。军队参与皇帝的废立（make and unmake）是三世纪危机的主要内容，结果令帝国“危机复危机”，使帝国雪上加霜。

依笔者所接受的观点，三世纪危机肇始于 235 年塞维鲁王朝灭亡，结束于 284 年戴克里先登基。在 180—285 年 100 余年间，各色皇帝和那些篡权践位者，仅有两人未遭横死，皇帝平均在位时间仅仅两年半（不包括“三十暴君”之类的“非法皇帝”）。另一组数字也很能说明问题，从塞维鲁殁，到君士坦丁独掌帝国权柄，前后不过百年，各种名目的“合法”与“非法”皇帝人数竟然超过了 60 人。如果换一个角度考察，则更能够看出三世纪危机期间帝国之无序、之混乱。从公元前 31 年至公元 180 年的二百多年间，罗马帝国共出现了 17 个皇帝（含共治皇帝），这个数字和三世纪危机的皇帝数字相比较，更能说明问题的实质。三世纪危机期间，在位时间最长的皇帝为加列努斯：253—260 年与父皇瓦莱里安共治帝国，260—268 年独掌王权，前后 15 年。即使以 8 年计算，在走马灯般的皇位更替的三世纪危机时期，亦可称无人打破的一项“历史纪录”。在作为一国之主的皇帝尚且朝不保夕的岁月里，“拥兵自重的野心家们谋刺皇帝和公开反叛成了家常便饭”②，“在如此短的时间内，从未出现过如此多的皇帝和反叛者，也从未有过如此大面积的区域脱离帝国”③。帝国危机、混乱的程度无以复加。

帝国深陷危机，军队的各种消极作为令帝国危难重重。军队恣意妄

① Antonio Santosuosso, *Storming the Heavens: Soldiers, Emperors, and Civilians in the Roman Empire*, Westview Press, 2001, p. 168.

② ［英］安德林·戈德斯沃司：《非常三百年——罗马帝国衰落记》，郭凯生、杨抒娟译，重庆出版社 2010 年版，第 110 页。

③ Olivier Hekster with Nicholas Zair, *Rome and Its Empire, AD193-284*, Edinburgh University Press, 2008, pp. 82-83.

为，从另一个方面揭示出，以皇帝为中心的中央政权失去了应有的威慑，控制军队软弱无力。此间，“军营皇帝”多由军队推举，军队拥立皇帝完全出于一己私利，从未顾及被举荐者的治国理政能力，因此，有作为的皇帝寥寥无几[①]。三世纪危机期间，帝国混乱不堪，军队恣意妄为，是皇帝软弱无能、掌控军队无力的真实写照。帝国的统治危机是政治危机的集中体现，鉴此，有学者宣称：“所谓危机，最引人注目的是这一时期政治上的动荡。”[②]

三世纪危机使帝国内外交困，内部为几乎不间断的纷争、内战，外部则是边防能力急剧下降，几近有边无防。边境危机的一个连带后果是，繁荣一时的城市，每每成为外敌劫掠对象，于是，“帝国境内有一定规模的城镇都建起了城墙。城墙没有统一的样式，唯一相同的是几乎所有的城墙都造得非常厚实……”“不仅城市地区，农村地区也在加强防御。”[③] 城市修筑高厚的城墙，主要是为了防御外敌入侵，反映出三世纪危机期间，帝国对于来犯之敌只能被动防御，修筑、加固城墙，加强守备属不得已而为之。许多城镇因失去防卫遭放弃，居民转移到更加安全的地区，有时甚至重新使用一些山顶的古老居民点[④]，以避战乱。如前文所述，许多时候军队忙于内战，忙于支持自己的将领觊觎、夺取王权、镇压各地起义，导致边防松弛，蛮族突破边界，边患日甚一日，国家安全遭遇了前所未有的挑战。“这场危机的突出特点是国内外进行的战争”；危机期间，“帝国经常遭到法兰克人、阿拉曼尼人和波斯人的侵略”[⑤]，失去了多瑙河地区大片土地[⑥]，帝国权威遭遇蔑视。大约在250年时，帝国再度陷入边境危机，且主要集中在北方和东方。在东方，富有侵略性的、危险的敌人是新建立的萨珊波斯王朝。从230年至266年，罗马人及其盟友与波斯人的战争首尾相顾，始终未能遏制波斯

① Michael Burgan, *Empire of Ancient Rome*, Chelsea House Publisher, 2009, p. 62.

② Alaric Watson, *Aurelian and the Third Century*, Routledge, 1999, pp. 1-2.

③ [英] 安德林·戈德斯沃司：《非常三百年——罗马帝国衰落记》，郭凯生、杨抒娟译，重庆出版社2010年版，第80、81页。

④ Stephen Williams, *Diocletian and the Roman Recovery*, Routledge, 1985, p. 20.

⑤ *The Cambridge Ancient History*, Second Edition, Volume XII, The Crisis of Empire, a. d. 193-337. Cambridge University Press, 2008, p. 28.

⑥ Michael Burgan, *Empire of Ancient Rome*, Chelsea House Publisher, 2009, p. 14.

人的入侵势头。在北方，一些从前势力较小的日耳曼部落，此时结合成规模较大的联盟，如法兰克人、哥特人等，在同罗马人的战争中不断壮大，具备了与罗马人抗衡的实力，已经成为罗马人的劲敌，238 年在巴尔干，253 年在莱茵河地区不断入侵罗马边境[①]。260 年，阿拉曼尼人入侵罗马，深入意大利，直抵米兰城南部。259—260 年，另一些日耳曼部落蹂躏了东部高卢，打开了通向地中海的道路[②]。戴西乌斯（Decius）在位期间，多瑙河防线被全线突破，入侵者成规模地越过巴尔干半岛。“罗马帝国与一个比一个强大的新崛起的外敌交锋，遭受着一次又一次的惨败。波斯军队拿下安提俄克，哥特海盗的船队在希腊和小亚细亚一带横冲直撞，其他入侵者则越过边界，闯入高卢、意大利和西班牙。”[③] 曾经是罗马人手下败将的各个蛮族，能够如此公然侵犯帝国边境和领土，足以证明帝国在危机期间实力锐减，军队抵御外敌入侵的能力大大降低。外敌进犯，内部纷争，接二连三的瘟疫等天灾人祸，令罗马帝国内忧外患，深陷泥淖。

三世纪危机带给罗马帝国的不仅是空前的政治危机，而且使帝国的经济危机前所未闻，经济凋敝，通货膨胀日益加剧，帝国大部分地区经济呈萎缩的颓势。“三世纪期间，罗马面临的经济问题之一是通货膨胀……人们以时下的收入无法购买到同先前同样多的物品。”据统计，到 267 年时，物价上涨了 700%。货币贬值，民众入不敷出[④]。这种通货膨胀及其破坏程度，三世纪危机之前不曾有过。日后戴克里先进行货币改革，与此有直接关系。三世纪危机期间，内战外战频仍，对社会经济的毁坏往往是致命的。危机令社会发展失去应有保障，农业、人口、城市、贸易等蒙受着各种灾难，公民生活趋于衰败[⑤]。“无论是内战还是外族入侵，结局无外乎村镇夷为平地，生计毁于一旦，成千上万的人

① Lukas de Blois, Peter Funke, Johannes Hahn, *The Impact of the Roman Army* (200 *B.C.*–*A.D.* 476), Brill, Lieden · Boston, 2007, p. xix.

② Charles Freeman, *Egypt*, *Greece and Rome*, *Civilizations of the Ancient Mediterranean*, third edition, Oxford University Press, 2014, p. 565.

③ ［英］安德林·戈德斯沃司：《非常三百年——罗马帝国衰落记》，郭凯生、杨抒娟译，重庆出版社 2010 年版，第 86 页。

④ Michael Burgan, *Empire of Ancient Rome*, Chelsea House Publisher, 2009, pp. 61–62.

⑤ Stephen Williams, *Diocletian and the Roman Recovery*, Routledge, 1985, p. 19.

沦至生不如死的绝境。”① “在三世纪，仍有一些地区保持了繁荣，只不过这样的区域越来越少。”② 频繁的皇位更迭导致政治乱象横生，直接摧残着日益萧条的帝国经济，因为每一个新登基的皇帝都迫不及待地为拥立自己的军队“索取金钱、粮食、衣着、武器等等……强制性的征兵，强制性的抽捐和征粮、强迫劳动”③。政治上的一系列动荡令凋敝的帝国经济雪上加霜，更使帝国“濒于土崩瓦解”④。

三世纪危机期间，如果说经济危机从内部瓦解帝国的话，边境危机则是外敌从外部摧残着帝国。“3 世纪 60 年代，罗马边境体系瓦解。要塞或遭外族摧毁，或被怀有敌意的罗马人自己的军队破坏，有些则遭废弃。罗马人甚至失去了多瑙河与莱茵河之间的一些领土。”⑤ “3 世纪 60 年代，所有的边境都被突破，罗马领土遭入侵。”⑥ 内忧外患对帝国形成“内外夹击”之势，相互激荡，帝国举步维艰。“伴随外敌军队的日益强大，罗马面临的各种灾祸也随之增多……多位皇帝不得不花费更多的钱财，用于远方的战事。”⑦ 内部和外部战事给许多地区带来的是灾祸、死亡和贫穷，战事覆盖地区更是困难重重。连绵不断的内外战事，造成的第一个可见后果是各种军费的不断增加（比如，为保证士气，无条件地为军队官兵增加军饷和赏银等）。首尾相顾的内外战事造成了巨大的军费开支，本已危困不堪的帝国经济雪上加霜。“常年的战争使得财政入不敷出，为军队募集资金变得越来越困难。”⑧ 帝国曾经拥有的

---

① ［英］安德林·戈德斯沃司：《非常三百年——罗马帝国衰落记》，郭凯生、杨抒娟译，重庆出版社 2010 年版，第 85 页。

② Olivier Hekster with Nicholas Zair, *Rome and Its Empire*, *AD*193–284, Edinburgh University Press, 2008, p. 35.

③ ［美］M. 罗斯托夫采夫：《罗马帝国社会经济史》（下册），马雍、厉以宁译，商务印书馆 1985 年版，第 653 页。

④ 同上书，第 687 页。

⑤ Pat Southern, *The Roman Empire: from Severus to Constantine*, Routledge, 2001, p. 275.

⑥ Pat Southern, *The Roman Army: a Social and Institutional History*, ABC-CLIO, Inc. 2006, p. 47.

⑦ *The Cambridge Ancient History*, Second Edition, Volume XII, The Crisis of Empire, a. d. 193–337. Cambridge University Press, 2008, p. 59.

⑧ ［英］彼得·琼斯：《罗马帝国档案》，孙逸凡译，北方文学出版社 2015 年版，第 293 页。

强大的经济基础，经过三世纪危机的摧残，孱弱至极。三世纪危机必然包括经济危机，经济危机最大的受害者无疑是下层百姓。帝国一些边远地区，蛮族大举入侵，许多农场、城镇遭洗劫，罗马帝国的权威和公民生活趋于瓦解，经济危困，行省经济极度萧条。各种动荡、战乱交替折磨着帝国，日渐衰落的经济极大地削弱了帝国的实力。英国古典学者帕特·索特恩（Pat Southern）对3世纪罗马帝国发生的种种灾祸进行了归纳：军事灾难、非官方移民、外敌越过边界打了就跑、内战、破产、内部和外部的各种起义反叛、饥馑和瘟疫等等①，罗马历史上曾经发生过的各种灾难性事件，在3世纪危机期间一应俱全，“帝国受到了极大伤害”②。外敌入侵，内部政治、经济的困境，使帝国濒临崩溃的边缘③。

戴克里先正是在这样的背景之下登基称帝的。

第二节　作为“终结者”的戴克里先

戴克里先是作为三世纪危机的“终结者”登上王位的，多方面显要出那个时代的特征。和危机期间大多数皇帝一样，是“通过将军和军官的选举”④ 获得王位的。言外之意，假如没有军队的支持或认可，戴克里先不可能获得帝位。已故奥古斯都努米里亚努斯（Numirianus）的部将推举皇家卫队司令官——戴克里先为皇帝。284年11月20日，在彼泰尼亚（Bithynia）的尼科米底亚城外4.8千米（3英里）的一座山丘上，士兵们向新皇帝欢呼致敬，戴克里先和帝国历史上诸多皇帝一样，在军队的支持、推举下成为帝国皇帝，名号为Imperator Caesar Gaius Aurelius Valerius Diocletianus Pius Felix Invictus Augustus, Pontifex Maximus, Pater Patriae, Proconsul, 286年后又加上了Jovius。在此过程中，日后成为戴克里先共治皇帝（奥古斯都）的、在卡鲁斯的美索不达米亚军

① Pat Southern, *The Roman Empire: from Severus to Constantine*, Routledge, 2001, p. 4.

② William E. Dunstan, *Ancient Rome*, Rowman & Littlefield Publishers, Inc., 2011, p. 424.

③ *War and Society in the Roman World*, edited by John Rich and Graham Shipley, Routledge, 1993, p. 7.

④ ［瑞士］雅各布·布克哈特：《君士坦丁大帝时代》，宋立宏等译，上海三联书店2006年版，第24页。

队中服役的马克西米安（Maximian，拉丁文名字为 Marcus Aurelius Valerius Maximianus Herculius），表示支持戴克里先。但此时，前朝君主——兄弟二人“共治”中的另一位奥古斯都卡里努斯（Carinus）依然健在[①]，戴克里先帝位尚不具备唯一性，而且拥戴戴克里先的只是东部军队。戴克里先必须消灭卡里努斯，方能真正确立自己独掌帝国权柄的地位。在此过程中，还有一个小小的插曲。戴克里先获得军队的拥戴后，为了表示自己的“清白”与“公正”，在登基仪式上，当众杀死了站在自己身边的、谋害努米里亚努斯的凶手阿培尔（Aper），历史学家宣称这是戴克里先第一次“公开的行动”[②]。意思是说，戴克里先在军队的注视之下，杀死了阿培尔。言外之意，这位皇家卫队司令官此前并不为太多的人知晓。至于戴克里先缘何当众杀死阿培尔，英国古典学者亚瑟·詹姆斯·梅森（Arthur James Mason）认为，阿培尔本人是戴克里先强有力的对手，“或许某一天就成为争夺王位的竞争者”[③]。因此，戴克里先只有除掉这个对手，才能独揽帝国权柄。戴克里先以非皇统登基，有类似想法不是意外。另有一种说法认为，戴克里先当众杀死阿培尔，或许是因为“他知道得太多”[④]。

得到军队拥立的戴克里先，必须和卡里鲁斯争夺罗马世界的统治权。卡里努斯不是等闲之辈，被戴克里先打败之前，已经恢复了莱茵河

① 在古典史家笔下，卡里努斯是一个残暴的昏君，恶名累累，私生活极为混乱，淫荡糜烂，留下过九次婚姻记录，是“一切人中最肮脏龌龊的”。见［古罗马］埃利乌斯·斯巴提亚努斯等：《罗马君王传》，谢品巍译，浙江大学出版社 2017 年版，第 616 页。

② *The Cambridge Ancient History*, Second Edition, Volume XII, The Crisis of Empire, a. d. 193-337. Cambridge University Press, 2008, p. 69. 杀死阿培尔后，戴克里先对全体官兵发誓，自己没有参与谋杀努米里亚努斯，愿意继承王位。关于戴克里先登基的各种记载，主要来自 4 世纪拉丁作家的各种记述（Mitchell Stephen, *A History of the later Roman Empire*, *A. D.* 284-641. Second edition, Blackwell, 2007. p. 52.）。戴克里先同时代的埃利乌斯·斯巴提亚努斯在《罗马君王传》中记载，戴克里先杀死阿培尔另有迷信原因。见［古罗马］埃利乌斯·斯巴提亚努斯等《罗马君王传》，谢品巍译，浙江大学出版社 2017 年版，第 615—616 页。

③ Arthur James Mason, *The Persecution of Diocletian*, *A Historical Essay*, Cambridge, 1876, p. 3, p. 4.

④ Brian Campbell, *The Romans and Their World*, Yale University, 2011. p. 199.

边境[①]。此时，卡里努斯不仅占据着帝国的东方诸行省，而且手中握有一支强大的军队，实力不在戴克里先之下。285 年年初，卡里努斯在维罗纳战役中，击败进军意大利的戴克里先。同年春天，双方在莫西亚（Moesia）玛古斯河（Margus，今天的摩拉瓦河——Morava，位于贝尔格莱德附近）再次交锋。战争初期，卡里努斯占上风，但卡里努斯却被部下杀死[②]。戴克里先不战而胜，而且获得了卡里努斯手下军队的认可。据认为，这种认可也是事先达成的默契[③]。戴克里先成为帝国唯一统治者。战胜卡里努斯后不久，戴克里先在西斯齐亚（Siscia）铸造钱币，钱币上刻有这样的文字："FIDES MILITVM"，意为硬币为战争胜利和战胜敌军而设计[④]。竞争对手已死，获得胜利的戴克里先对卡里努斯手下官兵网开一面，没有像其他获胜者那样，对这些官兵进行复仇式屠戮，主动与之和解，其中许多人还得到戴克里先重用[⑤]。戴克里先的宽宏大量为自己的统治赢得了更多的支持，获得了比较广泛的基础。

285 年，折磨帝国半个世纪之久的"军营皇帝时代"结束。戴克里先战胜了对手，确立了自己的统治。与 3 世纪帝国重重危机相比较，他治下的帝国危机似乎宣告结束，恢复了秩序和平静，但实际上"开启了罗马帝国走向灭亡的新的时期"[⑥]。也就是说，戴克里先缓解的仅仅是眼前的危机，不可能彻底根除危机。帝国充满动荡、纷争的三世纪危机"是戴克里先结束的，尽管帝国已发生了面目全非的变化"[⑦]。戴克里先

① *The Cambridge companion to the Age of Constantine*, edited by Noel Lenski, Cambridge University Press, 2006, p. 356.

② *The Cambridge Ancient History*, Second Edition, Volume XII, The Crisis of Empire, a. d. 193-337. Cambridge University Press, 2008, p. 58. 关于卡里努斯被杀的原因，现代学者认为，表面上看是因为这个皇帝与士兵的女人有染。见 Brian Campbell, *The Romans and Their World*, Yale University, 2011, p. 199。

③ ［瑞士］雅各布·布克哈特：《君士坦丁大帝时代》，宋立宏等译，上海三联书店 2006 年版，第 24 页。

④ Bill Leadbetter, *Galerius and the will of Diocletian*, Routledge, 2009, p. 50.

⑤ Chris Scarre, *Chronicle of the Roman Emperors: the Reign-by-Reign Record of the Rulers of Imperial Rome*, Thames and Hudson, 1995, p. 197.

⑥ Joseph Vogt, *The Decline of Rome*, Great Britain, 1967, p. 43.

⑦ Michael Grant, *The Collapse and Recovery of the Roman Empire*, Routledge, 1999, p. 39.

本人属于“伊里利库姆皇帝”（因多个皇帝出身伊里利库姆而得名）中的一员。罗马帝国在3世纪，一半时间为伊里利库姆出身的军人皇帝统治着：克劳狄乌·哥特乌斯（Claudius Gothicus）、奥莱里安、普劳布斯（Probus）、卡鲁斯（Carus）① 和戴克里先。伊里利库姆人在这一时期扮演了重要的角色②。尤其需要注意的是，这些皇帝本人即是骄兵悍将，悉数职业军人出身③。戴克里先在三世纪危机末期登基，不过是一系列武力夺权的军事将领中的一分子。和许多倚仗军队登上王位的各色皇帝一样，戴克里先出身低微，既不是元老、皇族，亦非罗马社会精英阶层一员④。经过三世纪危机的洗礼，帝国传统的政治秩序被彻底打乱，戴克里先创建的是一种非比以往的政治秩序——一种否定了元首制和传统等级理念的秩序。

戴克里先称帝不仅开始了一个新的王朝，“重组了帝国”⑤，而且标志着罗马帝国长达半个世纪“军事无政府”状态的结束。西方学者依此对戴克里先赞誉有加，甚至认为罗马帝国在戴克里先及其继任者手中实现了“浴火重生”。戴克里先的确减缓帝国衰亡的速度，拯救了危机四伏的帝国，但称戴克里先使帝国“浴火重生”，未免言过其实。戴克里先无疑是罗马帝国历史上转折点上的皇帝，完成了从“军事无政府”状态，向帝国晚期“多米那提”制的过渡。无论学术界怎样评价，戴克里先都称得上帝国晚期的杰出帝王，但他的许多改革与施政措施利弊共存，积极与消极影响同在。至于如何总体上评价戴克里先，一位英国学者的判断对于我们具有启迪意义：“正如共和国晚期一样，时代造就

---

① 戴克里先之前的诸位军人皇帝，在位时间虽然短暂，但几乎把所有的时间都用于持续不断的战争，有失败，也有成功。

② Theodor Mommsen, *A History of Rome under the Emperors*, English translation by Clare Krojzl, Routledge, 1996, p. 280.

③ Keith Hopkins, *Death and Renewal: Sociological Studies in Roman History*, Volume 2, Cambridge University Press, 1983, p. 182.

④ Richard Alston, *Soldier and Society in Roman Egypt*, A social history, Routledge, 1995, p. 153.

⑤ C. P. S. Clark, *Church History from Nero to Constantine*, U. S. A.: The More house Publishing Co., 1910, p. 318.

了戴克里先。"[①] 戴克里先"终结"了一个动荡的时代，揭开了一个新的时代，也拉开了古代世界历史转折的序幕。许多学者把戴克里先登基视为"晚期罗马帝国"或"古代后期"的开端[②]；是罗马帝国历史上"重要的分水岭"[③]。涉及戴克里先的评价，还有一点值得关注，即戴克里先是三世纪危机以来在位时间最长的皇帝，且有幸"善终"。布里安·坎佩尔（Brian Campbell）指出，作为狂热的改革者，以及所取得的成就令人印象深刻，戴克里先赢得了赞誉[④]。

戴克里先"终结"了三世纪危机，但"所要解决的问题不仅是政治问题，而且还有非常棘手的经济问题。三世纪的各种灾难，包括内外战争、帝国秩序大坏等，使帝国民穷财尽，甚至使帝国向灾难性的方向发展……"[⑤] 虽然戴克里先"终结"了三世纪危机，开启了新的时代，但他所接受的却是一个千疮百孔、饱受三世纪危机摧残的帝国。这也预示着戴克里先当政后，既要着手解决政治问题，也要解决经济问题；既有重建和重构[⑥]，也要进行各种改革。学术界关于戴克里先的相关研究，主要集中在政治、经济、军事等领域。对于戴克里先文化建设方面的贡献言之甚少。戴克里先建构、重构帝国过程中，并未松懈、放弃文

---

① ［英］约翰·瓦歇尔：《罗马帝国》，袁波、薄海昆译，青海人民出版社 2010 年版，第 44 页。

② Bill Leadbetter, *Galerius and the will of Diocletian*, Routledge, 2009, p. 49. 西方学术界一种观点认为，从马尔库斯·奥莱利乌斯（Marcus Aurelius, 161—180 年在位）到戴克里先登基，长达 120 余年时间为向晚期世界古代历史的过渡期。见 *The Cambridge Economic History of the Greco-Roman World*, edited by Walter Scheidel, Ian Morris, Richard Saller, Cambridge University Press 2007, p. 755。

③ William E. Dunstan, *Ancient Rome*, Rowman & Littlefield Publishers, Inc., 2011, p. 424.

④ Brian Campbell, *The Romans and Their World*, Yale University, 2011. p. 203.

⑤ J. B. Bury, *History of The Later Roman Empire*, Macmillan & Co., Ltd, 1923, p. 55.

⑥ 由于帝国百废待兴，戴克里先重构的任务异常艰巨。在重构过程中，戴克里先许多努力取得了成效，但总体上仍然有诸多差强人意之处。西方学者认为，戴克里先重建了货币体系，却没有恢复从前的稳定；重建了许多城市、城镇，但这些城市、城镇并未恢复到原来的规模；戴克里先重组了军队，但这支军队已不再是帝国初年的军团为主体的军队（P. J. Casey, *Carausius and Allectus*, *The British Usurpers*, With translations of the texts by R. S. O. Tomlin, London, 1994, pp. 12-13.）。类似评论有可取之处，却忽视了戴克里先各种重建、重构的意义。笔者认为，戴克里先最大的重建与重构是使帝国度过了危机，恢复了稳定。

化建设。结束了三世纪危机之后，戴克里先及其“共治皇帝”努力使臣民围绕文化传统（例如，罗马人的语言、宗教、法律等）形成一致。在此过程中，戴克里先对复兴拉丁语、加大拉丁语推广力度做出了积极的努力。拉丁语教师是政府资助的拉丁修辞学家，帝国一些重要城市任命正式的拉丁语教授，在一些行省城市重建拉丁语学校，帮助恢复拉丁语的研习等。正是由于这些做法，帝国东部4世纪出现一大批拉丁历史叙事作品。尽管帝国东部的商人和文人仍青睐希腊语，一些边远地区还在使用自己的母语①，但拉丁语的官方语言地位得到了强化。关注戴克里先的各项改革及其影响，亦应关注戴克里先在文化方面各种措施的影响与后果。

学者们在分析三世纪危机发生的原因与过程时，往往强调军队犯上作乱，军权高于王权。考察动荡不安的三世纪军队的作为，不难发现这一剖析有一定的说服力。作为三世纪危机的“终结者”，戴克里先挽救了即将分崩离析的帝国，然而，身为职业军人，戴克里先的崛起与登基，又何尝不是对军权高于王权的具体诠释呢？②

第三节　戴克里先与帝国出路

戴克里先登基之时，罗马帝国的重重危机尚未解除。无论作为危机的“终结者”，还是新的世纪“开创者”，戴克里先必须面对危机，然后才能拯救帝国于危难。“285年，罗马帝国仍然面临着许多亟待解决的各种难题。尽管‘危机’暴露了帝国的弱点，但也同时显示了帝国拥有的潜在力量。现在需要做的是，认识和开发这些潜力。”③“终结”危机是重要的，如何重振帝国更重要。帝国的出路在于挖掘帝国的潜

① 戴克里先甚至想让拉丁语用于社会和帝国的方方面面，如钱币和纪念碑上的铭文、各种官方信函、将军发布军令、行省总督签署法律文书等等，悉数使用拉丁语。见 Charles Matson Odahl，*Constantine and the Christian Empire*，Routledge，2004. pp. 47，53.

② 从戴克里先到狄奥多西乌斯一世（Theodosius I）之死的111年间，罗马帝国依然由武士出身的皇帝控制。这些皇帝一方面要同内部对手交锋；另一方面，则要保卫边境，同外敌作战。也正是军事上的强势，戴克里先等手握重兵的将领才能登基称王，较好地掌控帝国。

③ *The Cambridge Ancient History*，Second Edition，Volume XII，The Crisis of Empire，a. d. 193-337. Cambridge University Press，2008，p. 64.

力，否则还有可能继续三世纪危机的悲剧。戴克里先拯救帝国的做法与众不同：一方面主动应对帝国的内外危机；另一方面，通过各种改革，剔除元首制遗留的各种弊端，使帝国摆脱了三世纪危机的阴霾。因此，关注戴克里先应从他所推进的各项改革与重构入手；关注戴克里先的各项改革及其施政措施，与三世纪危机给帝国造成的破坏与灾祸相比较，可以认识到积极作用和影响。戴克里先改革与重构是其政治生涯的核心内容，为帝国寻找到了减缓灭亡的路径。英国著名古典学者帕特·索特恩对戴克里先各项改革给予较高的评价，认为戴克里先之所以能够平稳主政 20 年，一个重要条件是他推进了军事、行政和金融等方面的改革①。一般认为，戴克里先进行了广泛的、改变帝国性质的管理方面的改革②。三世纪危机过后，戴克里先的各项改革不仅重建了帝国政治秩序，而且使帝国完成从元首制向君主制的过渡。德国著名史家兰克指出，3 世纪末 4 世纪初，罗马帝国“建立了具有稳定形式的君主政体”③。这个君主政体的建立者便是戴克里先。

“戴克里先不仅意识到 3 世纪危机的影响，而且是开始采取补救措施的第一位君主。”④ 这些“补救措施”即是针对三世纪危机带给帝国的混乱与无序，实施的各项改革，抑或重构。在此过程中，最重要的“补救”是恢复秩序和权威，稳定帝国。戴克里先通过 20 年的统治，重建了半个世纪危机之后的政治、经济和军事的稳定。正是在稳定的环境中，戴克里先推进了他的各项改革与重构。也正是三世纪危机的混乱与无序，才显现出稳定与安宁的可贵与重要。因此，研究戴克里先及其种种作为，起点无疑是三世纪危机。在三世纪危机的困境中为帝国寻找新的出路，是戴克里先的统治得以继续的前提，这一前提即是恢复曾经有过的稳定。

---

① Pat Southern, *The Roman Empire: from Severus to Constantine*, 2001, p. 153.

② Richard Alston, *Soldier and Society in Roman Egypt, A Social History*, Routledge, 1995, p. 145.

③ ［德］利奥波德·冯·兰克著，［德］斯特凡·约尔丹、耶尔恩·吕森编：《历史上的各个时代——兰克史学文选之一》，杨培英译，北京大学出版社 2010 年版，第 23 页。

④ ［英］约翰·瓦歇尔：《罗马帝国》，袁波、薄海昆译，青海人民出版社 2010 年版，第 225 页。

出路与寻找出路，对于“终结者”和帝国而言是彼此依赖的关系，这种关系的基础是三世纪危机的深刻教训，以及百孔千疮的帝国。简而言之，戴克里先登基后，面临三大任务：解决王位继承问题、稳定帝国经济、平定边防。戴克里先所有的措施、作为，均可归结为如何完成这三大的任务所做出的努力。

第二章 “多米那提”制与四帝共治

戴克里先乱世崛起是罗马帝国历史上一个重大事件，完成了从三世纪危机期间帝国的“军事无政府”状态向“多米那提”制的过渡是重要标志，开启了后期罗马帝国历史的帷幕[①]。戴克里先登基后，通过各种改革与重构为危难深重的帝国寻找出路。实践中，戴克里先的许多改革内容亦包含着重构。在人们议论的各种重构和建构中，“多米那提”制应是首先关注的问题。论及戴克里先的政治改革，“多米那提”制与“四帝共治”无疑是核心内容。

第一节 “多米那提”制

罗马帝政发展史上，戴克里先注定是一个特殊的人物，注定是一个站在历史分界线上的帝王。吉本甚至把戴克里先与奥古斯都相提并论，视其为“新帝国”的奠基人[②]。吉本所云“新帝国”，无疑针对三世纪危机的动荡、混乱而言，更是针对戴克里先推行的君主制而言。戴克里先颠覆奥古斯都创建的元首制，创建了“多米那提”制——君主制。吉本称之为“新帝制”[③]。笔者以为，吉本此处“新帝制”，指的是戴克里

---

① William E. Dunstan, *Ancient Rome*, Rowman & Littlefield Publishers, Inc., 2011, p. 424.

② ［英］爱德华·吉本：《罗马帝国衰亡史》（上册），黄宜思、黄雨石译，商务印书馆1997年版，第203、204页。吉本的“新帝国”之说堪称经典。继吉本之后，英国圣安德鲁斯大学教授吉尔·哈里斯等学者陆续在著作中也使用“新帝国”形容戴克里先统治的帝国（Jill Harries, *Imperial Rome, AD 284 to 363: The New Empire*, Edinburgh University Press Ltd., 2012.）。但也有西方学者认为，“新帝国”最后是由君士坦丁大帝建成的。见 Charles Seignobos, *History of the Roman People*, Henry Holt and Company, New York, 1902, p. 406。

③ ［英］爱德华·吉本：《罗马帝国衰亡史》（上册），黄宜思、黄雨石译，商务印书馆1997年版，第203页。

先推行的帝制是帝国历史上前所未有的帝制——一种新的制度设计——是颠覆了元首制的帝制。此即戴维·麦吉（David Magie）所言，戴克里先的新帝国，“建立在古老的元首制的废墟之上”[①]。戴克里先将自己视为“*dominus*”（英语为 Dominate），即“罗马的主人与统治者”，罗马帝国由此正式确立了君主专制[②]。不论“新帝国”，还是“新帝制”，罗马帝政史上，戴克里先并不是使用“*dominus*”第一人，早于戴克里先几十年践位的奥莱里安就已经使用了“*dominus*”[③]，鉴此，有人认为，戴克里先实施“多米那提”制，不过是沿袭了前人的做法，并使之固定化。由于三世纪危机期间，罗马皇帝绝大多数难以“善终”，奥莱里安的“*dominus*”注定是短命的，但他所使用的“*dominus*”却在罗马帝国帝政史上开创了一个先例，在戴克里先之前进行了君主制的实践，对戴克里先产生的影响不言而喻。戴克里先使用“多米那提”这一称谓说明，皇帝不再是第一公民，是帝国所有臣属的主人，权力在所有国家机关之上[④]；皇帝不再是元首，而是整个帝国的主人。人称戴克里先是真正的君主，原因则在于此。

戴克里先的“多米那提”制从形式到内容，处处彰显君主制特征，而且这种君主制是东方式的君主制。戴克里先把波斯宫廷中最盛大的气派引入他的宫廷[⑤]。“284 年登基伊始，戴克里先便以萨珊波斯为模板，把罗马朝廷转变为东方式的绝对君主专制，称自己为‘多米努斯’（*dominus*），让自己高高在上。除了极少数特权阶层外，与其他所有人隔绝。”[⑥] 古典史家尤特罗庇乌斯记载说：“他首次为罗马帝国创制了宫廷

① David Magie, *Roman Rule in Asia Minor, to the End of the third Century After Christ*, Princeton University Press, 1950, p. 723.

② 也有学者认为，罗马帝国真正意义上的君主专制，是戴克里先之后两个世纪以后确立的。见 Michael Burgan, *Empire of Ancient Rome*, Chelsea House Publisher, 2009, p. 64。

③ Theodor Mommsen, *A History of Rome under the Emperors*, English translation by Clare Krojzl, Routledge, 1996, p. 321.

④ John R. Love, *Antiquity and Capitalism: Max Weber and the Sociological Foundations of Roman Civilization*, Routledge, 1991, p. 403.

⑤ 许多学者认为，将这种东方式的宫廷礼仪引入罗马，始作俑者为三世纪危机期间的奥莱里安。

⑥ Don Nardo, *Ancient Rome*, Greenhaven Press, 2002, p. 23.

的礼仪以取代罗马人传统的自由，他下令让自己如神明一般受到膜拜，而在他之前的所有君主只接受他人的致敬。他还用珠宝装饰自己的衣物和鞋子，而在此之前，作为皇权的标志只是紫袍罢了，其余的都一如凡民。"[①] 由尤特罗庇乌斯的记述可知，戴克里先的目的显而易见：君主不是凡人，理所当然与凡人不一样。从戴克里先开始，罗马帝国的宫廷越来越像东方宫廷，各种繁复的礼节、礼仪充斥各个宫廷，黄袍取代了托袈，"陛下"代替了元首。"臣属见到皇帝时，要俯伏在地，最幸运的是亲吻皇帝龙袍的边缘。"[②] "皇帝们在城里的住所显赫壮丽，当他们出行时，会带上数千人的卫队、官僚以及随从。成千上万的民众来到宫廷，希望向皇帝请愿。但从戴克里先开始，接近皇帝变得很难……"[③] 古典史家埃米雅努斯·马尔科里努斯（Ammianus Marcllinus）指出，戴克里先是第一个引入域外帝王尊严的皇帝[④]。元首制时代，许多皇帝愿意同各阶层公民"零距离"接触，甚至赤身裸体出现在公共浴场内，以示对公民"坦诚相待"，旨在表明元首是公民中的一员。戴克里先抛弃了元首制，不再使用"第一公民""元首"之类遮遮掩掩的称谓，千方百计远离各等级公民，戴克里先所要做的是和公民、臣民拉开距离，在公共浴场和各阶层公民"坦诚相待"彻底成为往昔，"公民"与君主之间营构了不可逾越的鸿沟。最重要的是，戴克里先这样做有了制度保障。

繁文缛节般的礼仪和皇帝至高无上的威严，在先前的宫廷中不曾存在。戴克里先成为罗马帝国历史上第一个丢弃桂冠、头顶王冠的皇帝，掀开了罗马帝政史新的一页。戴克里先错误地以为："摆出无比豪华和高贵的气派，便可以使一般人民不敢存非分之想；使公众始终无法见到

---

① ［古罗马］尤特罗庇乌斯：《罗马国史大纲》，谢品巍译，世纪出版集团、上海人民出版社 2011 年版，第 106—1107 页。

② *The Cambridge Companion to the Age of Constantine*, edited by Noel Lenski, Cambridge University Press, 2006, p. 43.

③ ［英］安德林·戈德斯沃司：《非常三百年——罗马帝国衰落记》，郭凯生、杨抒娟译，重庆出版社 2010 年版，第 131 页。

④ Ammianus Marcllinus, *The Later Roman Empire*（*A. D.* 354－378）, Selected and translated by Walter Hamilton with an Introduction and Notes by Andrew Wallace-Hadrill, Penguin Books, 1986, p. 75.

他本人，便可以使一个君王减少接触人民群众和士兵粗暴行为的机会；而且以为长期俯首帖耳的习惯将有助于在不知不觉中增加人的崇敬心情。”① 吉本的这些议论应为一家之言，戴克里先明目张胆地将波斯宫廷的繁文缛节引入罗马，一个不能忽视的原因是，此时的罗马帝国与奥古斯都时代的罗马帝国相比，早已面目全非。尤其是经历了“军权至上”“军营皇帝时代”的三世纪危机之后，元首制名存实亡，继续推进元首制，已无实际意义。至于戴克里先缘何引入波斯的宫廷礼仪，对东方专制君主的向往追求，应是其中主要原因。有历史学家认为，戴克里先引入新的宫廷礼仪是受到波斯国王专制统治的启发。蒙森认为：“东方统治者为多米那提制提供了范本。”② 对于这种解释，另有历史学家表示怀疑。“唯一可信的解释是，戴克里先很喜欢这些礼仪，认为可以增加其统治的权威……”③ 通过以上种种礼仪和威严，戴克里先把自己打造成为“名副其实的专制君主，头顶王冠的被神化了的帝王”④。马克思的论述也十分深刻：“戴克里先正式头戴王冠。并在自己的宫廷中置办东方的奢华衣服和东方贵重的奢侈品。于是便为君士坦丁大帝的宫殿奠定了基础。”⑤

实践中，能够反映戴克里先“多米那提”制本质的做法、制度建构等方面的事实较多，执事官控制的“秘密稽查使”——*agentes in rebus*——的设置颇具代表性。美国学者罗斯托夫采夫将拉丁语 *agentes in rebus*——翻译为“政治警察”⑥，另有西方学者则称其为“秘

① ［英］爱德华·吉本：《罗马帝国衰亡史》（上册）、黄宜思、黄雨石译，商务印书馆1997年版，第214—215页。

② Theodor Mommsen, *A History of Rome under the Emperors*, English translation by Clare Krojzl, Routledge, 1996, p. 309.

③ ［英］安德林·戈德斯沃司：《非常三百年——罗马帝国衰落记》，郭凯生、杨抒娟译，重庆出版社2010年版，第131页。

④ Aleksander Aleksandrovich Vasiliev, *History of the Byzantine Empire*, 324-1453, Vol. I, University of Wisconsin Press, 1952, p. 62.

⑤ 马克思：《卡尔·马克思历史学笔记》（第一册），中国人民大学出版社2005年版，第6页。

⑥ ［美］M. 罗斯托夫采夫：《罗马帝国社会经济史》（下册），马雍、厉以宁译，商务印书馆1985年版，第699页。

密警察”[①]。就“秘密稽查使”所干的各种勾当而言，罗斯托夫采夫的译法更合乎实际。戴克里先创建“秘密稽查使”的目的非常明确，就是为了“可以定期得到关于下属所作所为的报告……”[②]“秘密稽查使”的最初职能是稽查帝国境内的邮政情况，但实质上是官方密探，负责向皇帝报告所有涉及帝国政府的信息[③]。“秘密稽查使”作为密探，权力边界是宽泛的：“除了从事通信和监督工作外，稽查使被戴克里先等晚期罗马帝国的皇帝赋予搜集国内情报等职能。自戴克里先开始，每年都有2—3名（秘密）稽查使被皇帝派到各行省，调查行省情况、搜集相关情报。除了被派到各行省以公开的方式搜集行省情报、贯彻皇帝加强国内控制的政策外，（秘密）稽查使利用各种机会，搜集社会各阶层人物的情报并将刺探到的情报直接报告给皇帝。”“刺探下至奴隶、上至行省总督和军团长等社会各个阶层的情报，更能以公开或秘密的方式监视行省政府、高级军政官吏的活动等。”[④]“秘密稽查使”实质是皇帝用以对付臣民的秘密鹰犬部队，主要任务是监视民众和帝国的全体官吏[⑤]。利用“特务手段”加强王权，剪除异己，古今历史不乏先例，即使在罗马帝国也不是戴克里先“原创”，但推进“多米那提”制，对于强化王权，强化对臣民的控制，“秘密稽查使”之类的密探所发挥的重要作用，是其他手段不能替代的。总之，戴克里先设置“秘密稽查使”与所建立的“多米那提”制有直接关系，不仅使君主专制达到了“形似”目的，也收到了“神似”的效果。“较为集中地体现了晚期罗马帝国皇权和中央集权的基本特点和发展趋势”[⑥]。

---

① John R. Love, *Antiquity and Capitalism*: *Max Weber and the sociological foundations of Roman Civilization*, Routledge, 1991, p. 436.

② H. Stuart Jones, *The Roman Empire*, *B. C.* 29-*A. D.* 476, New York, G. P. Putnam's Sons, London: T. Fisher Unwin, 1908, p. 373.

③ Ibid..

④ 李大维：《罗马帝国“弗鲁曼塔里伊”研究》，博士学位论文，东北师范大学，2011年。

⑤ ［美］M. 罗斯托夫采夫：《罗马帝国社会经济史》（下册），马雍、厉以宁译，商务印书馆1985年版，第699页。

⑥ 李大维：《罗马帝国“弗鲁曼塔里伊”研究》，博士学位论文，东北师范大学，2011年。

君主专制最基本的外部特征不外乎奢侈繁复的礼仪、臃肿的官僚机构。与戴克里先推行“多米那提”制并行的是，宫廷人数众多官僚机构的创设。宫廷的钱财交由一个名曰“内宫官署”的机构管理，寝宫则由阉人看守，“作为皇家的奴仆，宦官颇受宠爱”[①]。“行政人员的增多始于君主宫廷秘书处，由官员、皇室服务人员构成。专制君主制确立之后，君主本人要履行一套仪式、惯例和外交礼节。宫廷的最高官员是近卫军长官，他是最重要的财政管理者……地位仅次于近卫军长官的是执事长官，可以说是宫廷内务大臣……另一个官员皇家私产伯爵负责管理君主的所有地产、财产和收地租……排名第四的是大法官，直接向秘书处负责，处理很多上传给君主的请愿书和申诉，起草国家法规。”[②]这些官吏下辖各种名目、职责的办事人员，有学者统计后认为，官吏总数保守估计为 3 万人[③]。3 万人与戴克里先之前的帝国官僚机构相比，人数增加幅度之大，创下新的历史纪录[④]。然而，如果考虑到“四帝共治”的四个宫廷，以及每个宫廷下设各种服务、附属机构，加之各个行省地方政府所拥有的必不可少的管理机构和相关人员，3 万人的数字似乎有些保守。

宫廷各级为皇帝服务的官吏，依据出身，从皇帝那里获得显示自己尊贵程度的、世袭的名号，其中较为高级的身份标识是：

最尊贵者（*nobilissimi*）：皇室的王子王孙；

地位显赫者（*illustres*）：帝国行政人员首领、近卫军长官、军队首脑；

尊贵者（*spectabiles*）：维卡里乌斯、杜克斯、首领；

阁下（*clarissime*）：用于称呼元老、总督；

---

① *The Cambridge companion to the Age of Constantine*, edited by Noel Lenski, Cambridge University Press, 2006, p. 43. 宦官在罗马帝国并不是“新生事物”，但宦官地位一直不高。由于戴克里先推行“多米那提”制，宦官权力加强，地位空前提高。

② ［英］约翰·瓦歇尔：《罗马帝国》，袁波、薄海昆译，青海人民出版社 2010 年版，第 227—228 页。

③ 同上书，第 227 页。

④ 3 世纪晚期 4 世纪初，戴克里先和君士坦丁治下的帝国官僚人数持续增多，但有人认为，按照现代的标准，官僚人数在帝国人口中的比例并不高。见 A. D. Lee, *Information and Frontiers: Roman Foreign Relations in Late Antiquity*, Cambridge University Press 1993, p. 34。

可尊敬者（*perfeciissimi*）：最低等级的总督；

绅士（*egregii*）：近似于对应从前的骑士。

每一个重要人物都有自己的官职、名号和社会阶层①。这说明，戴克里先的官僚体系中，不仅有层级排序，而且等级森严。当然，最重要的是，作为皇帝的戴克里先身居等级分明的金字塔顶端，高高在上，不可动摇，且对下属握有生杀予夺大权。

戴克里先虽然剥离了行省总督军事权，但为宫廷效力的各级官吏却参照军队制度确定官职与服饰。政府部门各级行政人员名义上编入某个已不存在的军团或军事单位，行政官员和士兵一样为皇帝服务，所有政府行政公文都将时间表述为服役时间。隶属皇室的行政人员归属不同的等级，这种等级远比军队内部的等级制度复杂②。戴克里先"多米那提"制下的官僚机构明显带有某些"准军事化"色彩，也使这种官僚制度具有了某种混合制的特征。与此前相比，戴克里先"多米那提"制下的官僚体制的突出特点是，各级官吏的选任，不再以骑士和元老出身为依据。

除了一大批负责处理国内各项事务的官吏外，戴克里先的宫廷主要有以下几个重要官职：

执事官（*magister officiorum*）：负责礼仪、运输和秘密警察③；

财政大臣（*comes sacrarum largitionum*）：负责矿山、铸币厂、税收和支付给军队的特殊奖赏；

皇帝私产总管（*comes rei privatae*）：负责皇帝的巨额私人财富，尤其是租赁大片土地；

宫廷内务总管（*praepositus sacri cubiculi*）：御前大臣、掌控接近皇帝的太监总管。

---

① Charles Seignobos, *History of the Roman People*, Henry Holt and Company, New York, 1902, p. 408.

② ［英］安德林·戈德斯沃司：《非常三百年——罗马帝国衰落记》，郭凯生、杨抒娟译，重庆出版社 2010 年版，第 127 页。

③ 有学者认为，戴克里先帝国官僚的最高官职是近卫军长官。见 John R. Love, *Antiquity and Capitalism: Max Weber and the sociological foundations of Roman civilization*, Routledge, 1991, p. 436.

这些官吏在皇帝身边，地位显耀，为其他各级官吏望尘莫及。帝国官僚体系中，层次分明，等级森严，贫富差别巨大。身居高位的高级官吏异常富有，地位职别较低的官吏则处境艰难。不稳定的薪俸经常以实物形式，而非现金形式支付①。戴克里先治下的帝国资产通过三个部门掌控：宫廷私产管理署（*res private*），主要管理皇室财产；金融资产管理署（*sacrae largitiones*）管控矿山、铸币厂、收税、国营工厂、征收现金，以及支付给军队的各种赏赐；最为重要的一些事务则由近卫军长官负责，这些事务包括官兵和各级官员的口粮、公路和大多数公共建筑的维护、计算每年实物供给所需要的费用等②。戴克里先官僚机构的设置为进行行政改革，为帝国后期官僚体系的确立奠定了基础。

戴克里先宣称自己的统治权来自诸神③，东方帝国“君权神授”的理念为戴克里先全盘接受，他的统治由此蒙上了神圣的色彩，更与流传已久的元首制判若两厢。罗马皇帝历来看重自己的统治受到神的庇佑，“对神的选择异常重要，埃拉伽巴路斯的惨败即是明证。戴克里先对神的选择是精明的。他宣布自己是朱皮特之子，而非其他神的后裔。”④ 287 年，戴克里先和（日后的奥古斯都）马克西米安的正式名称上分别采用了约维乌斯（Iovius or Jovius）和赫尔库里乌斯（Herculius、Hercules，意为希腊神话传说中半人半神的英雄、大力士赫拉克勒斯——Heracles——之子）的名号，以此说明两人与朱皮特、赫拉克勒斯有某种关系，也表示两人的关系具有特殊性：戴克里先像朱皮

---

① John R. Love, *Antiquity and Capitalism: Max Weber and the Sociological Foundations of Roman Civilization*, Routledge, 1991, p. 451.

② *The Oxford Cpmpanion to Classical Civilization*, Second Edition, edited by Simon Hornblower and Antony Spawforth, Oxford University Press, 2014, p. 309.

③ Antonio Santosuosso, *Storming the heavens: Soldiers, Emperors, and Civilians in the Roman Empire*, Westview Press, 2001, p. 177.

④ Charles Freeman, *Egypt, Greece and Rome, Civilizations of the Ancient Mediterranean*, third edition, Oxford University Press, 2014, p. 573. 宣称自己的朱皮特之子不仅仅是因为戴克里先对朱皮特情有独钟，还在于朱皮特长期以来一直在卡皮托林山的罗马广场的神庙中受到尊崇，是奥林匹亚诸神之王，并将作为戴克里先新帝国秩序的神圣庇护神。见 Charles Matson Odahl, *Constantine and the Christian Empire*, Routledge, 2004. p. 47。

特一样筹划和指挥，马克西米安则向赫拉克勒斯一样勇敢地完成戴克里先分配的各项任务[①]。约维乌斯和赫尔库里乌斯成为两个奥古斯都独有的、专一的身份象征，可以视为皇帝另外的“身份符号”。一块献给戴克里先和马克西米安的铭文表达的正是这种意义：“献给我们的君主，诸神生养的戴克里先和马克西米安。”[②] 不仅如此，戴克里先自称是朱皮特之子，马克西米安则称赫拉克勒斯为父[③]，戴克里先为“奥古斯都·朱皮特”（*Augustus Jovius*），马克西米安为“奥古斯都·赫尔库里乌斯”（*Augustus Herculius*）。在两个皇帝发行的货币上，朱皮特、赫拉克勒斯的形象尤其突出[④]。“就像赫丘利的经历被用来美化马克西米安一样，宙斯的神话同样也被用在戴克里先身上……”[⑤] 按照这一逻辑，两个奥古斯都手下的恺撒——加莱里乌斯、君士坦提乌斯也分别称延续两个奥古斯都是神之子的“血脉”，两个恺撒分别名为“恺撒·朱皮特”（*Caesar Jovius*）和“恺撒·赫尔库里乌斯”（*Caesar Herculius*）[⑥]。耐人寻味的是，加莱里乌斯本是戴克里先的恺撒，却加封赫尔库里乌斯；君士坦提乌斯本是马克西米安的恺撒，却称为约维乌斯[⑦]。有学者

---

① 这种说法来自神话传说。神话传说中，朱皮特同提坦巨人战争期间，赫拉克勒斯帮助了朱皮特。戴克里先与马克西米安采用这种称号限定了两个人之间的关系：马克西米安辅佐戴克里先，遵从戴克里先的旨意，尤其深刻表达了这样的事实：同时名为奥古斯都，实际上并不“平起平坐”。赫拉克勒斯一直受到罗马人的尊崇。该神祇的神庙（共和国时代建造）位于波利乌姆广场（Forum Boarium），至今保存比较完好。

② Stephen Williams, *Diocletian and the Roman Recovery*, Routledge, 1996. p. 69.

③ *The Cambridge Companion to the Age of Constantine*, edited by Noel Lenski, Cambridge University Press, 2006, p. 40, p. 67.

④ Jill Harries, *Imperial Rome, AD 284 to 363: The New Empire*, Edinburgh University Press Ltd., 2012, p. 83. 罗马帝国历史上，货币上诸神的形象一直是表现主题，旨在宣扬皇帝的权威带有神圣性之意。

⑤ ［瑞士］雅各布·布克哈特：《君士坦丁大帝时代》，宋立宏等译，上海三联书店 2006 年版，第 42 页。

⑥ Charles Matson Odahl, *Constantine and the Christian Empire*, Routledge, 2004. p. 41.

⑦ 与戴克里先自称朱皮特之子、马克西米安宣称赫拉克勒斯之子相一致，加莱里乌斯宣称受到了战神马尔斯的庇护，君士坦提乌斯则由希腊人心目中的太阳神阿波罗保佑（Johannes Roldanus, *The Church in the Age of Constantine, The theological challenges*, Routledge, 2006, p. 29.）。如此一来，几个皇帝都与罗马传统神祇有了密切关系，为自己的统治蒙上了神圣的色彩。

认为，戴克里先这样做是为了维持“共治”四帝之间一种平衡。罗马历史上，诸多名人显贵，想方设法与各路神祇“沾亲带故”现象极为普遍，源远流长。最典型的案例是，传说中的罗马城建立者罗慕路斯，即是战神马尔斯之子。另一个比较典型的事例是，共和国末年，恺撒的祖先可以追溯到维纳斯。戴克里先自称约维乌斯或许是为了证实，罗马人心目中的最高神与他的家族有亲缘关系①。但此时戴克里先的种种举措和目的，远远超出了前人的想法与初衷，是在为他的君主专制寻找“神圣”的依据——君权神授的依据。既然是神祇的后代，所推行的统治带有神圣性似乎“无可争议”，君权神授亦事出有因。苏联学者评论说，戴克里先在宫廷中实施各种繁复的礼仪，目的是“给元首本人环绕上一层超人伟大的圣光，使他和世间普通人之间掘一道鸿沟……”②“与皇帝相关的所有一切都被视为神圣的——他的言语、他的宫廷、他的文字，他本人就是神化了的人。”③“通过宣称自己同诸神联系的仪式，皇帝地位合法化得以提升。”④在“多米那提”制中，“皇帝的权力直接来自诸神，而非民众的意志……”⑤据此，戴克里先为自己的地位、权力蒙上“神圣”的光环，为远离公众生活找到了依据。经过人为的、并不复杂的修饰，神圣化了的戴克里先及其共治诸帝，丢掉了元首名号，抛弃了“第一公民”称谓，成为地位崇高，出入有群臣、下属环绕，前呼后拥，高高在上的威严君主。戴克里先“多米那提”的制度建构，让运营了两个多世纪的元首制退出了历史舞台。

关于戴克里先的“多米那提”制，以及将东方各种宫廷礼仪移植罗马，厉以宁先生从文化的角度进行分析，应是具有启迪意义的论

① M. Cary, H. H. Scullard, *A History of Rome, Down to the Reign of Constantine* (Third Edition), The Macmilan Press Ltd, 1975, p. 545.

② ［苏］科瓦略夫：《古代罗马史》，王以铸译，生活·读书·新知三联书店1957年版，第922页。

③ Aleksander Aleksandrovich Vasiliev, *History of the Byzantine Empire*, 324-1453, vol. I, University of Wisconsin Press, 1952, p. 62.

④ Keith Hopkins, *Conquerors and Slaves: Sociological Studies in Roman History*, v. i, Cambridge University Press, 1978, p. 184.

⑤ Timothy E. Gregory, *A History of Byzantium*, Blackwell Publishing Ltd, 2005, p. 38.

述。厉先生认为："戴克里先临朝期间罗马文化已经越来越显著地转变为东方文化或希腊化时代的文化了……戴克里先之所以抛弃已经形成多年的罗马文化，而转向东方文化，固然有他自身的考虑，即主要维护个人的专制统治，而为什么戴克里先周围的大臣、官员近侍以及一切想依靠戴克里先权威而有所贪求者之所以接受东方文化，很可能是出于一种选择。当戴克里先做出选择之后，他们也就做出服从戴克里先的选择。这样，东方文化就在罗马帝国上上下下开始向主流地位演变。"① 当"多米那提"制文化成为主流文化时，拥有二百余年历史的"元首制"文化自然而然成为"边缘化"文化，很快变成历史陈迹。

戴克里先能够实施"多米那提"制，原因是多方面的，但其中一个非常重要的原因是，戴克里先"架空"了元老院②，剥夺了元老院诸项权力，特别是剥夺了元老院所有的司法管辖权③，元老院不再是政府的一部分，成为局限在罗马城的一个市一级的"市政委员会"④，根本无法干预戴克里先的所作所为。为使"多米那提"制顺利推行，戴克里先的巧妙做法是在空间上疏远了罗马传统政治的根据地罗马城，彻底规避了对其君主制制约的可能，常年驻跸尼科米底亚，各种戴克里先不愿意见到的麻烦由此化解。

自戴克里先登基开始，便不认为自己是第一公民，更不是元首。戴克里先"扫除共和国空洞的伪装，直率地用帝王威严和礼仪来衬托君主的崇高地位"⑤，彻底颠覆了元首制，罗马帝政史由此进入了一个新的历史时期。戴克里先所推行的"多米那提"制"……核心是提升皇帝

---

① 厉以宁：《罗马-拜占庭经济史》（上编），商务印书馆 2006 年版，第 289 页。

② 此时的元老院大约 600 人，囊括了帝国西部最富有的大地产所有者的家族成员，保留着诸多特权。元老们的公共角色主要集中在礼仪方面。尽管元老院的地位、作用今非昔比，但影响依然存在，戴克里先在罗马广场重建元老院会堂的原因恰在于此。见 Mitchell Stephen，*A History of the later Roman Empire*，*A. D.* 284-641. Second edition，Blackwell，2007，p. 332。

③ M. Cary，H. H. Scullard，*A History of Rome*，*Down to the Reign of Constantine*（Third Edition），The Macmilan Press Ltd，1975，p. 528.

④ William F. Allen，*A Short History of the Roman People*，Published by Ginn & Company，1890，p. 298.

⑤ ［英］J. C. 斯巴托特：《伟大属于罗马》，王三义译，上海三联书店 2011 年版，第 372 页。

的地位”①。当然，元首制下的元首的核心地位不容置疑，但这种“核心地位”至少在名义上不是明目张胆的。“多米那提”制则赤裸裸地强调、强化了皇帝的核心地位，从形式到内容彻底否定了元首制。“多米那提”制的建构与实施在罗马帝政史上占有特殊的地位，消磨了元首政治长久以来形成的历史痕迹。吉本所论戴克里先的“新帝国”“成为毫无遮掩的东方专制帝国”②；“运行了3个世纪的奥古斯都体制，最终让位于戴克里先的、毫无掩饰的专制体制……”③

第二节 尼科米底亚

虽然戴克里先是罗马帝国的皇帝，但当政期间却极端地“冷落”都城罗马，罗马几成“废都”。千年古都罗马城，在戴克里先时代仅仅徒具帝都之虚名。作为晚期帝国的管理中心，罗马城的重要性甚至远逊于其他十数个大行政区的首府④。303年之前，戴克里先从未再进入过罗马城⑤。几个共治皇帝各有自己的首都：马克西米安选择了米兰，戴克里先的驻跸地为尼科米底亚（Nicomedia）⑥。上行下效，君士坦提乌斯将驻跸地选择在特里尔（Trier，后改为不列颠的约克），加莱里乌斯则以希尔米乌姆（Sirmium）为首都〔也有人认为，加莱里乌斯主要驻节

① Timothy E. Gregory, *A History of Byzantium*, Blackwell Publishing Ltd, 2005, p. 38.

② Philip van Ness Myers, *Rome: Its Rise and Fall*, Ginn & Company, Publishers, Boston, U. S. A., 1901, p. 381.

③ William Stearns Davis, *Rome and the West*, Norwood, Mass., U. S. A, 1913, p. 143.

④ A. H. M. Jones, *Roman Empire* 284-602, *A Social Economic And Administrative Survey*, Volume Ⅱ, Oxford, 1964, p. 687.

⑤ 戴克里先此次罗马之行是和马克西米安出席凯旋式，这也是罗马史上最后一次在罗马城举行凯旋式。

⑥ 戴克里先极少现身罗马，另一个奥古斯都马克西米安长期居留意大利米兰，尽管距离罗马不甚遥远，但也很少光顾罗马城，倒是他的儿子马克森提乌斯（Maxentius）于306年篡位前，一直以罗马城为自己的根据地。尼科米底亚位于今天土耳其马尔马拉海最东部的伊兹米特。除尼科米底亚之外，安条克也是戴克里先“半永久性”（semi-permanent）驻足地（Warwick Ball, *Rome in the East: the Transformation of an Empire*, Routledge, 2000, p. 156.）。不仅如此，戴克里先还在帕尔米拉等地建有自己的行宫。

地为帖撒罗尼卡（*Thessalonica*）[①]］。四个原来并不惹人注目的城市，因晋身首都，地位和重要性随之大幅度提升。“四帝”联手共同冷落罗马城，都城罗马的尴尬地位不言而喻。这件事难免具有极大的讽刺意味：罗马帝国的统治者竟然如此冷落自己帝国的都城，罗马城“被边缘化”在所难免。依据传统，“晚至公元3世纪，皇帝还约定俗成地住在帕拉丁山上……”[②] 但戴克里先却敢于蔑视传统，反其道而行之，个中原因的确需要追问。

戴克里先缘何如此疏远罗马？库兰（John R. Curran）在《异教徒的城市、基督徒的都城：4世纪罗马城》一书中给出了这样的解释：首先，在戴克里先登基前不久，罗马城发生一场灾难性的大火，将包括元老院会堂在内的许多重要建筑焚毁；其次，3世纪罗马城多次发生骚乱，城内存在继续发生大乱的可能性；最后，罗马城的地位在戴克里先之前几十年间荣光锐减，3世纪里，多个皇帝在位时逗留罗马城时间非常有限，甚至根本没有现身罗马[③]。戴克里先以此为鉴，将统治中心定在尼科米底亚。然而，冷落故都，另择新都，毕竟是重大事件，理应还存在其他更深层次的缘故。对此，吉本的解释有一定道理。按照吉本的说法，戴克里先看不惯都城的奢侈风气，当然，更重要的是，罗马城内的元老院是他实施君主制的最大障碍。此外，还有那支一直不安分守己、屡生事端的近卫军，每遇时机，会和元老院联手给戴克里先制造麻烦。戴克里先和马克西米安从不出席元老院会议，但二人如果居住罗马城，则必须出席元老院会议。皇帝可以依据自己的意愿制定法律，而程序上必须经由元老院批准，这一古老传统无疑是戴克里先推进“多米那提”制的巨大障碍。一个非常有说服力的事实是，戴克里先任命“四帝”

---

① 这里是战略要冲，坐落在从意大利到博斯普鲁斯和亚洲的重要大路——艾格纳提亚大路附近（*Via Egnatia*）。因加莱里乌斯在此建都，这座城市战略地位日益凸显（Michael Grant, *Collapse and Recovery of the Roman Empire*, Routledge, 1999, p. 42.）。

② ［瑞士］雅各布·布克哈特：《君士坦丁大帝时代》，宋立宏等译，上海三联书店2006年版，第24页。

③ John R. Curran, *Pagan city and Christian Capital: Rome in the fourth Century*, Oxford, 2000, p. 43.

中另外“三帝”的决定，完全是自己做出的，根本没有理睬元老院“批准”的程序。反之，如果居住罗马城，即使“走过场”，也要提交元老院“批准”①。这一“过场”显然与“多米那提”制的本意、内涵格格不入。因此，离开罗马，等于“省却”这一“过场”，躲避了最后残存的共和国传统的影响②，自然也省却了许多麻烦。远离罗马城，“君王的威严尽可以在军队和行省显现，等到他们的居住位置离开首都更远，就可以把奥古斯都对继承人的告诫置之度外，也就是不再用伪装来装饰自己的行动。在行使法庭审判和施政作为的权力之时，只要和大臣商量一下，毋须像过去那样要咨询元老院的意见。”③ 吉本上述分析鞭辟入里，指明了戴克里先冷落罗马的根本原因。由此可以看出，戴克里先推行“多米那提”制的态度是坚决的，并以远离罗马城的实际行动予以表达。进入帝国时代，虽然元老院的作用日渐低微④，有时甚至连“橡皮图章”的程序也被人为“省略”，但戴克里先远离罗马，避开了元老院的任何“骚扰”，远离了“古代制度的残余势力和风俗习惯的影响”⑤，可以毫无顾忌地推行“多米那提”制。元老院的权力和影响

① 著名历史学家伯里认为，奥古斯都创建的元首制，使元老院和皇帝分享权力（J. B. Bury, *History of The Later Roman Empire*, Macmillan & Co, Ltd, 1923, p. 6.）。但实际上，元老院的权力主要是象征性的，更多的时候皇帝不把元老院放在眼里。尽管此时的元老院早已不是共和国时代的最高权力机关，但凭借长久以来的传统，元老院某些象征意义是根深蒂固的。因此，戴克里先没有居住罗马，不等于对元老院漠视至极。人们今天在意大利罗马城所见到的元老院遗址，即是戴克里先时代建筑的遗址。此时的元老院在帝国政府中已不扮演重要角色，但依然是富豪的集合体，享有巨大的社会声望。罗马城仍是元老院的活动中心，包括最富有的元老在内，许多元老在罗马城有宅邸，至少一年中在这里居住一段时间（A. H. M. Jones, *Roman Empire 284-602, A Social Economic And Administrative Survey*, Volume Ⅱ, Oxford, 1964, p. 687.）。总之，罗马城是元老院历史悠久的“根据地”。

② Stephen Williams, *Diocletian and the Roman Recovery*, Routledge, 1996, p. 67.

③ ［英］爱德华·吉本：《罗马帝国衰亡史》（第1册），席代岳译，吉林出版集团有限责任公司2008年版，第310页。

④ 戴克里先治下元老院地位日渐低微，一个非常有说服力的事例是：290年，戴克里先和马克西米安在米兰集会庆祝联手执政，元老院赶到米兰致贺。

⑤ ［英］爱德华·吉本：《罗马帝国衰亡史》（第1册），席代岳译，吉林出版集团有限责任公司2008年版，第310页。

仅仅局限于罗马和意大利，且“一天不如一天”[1]，丝毫不会影响戴克里先“多米那提”制的建构与推行。但戴克里先没有采取强硬态度，对元老院“敬而远之”，并未彻底废弃元老院，而让元老院在罗马城内徒具虚名，重新修建元老院会堂实际上已经说明了戴克里先的态度[2]。除了元老院之外，戴克里先不居住罗马城，避免了罗马民众对他的抵触。同时，也应看到，进入帝国时代，尤其是四帝纷争的公元68年之后，罗马城往往成为是非之地，近卫军、行省军队多次就皇帝人选在城内摆开战场，大动刀兵，行省反倒相对安宁。即使在三世纪危机期间，罗马城所遭受的磨难亦不小于行省。因此，戴克里先远离罗马这一“是非之地”，大张旗鼓地推进他的“多米那提”制，不啻为一种明智的选择。被释奴出身的戴克里先没有深受罗马传统熏陶，但推行“多米那提”制时，并没有明目张胆地放弃罗马传统，284年11月20日至285年1月第一次出任执政官职的事实，能够说明戴克里先对罗马的政治传统是有所顾忌的。

除了上述原因外，来自边远行省的戴克里先对罗马城似乎没有深厚的感情。303年，庆祝戴克里先登基20周年（*vicennalia*，亦即“四帝共治”10周年），罗马城举行盛大凯旋式。即便如此，戴克里先在罗马城的居留时间仍不足两个月，“他本来应邀到元老院致词，接受执政官的徽章，由于厌恶都城人民的放纵无礼，突然提早十三天离开罗马。”[3]拉克坦提乌斯记载，戴克里先不喜欢罗马人，因为他发现罗马人傲慢无礼，口无遮拦[4]。美国学者雷蒙德·凡·戴姆（Raymond Van Dam）认

---

① ［英］彼得·琼斯：《罗马帝国档案》，孙逸凡译，北方文学出版社2015年版，第294页。进入帝国时代，元老院的影响、地位呈下降之势，戴克里先重组帝国时，进一步削弱了元老院的权力。在他统治后期，元老只具有担任数量极少的无足轻重的职务。尽管元老院依然拥有很高的社会声望，但在政治上的影响力微乎其微（A. H. M. Jones, *Roman Empire* 284–602, *A Social Economic And Administrative Survey*, Volume Ⅱ, Oxford, 1964, p. 525.）。戴克里先抛弃元首制，建立“多米那提”制，元老院式微当为其中重要因素之一。

② Stephen Mitchell, *A History of the later Roman Empire*, *AD* 284–641.（Second edition）, Blackwell Publishing Ltd., 2007, p. 332.

③ ［英］爱德华·吉本：《罗马帝国衰亡史》（第1册），席代岳译，吉林出版集团有限责任公司2008年版，第09页。

④ Pat Southern, *The Roman Empire*: *from Severus to Constantine*, Routledge, 2001, p. 152.

为，戴克里先原本要在罗马城就任执政官职，由于罗马人对戴克里先进行辱骂，戴克里先不得不在拉文纳接受这一官职①。罗马人的“放纵无礼”或许是对戴克里先漠视、轻慢罗马城的根本原因。罗马市民的态度和表现，使戴克里先再也未返回罗马城，甚至连他下令建造的大浴场竣工时的献词，也是诸位皇帝缺席的情况下宣读的②。此时距戴克里先卸下皇权近在咫尺，但提前离开罗马足以说明，为建构“多米那提”制，远离罗马应视为“最佳选择”。戴克里先没有像前辈皇帝那样居住罗马，有形与无形之间令罗马遭遇冷落，但罗马的都城地位、特权没有受到任何冷落：免税、无偿提供粮食和肉类、各种娱乐赛事，以及各种公共设施等依然受到戴克里先的重视。戴克里先、马克西米安虽然没有长期住在罗马，但绝非对罗马不闻不问，置之不理。戴克里先登基前，罗马城内，卡里努斯统治期间焚毁的许多恢宏的建筑，如元老院会堂、恺撒广场、巴西里卡、庞培剧场、两座神庙等一系列建筑需要修复③。重建和修复这些建筑为塞维鲁王朝以降未曾有过的大规模工程④。戴克里

---

① Raymond Van Dam, *The Roman Revolution of Comstantine*, Cambridge University Press, 2007, p. 94.

② John R. Curran, *Pagan City and Christian Capital*: *Rome in the fourth Century*, Oxford University Press, 2000, p. 46.

③ Ibid., pp. 43-44.

④ 有观点认为，罗马城内的诸多宏伟工程都是马克西米安主持完成。354 年，年代学家细数了马克西米安在罗马城建造的一系列宏伟建筑（John R. Curran, *Pagan City and Christian Capital*: *Rome in the fourth Century*, Oxford University Press, 2000, p. 44.）。尽管这些工程由马克西米安主持修建，但能说明的问题是，马克西米安身为帝国西部奥古斯都，秉承戴克里先旨意，完成这些工程亦理所当然，不能视为马克西米安个人的贡献。所以，在修建、修复罗马城这些标志性建筑过程中，戴克里先是计划的制定者，马克西米安只是执行者。戴克里先对兴建公共建筑有较高的热情，他和他的共治者在帝国各地兴建了许多公共建筑。在非洲，戴克里先也兴建了诸多公共建筑〔C. E. van Sickle, The Public Works of Africa in the Reign of Diocletian, *Classical Philology*, Vol. 25, No. 2 (Apr., 1930), pp. 173-179.〕。效仿戴克里先的做法，其他几个“共治皇帝”不甘示弱，在许多城市兴建了新的建筑，从约克至亚历山大里亚，帝国广袤的空间内，到处都有几个皇帝新建的建筑。尤其是在米兰、迦太基和尼科米底亚，诸多新颖、精美的建筑装点了这些城市。对于这些建筑活动，不止一位古典作家留下较为详细的记载，异常丰富的考古学资料则以实物印证了古典作家的记载（Charles Matson Odahl, *Constantine and the Christian Empire*, Routledge, 2004. p. 52.）。这些建筑和建筑活动，从一个侧面反映出当时帝国的经济得到了较好的恢复。

先在罗马城修建了规模宏大、堪称古代世界之最的浴场[①]，各种属于特权、优惠性质的配给依然存在。这些事实说明，除了作为都城的地位遭遇戴克里先的冷落之外，“罗马毫发无损”[②]。戴克里先之所以在罗马城举行登基20周年庆典，目的是为了在罗马城庆祝他所取得的伟大胜利，宣示他在政治和军事上的成功[③]。这些事例，从一个侧面反映出罗马城的地位，说明戴克里先只可远离罗马，绝不可彻底废弃罗马，罗马城的“名分”还需要保留。“罗马城依然被视为帝国的中心，元老院仍在罗马，罗马城也是一座近卫军长官不能收税的城市。”[④] 然而，和先前相比，罗马城“在戴克里先的新帝国退居次席”[⑤]，甚至降为二流设防城市[⑥]，昔日荣光所剩无几。

三世纪危机时代，边患重重，迫使多个皇帝长期离开罗马，赴前线督战，不仅驻留罗马城的时间有限，甚至连停留意大利的时间也不多。有学者认为，此起彼伏的起义反叛，持续不断的外族入侵，迫使皇帝很难在罗马城内久留[⑦]。由此可以确认，三世纪危机造成的另一个后果是罗马城作为帝国都城的战略地位开始下降。身为统治者，戴克里先与马克西米安如此远离罗马城，公开另择自己宫廷的所在地，无疑是帝国历史上的第一次。但也有学者认为，即便诸位皇帝选择了自己的都城所在

---

① 罗马城内的戴克里先浴场位于罗马七丘之一的维米纳尔（Viminal）山丘东北，卡拉卡拉浴场附近，是古罗马占地面积最大的浴场，占地面积13.6万平方米，最多可同时接纳3200人。整座浴场占地面积比北非城市提姆加德（Timugad）的面积还要大（*The Emperor and Rome*: *Space*, *Representation*, *and Ritual*, edited for the Dept. of Classics by Björn C. Ewald and Carlos F. Norefia, Cambridge University Press, 2010, p. 63.）。戴克里先浴场是罗马人所建造的公共浴场中规模最大的一座。为修建此浴场，统治者动用了4万劳动力。

② ［瑞士］雅各布·布克哈特：《君士坦丁大帝时代》，宋立宏等译，上海三联书店2006年版，第24页。

③ Bill Leadbetter, *Galerius and the will of Diocletian*, Routledge, 2009, p. 174.

④ Theodor Mommsen, *A History of Rome under the Emperors*, English translation by Clare Krojzl, Routledge, 1996, p. 335.

⑤ John R. Curran, *Pagan City and Christian Capital*: *Rome in the fourth Century*, Oxford University Press, 2000, p. 43.

⑥ Arthur James Mason, *The Persecution of Diocletian*, *A Historical Essay*, Cambridge, 1876. p. 17.

⑦ *The Cambridge Companion to the Age of Constantine*, edited by Noel Lenski, Cambridge University Press, 2006, pp. 43-44.

地，也难以长久居住，因为战事频仍，几个皇帝长期忙于战争，往往从一个城市到另一个城市，无法在自己的都城久留，甚至连戴克里先所颁布各项敕令中的大部分，也是在不同地点发出的①。或许可以认为，戴克里先的做法产生了示范效应，300—450 年 150 年间，仅有一个“想要成为”皇帝的马克西米安之子马克森提乌斯居住罗马城②，再无其他皇帝居留这座千年古城。自戴克里先开始，罗马城的帝都符号意义超过其他价值意义。

戴克里先对尼科米底亚情有独钟，除了罗马城一些深厚、久远的、令他不悦的传统等因素之外，另有以下三方面的原因需要关注：第一，284 年，努米里亚努斯的军队拥立他为皇帝，地点就在尼科米底亚附近。第二，这里位于欧亚交界处，位于巴尔干和小亚的交通要冲，与多瑙河和幼发拉底河的距离大致相等③，战略地位重要④。戴克里先可以在这里“监视哥特人以及威胁下多瑙河地区的其他本都部落的动向，同时又可以进发上幼发拉底河的平原地区，这里是与波斯人交战的战场。”⑤ 此外，这里还可以通过海路抵达埃及和东方的叙利亚，重要的军事公路连接着巴尔干和亚洲、东方，战略地位十分重要，军事意义重

① Adrian Goldsworthy, *How Rome Fell, Death of a Superpower*, Yale University Press, 2009, p. 163.

② Stephen Mitchell, *A History of the later Roman Empire, AD* 284 - 641. (Second edition), Blackwell Publishing Ltd., 2007, p. 333.

③ ［英］爱德华·吉本：《罗马帝国衰亡史》（第 1 册），席代岳译，吉林出版集团有限责任公司 2008 年版，第 309 页。

④ 战略地位应该是戴克里先诸帝离开罗马的一个重要原因。另一位奥古斯都马克西米安选择米兰为驻跸地，是因为米兰位于阿尔卑斯山脚下，便于观察日耳曼蛮族的动向〔［英］爱德华·吉本：《罗马帝国衰亡史》（第 1 册），席代岳译，吉林出版集团有限责任公司 2008 年版，第 308 页〕。一般认为，“共治”四帝所选择的都城距离边境比罗马城近许多，便于观察边境动向，有利于加强边境防御。当时，军队从罗马开赴莱茵边境大约需要八九个月的时间，开赴幼发拉底河前线需要 6 个月时间。“共治”四帝所选择的都城，都靠近具有战略意义的公路系统，距离边境前线比罗马近许多，应付各种事件自然更加及时迅速。

⑤ ［瑞士］雅各布·布克哈特：《君士坦丁大帝时代》，宋立宏等译，上海三联书店 2006 年版，第 37 页。关于罗马城遭遇“边缘化”处境，西方学者强调了当时的罗马城战略地位不突出等军事战略等原因。所以，“罗马被几座军事都城所取代……”见 Jill Harries, *Imperial Rome, AD 284 to 363: The New Empire*, Edinburgh University Press Ltd., 2012, p. 2.

大。第三，尼科米底亚所在的帝国东部，经济状况好于罗马城所在的帝国西部①。当时，大约75%的帝国人口居住在东部，大多数城市尤其是大城市分布在东部，帝国的税收绝大多数来自东部。帝国皇帝一直认为，东方行省是帝国重要的行省，因此，花费许多时间在东部镇压反叛，抵御外敌入侵，以恢复东方行省。戴克里先则是第一个在东方的尼科米底亚长久驻足的皇帝②。多种因素决定了戴克里先远离罗马，选择尼科米底亚为自己的都城。

尼科米底亚系彼泰尼亚行省首府，位于马尔马拉海湾，距离君士坦丁堡大约97千米（60英里），是小亚地区大都市之一。尼科米底亚由彼泰尼亚国王尼克米德斯一世（Nicomedes I）于公元前264年建造，坐落在穿过彼泰尼亚的东西方贸易的重要商路上。3世纪初，这里曾是罗马军队东方的指挥部③。尼科米底亚真正显赫扬名，得益于戴克里先的垂青与投入。戴克里先非常愿意驻留尼科米底亚，这座他用诸多精美建筑装点的位于小亚的拜占庭城市④。“为了要与罗马的宏伟和尊严能够抗衡，由于君王的倡导和民众的踊跃出资，尼科米底亚不到数年间，就有非数代工夫不能达成之宏伟壮丽，在面积和人口上，是仅次于罗马、亚历山大里亚和安条克的重要城市。”⑤ 除了城市“基础设施”的大量投入外，戴克里先还在尼科米底亚建造了一座铸币工厂⑥。据说，到4世纪时，尼科米底亚很像罗马城的一个区⑦。在罗马城、尼科米底亚，

① ［苏］科瓦略夫：《古代罗马史》，王以铸译，三联书店1957年版，第922页。

② Stefan G. Chrissanthos, *Warfare in the Ancient World: from the Bronze Age to the Fall of Rome*, Greenwood Publishing Group, Inc., 2008, p. 180.

③ Matthew Bunson, *Encyclopedia of the Roman Empire* (revised edition), New York: Facts On File, Inc., 2002, p. 391.

④ Aleksander Aleksandrovich Vasiliev, *History of the Byzantine Empire*, 324-1453, vol. I, University of Wisconsin Press, 1952, p. 58.

⑤ ［英］爱德华·吉本：《罗马帝国衰亡史》（第1册），席代岳译，吉林出版集团有限责任公司2008年版，第309页。

⑥ Matthew Bunson, *Encyclopedia of the Roman Empire* (revised edition), Facts On File, Inc. New York NY 10001, 2002, p. 134.

⑦ ［瑞士］雅各布·布克哈特：《君士坦丁大帝时代》，宋立宏等译，上海三联书店2006年版，第37页。

以及在其他地区的建筑活动，使戴克里先成为“名副其实的伟大的建筑者”①。对尼科米底亚的经营煞费苦心，戴克里先只有一个目的：让他的驻跸地不逊于千年古都罗马，使尼科米底亚和罗马平起平坐②。就“基础设施”“娱乐设施”而言，尼科米底亚和米兰③与罗马城不相上下，唯独缺少一座传统的、与都城名实一致的皇宫。

第三节 “四帝共治”

罗马帝国历史上，和戴克里先的名字联系在一起的、最重要的“关键词”之一应为“四帝共治”（Tetrarchy）④。西方学者认为，在戴克里先实施的各项举措中，最重要的施政措施是推行了“四帝共治”⑤。近代学者以“Tetrarchy”描述戴克里先于293年强加给帝国的四人统治。人称戴克里先在位多年，主要致力于两件事：重组帝国、保卫边境⑥。各种议论并未说明戴克里先如何接受了这种新的政体等等⑦，类似问题

① Roland G. Kent, The Edict of Diocletian Fixing Maximum Prices, *University of Pennsylvania Law Review and American Law Register*, Vol. 69, No. 1 (Nov., 1920), p. 38.

② Lactantius, *The Minor Works*, tr. By Sister Mary Francis McDonald, O. P., The Catholic University of America Press, 1965, p. 145.

③ 由于米兰是马克西米安的都城，地位日益提升，成为意大利境内仅次于罗马的另一座城市。马克西米安对米兰的经营不逊于戴克里先对尼科米底亚的美化。作为另一个奥古斯都的都城，米兰在290年两个奥古斯都会晤后，重要性日益提升，开始了大规模扩张和美化，宫殿、神庙、剧场、浴场、法庭等各种公共建筑充斥其中，在许多方面表现出新帝都的形象。除了米兰、尼科米底亚之外的另外两座“共治”皇帝的都城，也都充斥着剧场、竞技场、宫殿等罗马城内四处可见的、罗马特色鲜明的各种公共建筑，无一不彰显帝王般的荣耀。

④ 英语中的Tetrarchy一词来自希腊语，最初用来表示帖撒利（Thessaly）四个政治区域之一（*The Oxford Classical Dictionary*, Edited By N. G. L. Hamond and H. H. Scullard, Second Edition, Oxford, 1970, pp. 1047-1048.）。需要说明的是，笔者所论“四帝共治”实际上是罗马帝国历史上第一次“四帝共治”。因为戴克里先和马克西米安按约定退位后，帝国出现了第二次“四帝共治”。

⑤ Chris Scarre, *Chronicle of the Roman Emperors: the Reign-by-Reign Record of the Rulers of Imperial Rome*, Thames and Hudson, 1995, p. 196.

⑥ C. P. S. Clark, *Church History from Nero to Constantine*, U. S. A. The More house Publishing Co., 1910. p. 318.

⑦ Pat Southern, *The Roman Empire: from Severus to Constantine*, Routledge, 2001, p. 145.

至今仍未找到一个公认的答案。但在历史上，戴克里先的“四帝共治”是从“二帝共治”开始的，而且在罗马历史上，“共治”本身也有着悠久的传统。传说，王政时代罗马第一王罗慕路斯便和提图斯·塔提图斯（Titus Tatius）共同执掌权柄。无疑，此次“共治”应是罗马历史上最早的“二人共治”。

进入帝国时代，二人“共治”不乏先例，留下过多次“共治”记录[①]。比如，帝国第三位元首卡利古拉继位时，并非一人独掌王权，其父王提比略将王位留给卡利古拉和提比略·盖米鲁斯二人，希冀二人共治帝国。然而，尚未等到二人实施共治，卡利古拉便除掉了共治者，独揽王权。继卡利古拉之后，第二个实施二帝共治的皇帝是享有哲学家帝王美名的奥莱利乌斯。奥莱利乌斯破天荒和自己被收养的弟弟康茂都斯（L. Ceionius Commodus）共掌王权，两人权力、地位等同，奥莱利乌斯还将恺撒和奥古斯都的头衔授予康茂都斯，将自己的名字维卢斯（Verus）给予这位非同胞兄弟[②]。皇帝权柄第一次落入两个皇帝手中，“罗马帝国第一次由两个皇帝统治”[③]。同样好景不长，维卢斯不久死去，皇权便由奥莱利乌斯一人执掌。罗马帝国第三次皇帝共治发生在塞维鲁斯统治时期。塞维鲁斯在2世纪末内战中获胜，效仿奥莱利乌斯，于198年，任命年仅9岁的儿子卡拉卡拉为奥古斯都，另一个儿子盖塔（Geta）为恺撒[④]。塞维鲁斯死后，两个儿子共治帝国。兄弟二人始终不睦[⑤]，甚至计划将帝国一分为二，“分而治之”[⑥]。即使这种貌合神离的关系，兄弟二人也未能维持长久。212年，卡拉卡拉设计杀死了自己的同胞兄弟，二帝共治随之结束。217年，近卫军长官马克里努斯（Marcus Opellius Macrinus）

---

① 一般认为，帝国时代屡屡出现的皇帝“共治”受到的是共和国时期高级官吏偶数设置传统的影响。比如，共和国时期最高行政官职执政官就是二人共掌大权等。

② Aelius Spartianus, *Historia Augusta*, *The Life of Marcus Aurelius*. 7. 5 – 7. Tranlated by David Magie, Ph. D., for the Loeb Classical Library, 1924.

③ *The Thought of the Emperor M. Aurelius Antoninus*, Translated by Goerge Long, London and New York, 1887. p. 5.

④ Anthony R. Birley, *Septimius Severus*, *The African Emperor*, Routledge, 1999. p. 103.

⑤ 据狄奥·卡西乌斯记载，塞维鲁在世时，卡拉卡拉就有杀死胞弟之图谋。见 Dio, 78. 1. 3。

⑥ William Smith and Eugene Lawrence, *A Smaller History of Rome*, New York, 1881. p. 245.

杀死卡拉卡拉，登基称王。在位仅仅 1 年的马克里努斯步前人之后尘，推行“共治”，宣布自己的儿子迪亚杜门尼安努斯（Marcus Opellius Antoninus Diadumenianus）为恺撒，成为帝国的共治皇帝①。塞维鲁斯王朝仅仅存世 42 年，“共治”之频发，此前历代王朝罕见。

三世纪危机期间，帝国政治秩序大乱，各种章法遭践踏，共治皇帝接二连三地出现在政治舞台上：238 年，元老院拥立戈尔迪亚努斯父子为共治皇帝，权力等同，二人共同统治帝国。但仅仅过了 56 天，戈尔迪亚努斯父子二人便双双死于非命，被巴尔比努斯（D. Cealius Calvius Balbinus）和普皮努斯（Clodius Pupienus Maximus）所取代。巴尔比努斯和普皮努斯“以执政官制为模式，两人拥有相同的权力，两人都是最高祭司（pontifex maximus），但巴尔比努斯被委以国内管理权，普皮努斯则统领军队。”② 253 年，瓦莱里安（Valerian）和儿子加列努斯（Gallienus）共治帝国；283 年，卡鲁斯（M. Aurelius Carus）被军队拥上帝位后，曾任命自己的两个儿子：卡里努斯和努米里亚努斯兄弟二人为自己的助手，封以恺撒头衔。三人共治帝国，创下了新的纪录。但父子三人“共治”不足一年，卡鲁斯在波斯帝国都城泰西封（Ctesiphon）附近殒命。至于卡鲁斯死因，一说是死于雷击，瑞士著名历史学家布克哈特认为，卡鲁斯之死为近卫军长官阿佩尔一手造成③。卡鲁斯死后，两个儿子成为奥古斯都。284 年 11 月，努米里亚努斯死去，“二帝共治”变成一人在位。戴克里先最终战胜了卡鲁斯，不仅结束了“二日中天”的现状，而且结束了三世纪危机。数年过后，戴克里先不仅恢复了“共治”，而且在人数上超过了帝国数百年历史上任何一次“共治”，大有“长江后浪推前浪”之意味。

由上述史实可知，戴克里先生活在“共治”迭出的三世纪危机时期。据此，有学者认为，三世纪危机背景下的各种“共治”，对戴克里先的“四帝共治”有直接影响。此种说法未有史料证据，主观色彩偏

① 关于迪亚杜门尼安努斯的史料匮乏，他的个人事迹不详。我们只知道，马克里努斯被杀后，迪亚杜门尼安努斯也未能幸免。

② Michael Grant, *The Collapse and Recovery of the Roman Empire*. Routledge, 1999. p. 5.

③ ［瑞士］雅各布·布克哈特：《君士坦丁大帝时代》，宋立宏等译，上海三联书店 2006 年版，第 24 页。

于浓重。“共治”在罗马帝政史上不属新事物，及至三世纪危机各种“共治”层出叠现。一些皇帝登基后，尽快提名自己的接班人，这些接班人或是皇子，或是自己的男性亲属，一般被任命为恺撒——日后的皇帝。总之，三世纪危机期间，乃至历史上诸多次“共治”中，“共治”者之间主要是亲缘或血缘关系。戴克里先没有子嗣，亦无嫡亲兄弟，于是“收养”了马克西米安（Caius Galerius Maximianus）①。故此，一种主流说法是，戴克里先任命马克西米安为“共治”皇帝，主要原因是没有子嗣，也没有合适的男性亲属可作为继承人人选。所以，战胜卡里努斯后不久，便任命了马克西米安为自己的“共治”皇帝（先是恺撒，后为奥古斯都）。戴克里先任命马克西米安为奥古斯都后，几年后的293年3月1日，戴克里先在希尔米乌姆、马克西米安在米兰新任命两个恺撒——君士坦提乌斯（Constantius Chlorus）、加莱里乌斯（Gaius Galerius Valerius Maximianus）——为两个奥古斯都的副手、接班人，前者为帝国西部恺撒，后者任东部恺撒，“四帝共治”正式形成。“共治”四位皇帝中其他三位皇帝与戴克里先依然没有嫡传的亲缘、血缘关系，但戴克里先轻而易举地解决了这一问题：“为了以家族的亲密关系增强政治上的联系，两位皇帝分别成为两位恺撒的父亲，戴克里先认伽勒里乌斯为子，马克西米安认君士坦提乌斯为子；而且还让他们俩抛掉原来的妻子，各把自己的一个女儿嫁给养子为妻。”② 于是，两个奥古斯都与

① 历史学家宣称，戴克里先“收养”马克西米安为 *filius Augusti*——奥古斯都之子。

② ［英］爱德华·吉本：《罗马帝国衰亡史》（上册），黄宜思、黄雨石译，商务印书馆1997年版，第207页。“四帝”中最年轻的加莱里乌斯娶戴克里先的女儿瓦莱丽娅（Valeria）为妻，君士坦提乌斯则迎娶了马克西米安的女儿迪奥多拉（Theodora）（*The Cambridge Companion to the Age of Constantine*, edited by Noel Lenski, Cambridge University Press, 2006, p. 41.）。加莱里乌斯为了得到恺撒头衔，抛弃了自己的妻子，成为戴克里先的女婿（Lactantius, *The Minor Works*, tr. By Sister Mary Francis McDonald, O. P., The Catholic University of America Press, 1965, p. 147.）。君士坦提乌斯曾在卡鲁斯当政时任职达尔马提亚行省总督，为了迎娶迪奥多拉，于298年和第一任妻子，即日后君士坦丁大帝的生母海伦娜（Helena）离婚。另一个耐人寻味的现象是，戴克里先女儿瓦莱丽娅——Valeria也是戴克里先重新划分行省后，下潘诺尼亚行省分出的一个行省的称谓（Raymond Van Dam, *The Roman Revolution of Constantine*, Cambridge University Press, 2007, p. 42.）。另有一种观点认为，卡劳西乌斯在不列颠另立山头，使戴克里先决定扩大“共治”的概念，又任命了两名恺撒，以充作两个奥古斯都的助手（Timothy E. Gregory, *A History of Byzantium*, Blackwell Publishing Ltd, 2005, p. 34.）。作为一家之言，类似议论可资参考。

两个恺撒之间由此形成了养父子加翁婿的关系；两个恺撒也身兼多重角色：继子和女婿、皇帝和王位继承人。但戴克里先和马克西米安之间是兄弟关系。戴克里先将马克西米安“收养”为兄弟后，“兄弟”二人便拥有了“奥莱利乌斯·瓦莱里乌斯”（Aurelius Valerius）氏族的称谓[①]。戴克里先这种做法无疑是为了强化共治“四帝”之间的关系，增加“四帝共治”的保险系数。就帝位继承而言，“四帝共治”似乎在形式上解决了经常引发动荡、战争的帝位传承问题，因为在戴克里先身后70年间，各色皇帝陆续死于自杀、战争，抑或自然死亡，但无一人死于谋杀[②]。据此，有学者认为，戴克里先推行“四帝共治”，主要是为了解决王位传承问题[③]。结束军队动辄杀戮皇帝的历史，无疑是戴克里先的贡献，但此后较长历史时段内没有皇帝死于谋杀，与“四帝共治”到底有多大程度的直接关联，值得商榷。戴克里先之前的罗马帝国历史上，皇位继承问题，以及由此引发的各种动荡、纷争，史不绝书。其中一个重要原因是，奥古斯都创建了元首制，却未创建王位继承的法律制度。王位继承人由元首提名，元老院批准，但这一程序常常被军队的选择所取代，程序的实际意义大打折扣。戴克里先创立“四帝共治”模式，汲取了历史上的经验教训。然而，戴克里先身后的历史说明，“四帝共治”依然没有解决王位的平稳传递。

戴克里先缘何创建“四帝共治”？西方学者给出的答案几乎如出一辙：“治理充满纷争、问题重重的帝国，戴克里先需要他人的帮助。于是，戴克里先创建了今天人们熟知的‘四帝共治’。”[④] 戴克里先是否基

① Theodor Mommsen, *A History of Rome under the Emperors*, English translation by Clare Krojzl, Routledge, 1996, p. 352.

② Antonio Santosuosso, *Storming the Heavens: Soldiers, Emperors, and Civilians in the Roman Empire*, Westview Press, 2001, p. 180.

③ Chris Scarre, *Chronicle of the Roman Emperors: the Reign-by-Reign Record of the Rulers of Imperial Rome*, Thames and Hudson, 1995, p. 199.

④ Michael Burgan, *Empire of Ancient Rome*, Chelsea House Publisher, 2009, p. 64. 另有西方学者进一步解释说，在位皇帝让儿子协助自己处理国政的动向表明，“已经不可能再由单独一位皇帝来统治整个罗马帝国了。另有一些学者声称，至少从马卡斯·奥里留斯时代开始，每逢重大战争，人们就期待皇帝御驾亲征，当然更期待能够取得胜利。如果同时发生一场以上的战争，那就需要不止一位皇帝了，于是就出现了皇权被分割的趋势，最终这种趋势将使罗马帝国在四世纪末分裂成东西两半。”见［英］安德林·戈德斯沃司：《非常三百年——罗马帝国衰落记》，郭凯生、杨抒娟译，重庆出版社2010年版，第112页。

于这种考虑，无确切依据。综合各种因素考察，以及戴克里先选择共治的条件，不难看出，戴克里先推行“四帝共治”的主要原因，无法全部归结为“需要人手”，而在于吸取了历史上的教训，通过“共治”解决继承问题。吉本认为，戴克里先推行“四帝共治”不是权宜之计，而是根本大法。按照戴克里先的构想，“军团的力量掌握在四个齐心协力的君王手里，任何人想要连续击败四个强大的对手，几乎没有成功的希望，会使野心勃勃的将领望而却步。”[①] 吉本的分析自有依据，但却忽略了另一个非常重要的史实：四人联合起来可以抵挡野心勃勃的军事将领，但却没有措施阻止四人中的野心勃勃的王位觊觎者的出现。戴克里先这种制度设计上的疏漏，为日后内战和分裂埋下了祸根。除了吉本之外，布克哈特的解说颇耐人寻味。布克哈特认为，三世纪危机期间军队背信弃义，野心家层出不穷，皇帝无可奈何。为解决这一问题，戴克里先将继承人和同僚环绕自己周围。“对篡位者而言，野心家所要攻击的目标就远了，军营叛乱的成功率也降低了”，如果阴谋者不能在一天之内杀死四个分散各地的奥古斯都或恺撒，就无法达到自己的目的[②]。布克哈特的这种分析，显然是基于帝国数百年来，军队每每犯上作乱，杀死当朝皇帝，另立新君的考量。持有相同观点的学者认为，戴克里先的“四帝共治”使军队失去了选择新皇帝时的影响力[③]。结合史实，不难发现，类似分析有一定的道理。综合各种观点，或许可以认为，戴克里先选择“四帝共治”的原因是复杂的，但三世纪危机提供的教训是深刻的。“共治”对于罗马帝国并不陌生，历史上的各种“共治”提供的先例，无疑也是戴克里先可参照的蓝本。然而，以上观点有合理之处，但却淡化了“四帝共治”诞生的背景。293年时，帝国境内各种反叛、入侵此起彼伏，特别是292年埃及发生了一系列起义、暴动，戴克里先设置“四帝共治”有长远的王位传承的计划，更有出于对当下国

① ［英］爱德华·吉本：《罗马帝国衰亡史》（第1册），席代岳译，吉林出版集团有限责任公司2008年版，第312—313页。

② ［瑞士］雅各布·布克哈特：《君士坦丁大帝时代》，宋立宏等译，上海三联书店2006年版，第27页。

③ Aleksander Aleksandrovich Vasiliev, *History of the Byzantine Empire*, 324-1453, vol. I, University of Wisconsin Press, 1952, p. 62.

内稳定局势的考虑，“艰巨的战争任务无疑是戴克里先选择共治的主要原因”[①]。戴克里先需要王位传承的稳定性，更需要可靠的将领。“四帝”分头将兵，加之翁婿、兄弟等多重相互牵连的维系，困扰历代皇帝的统兵将领的忠诚问题，通过一举两得的“四帝共治”顺利解决——至少在理论上可行。但除此之外，为了保证其他“三帝”对自己的忠诚，戴克里先于293年，让君士坦提乌斯20岁的儿子君士坦丁充作人质，留在自己的宫廷，以确保君士坦提乌斯对自己的忠诚[②]。由此看来，戴克里先对“共治”皇帝也心存芥蒂。

至于为什么是“四帝共治”，而不是“二帝”或“三帝”？别出心裁的古代颂词演说家的解释是，永恒的事物中“4”扮演着重要角色[③]。后世西方学者曾以“对称性”予以解说（见下文）。瑞士学者布克哈特的解释似乎重复了古人的观点：“他视数字‘4’为构成宇宙秩序的基本要素，体现在四大元素、四季乃至四块大陆上；罗马的人口四年普查一次，并非毫无疑义；天空中，四匹马拉着太阳的马车飞驰而过……”[④] 无论是古代史家说辞，还是后人观点，戴克里先设计、推行“四帝共治”既不会是“头脑发热”，也不是凭空想象，所拥有的是那个时代的“理论根据”。

一般认为，293年为戴克里先推行“四帝共治”的起始年份——第一次“四帝共治”开始之年。在实践中，“四帝共治”不是一蹴而就，经历了一个从“二帝”到“四帝”的过程。大约285年7月21日，刚刚战胜卡里努斯几个月后，戴克里先便任命老友马克西米安为恺撒[⑤]，一年后（286年4月1日）成为奥古斯都。马克西米安晋升奥古斯都不

① Mitchell Stephen, *A History of the later Roman Empire, A. D.* 284 - 641. Second edition, Blackwell, 2007. p. 58.

② *A Chronology of the Roman Empire*, Edited by Timothy Venning, New York: Continuum, 2011. p. 630. 至于其他“几帝”是否也如法炮制，不可得知。

③ Stephen Williams, *Diocletian and the Roman Recovery*, Routledge, 1996. p. 64.

④ ［瑞士］雅各布·布克哈特：《君士坦丁大帝时代》，宋立宏等译，上海三联书店2006年版，第43页。

⑤ 在一些著述中，西方学者以“co-emperors”指代加封奥古斯都的马克西米安。*The Cambridge Companion to the Age of Constantine*, edited by Noel Lenski, Cambridge University Press, 2006, p. 40.

仅是政治地位的升高，也是身份的改变：由戴克里先的继子（285—286年），变身戴克里先的过继兄弟（286年）[①]，“兄弟二人”变成了“父子二人”。耐人寻味的是，戴克里先任命马克西米安的地点在米兰，这也是作为罗马帝国皇帝的戴克里先一生中三次光临意大利的第一次[②]。据此可以认为，戴克里先时代的“四帝共治”实际上由“双雄政治”（dyarchy）发展而来[③]。学者认为，没有确凿的证据证明，戴克里先正式收养马克西米安为子[④]。“双雄政治”是否为日后“四帝共治”的预演？不可得知。戴克里先为什么选择马克西米安为自己的共治皇帝，一种解释是，由于戴克里先找不到合适的男性亲属，便选择了马克西米安[⑤]。这一解释不免牵强，似乎是戴克里先不得已而为之，显然缺乏说服力。马克西米安军事经验丰富，忠诚可靠，值得戴克里先信赖无疑是先决条件。戴克里先加封马克西米安为奥古斯都后，帝国由一个皇帝掌控变成两个皇帝统治，但帝国领土没有随之一分为二（戴克里先统治东部，马克西米安统治西部。由于战事，直至288年，马克西米安方主政西部），政府也只有一个，两个奥古斯都均有颁布敕令的权力，政府官员在两个宫廷之间来回流动[⑥]。理论上两个皇帝“共治”帝国，不分伯仲，但对外颁布敕令、发送官方文书等，需要两个皇帝签署名字时，戴克里先总是排在马克西米安之前。所以，无论“共治”怎样设计与安排，戴克里先“一把手”和权力中心的地位不可撼动。

戴克里先自己任命自己为帝国的东部皇帝，继之任命马克西米安为西部皇帝，两人均为奥古斯都（也有人称为“主皇帝”）。293年，“双雄”各自增设一个“副皇帝”（*vice sacra*），名曰恺撒，分别为戴克

---

① Timothy Barnes, *Constantine: Dynasty, Religion, and Power in the later Roman Empire*, Blackwell, 2014, p. 46.

② David S. Potter, *The Roman Empire at Bay, AD*185-395, Routledge, 2004, p. 281.

③ John F. Drinkwater, *The Alamanni and Rome* 213-496 (*Caracalla to Clovis*), Oxford University Press Inc., 2007, p. 180.

④ *The Cambridge Ancient History*, Second Edition, Volume XII, The Crisis of Empire, a. d. 193-337. Cambridge University Press, 2008, p. 69.

⑤ ［英］安德林·戈德斯沃司：《非常三百年——罗马帝国衰落记》，郭凯生、杨抒娟译，重庆出版社2010年版，第120页。

⑥ David S. Potter, *The Roman Empire at Bay, AD*185-395, Routledge, 2004, p. 283.

里先的恺撒加莱里乌斯、马克西米安的君士坦提乌斯。两位恺撒的加封之日也是精心选择的——293 年 3 月 1 日[①]，是传统上战神马尔斯的生日。多少个世纪以来，每逢这一天，罗马人都要举行盛大的庆祝活动，包括载歌载舞、尽情宴饮等。3 月 1 日加封恺撒，既为马尔斯庆祝了生日，也祝贺了两个恺撒加冕。为庆贺两名恺撒加封，帝国专门发行了质地优良的货币。至于选任标准，现代学者认为，不是出身和品德，而是军事业绩[②]，即其余“三帝”都是能征善战的军事将领。这种选任标准，实际上反映出戴克里先面临的最主要问题是军事上的。

关于缘何在两个奥古斯都之下，再增设两个恺撒，不同时代的历史学家有不同的解说。古典史家并未直接论述戴克里先增加两名恺撒的原因，但却交代了增设两名恺撒的背景：“已经紫袍加身的卡劳西乌斯占领了不列颠，阿奇里乌斯在埃及称王。有鉴于此，君士坦提乌斯和加莱里乌斯被加封为恺撒……”[③] 古典史家的议论似乎说明，此起彼伏的叛乱、起义，迫使戴克里先“增加”人手，以便平定帝国。吉本的解释是：“明智的戴克里先发现四周全受到野蛮人攻击的帝国，需要在各个方面安置重兵和一个皇帝。出于这一考虑，他决定再次分割他手中难以驾驭的权力，用一个较低一级的恺撒的称号，把它分给两个才德卓著的将军，让他们享有同等的君权。”[④] 除了吉本的解说，苏联学者的解说则表达了另外的观点与视角：到了 293 年时，两个奥古斯都已经难于应付内部和外部的困难，于是戴克里先和马克西米安

---

① 也有人认为，君士坦提乌斯的任命日期为 3 月 1 日，加莱里乌斯的任命稍晚一些，为 5 月 21 日（Bill Leadbetter, *Galerius and the will of Diocletian*, Routledge, 2009, p. 64.）。学术界有人将戴克里先当政 20 年分为两个阶段，第一个阶段为 286—293 年，是为“二帝”分权阶段；293—305 年则是“四帝共治”阶段。

② Mark Hebblewhite, *The Emperor and the Army in the Later Roman Empire, AD 235-395*, Routledge, 2017. p. 43.

③ *The Roman Eastern Frontier and the Persian Wars*, (*AD 226±363*): *A Documentary History*, Compiled and edited by Michael H. Dodgeon and Samuel N. C. Lieu, Routledge, 1999, p. 109.

④ ［英］爱德华·吉本：《罗马帝国衰亡史》（上册），黄宜思、黄雨石译，商务印书馆 1997 年版，第 207 页。

各自为自己任命一个助手①。这些解说，各有道理，但如果结合马克西米安晋升奥古斯都的背景是卡劳西乌斯在不列颠另立山头，那么293年时，帝国境内诸多反叛、入侵的形势严峻的背景则更有说服力：波斯人重新威胁叙利亚边境；埃及在努比亚人的侵略下，各种骚动、不安与日俱增；不列颠还把持在反叛者手中；柏柏尔人（Berber）正在劫掠罗马人的庄园、城镇，帝国境内狼烟四起，一时难以平静。在这样的背景下，戴克里先加封了两名恺撒，作为两名奥古斯都的助手。凡此种种，印证了都与古典史家"形势需要"的判断，但更进一步的解说似乎应该是：内外吃紧的形势让戴克里先感觉到了"人手短缺"的紧迫性，于是，为四面迎敌，增加"人手"，"双雄"政治让位于"四帝共治"。

"四帝共治"基本架构如下：

戴克里先（东部奥古斯都）	马克西米安（西部奥古斯都）
|	|
加莱里乌斯（东部恺撒）	君士坦提乌斯·克洛卢斯（西部恺撒）

在上述四个帝国统治者中，戴克里先的地位至高无上。也就是说，"四帝"的地位绝非平起平坐。四人中，戴克里先为"老大"，名曰"长者奥古斯都"（senior Augustus）；作为另一个奥古斯都，马克西米安居次席，名曰"次者奥古斯都"（junior Augustus），两名恺撒在两个奥古斯都之下。在军事权力方面，两名恺撒和两名奥古斯都不相上下。关于"四帝"之间的关系，一系列实物证据有比较真实的揭示。293年发行的货币上，四个人的形象适时出现在钱币上，外在形象没有非常大的差异：留着胡须，浓密的头发。威尼斯圣马可大教堂那尊著名的、经典的四人石雕中，两名恺撒和两名奥古斯都之间是有明显区别的：两名恺撒的胡须比两名奥古斯都少一些，暗示两名恺撒是"青年人"，尽管两人已不年轻②。加莱里乌斯在帖撒罗尼卡一座纪念拱门的一块镶嵌板描

① ［苏］科瓦略夫：《古代罗马史》，王以铸译，生活·读书·新知三联书店1957年版，第922页。

② *A Companion to the Roman Empire*, edited by David Potter, Blackwell Publishing Ltd., 2006, p. 167.

绘了为著名神祇环绕的四位皇帝的形象。四位皇帝穿着同样的束腰长袍和披风，甚至连尺码也大致相当。戴克里先和马克西米安坐在中间，但左手握着高高的权杖，以示戴克里先与其他几位“共治”皇帝截然不同。作为恺撒，加莱里乌斯和君士坦提乌斯分立两侧①。埃及卢克索保存至今的一幅绘画描绘了四位“共治”皇帝表情严肃的形象，戴克里先坐在“四帝”前方②。这些事例说明，“四帝共治”之间本质上存在着高低之分，绝非平起平坐，而且这种理念传播到帝国各个地区。至于“四帝”之间关系的性质，今天矗立在意大利威尼斯圣马可广场上那尊著名的雕像，四人手执重剑，双双勾肩搭背，颇能说明四人之间相互依赖的关系③，透露出相互支持的信息。

在戴克里先“四帝共治”安排下，罗马帝国分为东西两部分。东西两个奥古斯都及其恺撒，又进一步将所辖部分一分为二，帝国实际上被两个奥古斯都、两个恺撒一分为四④。通过这种瓜分，共治“四帝”的统治触角伸向了帝国的四面八方。千年古都罗马虽然作为特别行政区仍为帝国首都，但共治“四帝”竟无一人在此居留，遭遇了空前的冷落。需要注意的是，“四帝”对帝国领土的划分并无正式决定，只是在实践中，马克西米安和君士坦提乌斯统治着帝国西部诸行省，戴克里先和加莱里乌斯统治东部行省。

共治“四帝”各自统治区域（行省）大致如下：

皇帝	帝国东部		帝国西部	
	戴克里先（奥古斯都）	加莱里乌斯（恺撒）	马克西米安（奥古斯都）	康斯坦提乌斯（恺撒）
辖区	色雷斯、马其顿、亚洲和埃及	诺里库姆、潘诺尼亚和莫西亚	意大利和非洲	西班牙、高卢和不列颠

① Raymond Van Dam, *The Roman Revolution of Constantine*, Cambridge University Press, 2007, p. 240.

② Ibid., p. 243.

③ 这尊著名的雕像最初树立在尼科米底亚，后被移至君士坦丁堡。1204 年，被十字军移至威尼斯圣马可广场至今。

④ 共治“四帝”所统辖的区域称之为“*tetrarchia*”。见 *Oxford Latin Dictionary*, Oxford 1968, p. 1934.

共治“四帝”既是对传统的元首制的颠覆，也直接否定了传统的皇帝生成机制。截至戴克里先推行“四帝共治”的293年，三百余年间，帝国皇帝的产生路径不外乎以下几种：皇帝过继收养继承人（以提比略、“五贤帝”为代表）、父子相袭的嫡传（韦伯芗、多米提安、塞维鲁斯等）、近卫军、军团依据自己意愿的选择，以及为数不多的元老院推举。“四帝共治”则另辟蹊径，既不是血缘，更不属于皇统①，亦非收养过继，更不是军队的意愿，而是戴克里先本人的设计。从表面上看，似乎避开了因帝位传承导致内战的危险，但实际上，和传统的帝位继承相比，戴克里先这种制度设计没有显现出多少优长之处。按照“四帝共治”设计的初衷，两个奥古斯都退位后，两个恺撒“顺理成章”地成为奥古斯都，再选择各自的恺撒为“副皇帝”，如此循环，以确保帝位平稳传递。“‘四帝共治’的两个奥古斯都、两个恺撒的对称性说明，戴克里先的设想是，不仅选择军事上的伙伴，以处置复杂的各种突发事件，而且在适当时候，把恺撒提拔为奥古斯都，再以新的恺撒补足恺撒的空位，以解决反复出现的王位继承问题。”② 然而，戴克里先这种看似“完满”的设计能否顺利实施，落到实处，其中变数无法预知。戴克里先在位时尚能维持局面，帝位实现了平稳传承。一旦戴克里先离去，无人能够掌控局面，而且这一制度安排无法阻止王位觊觎者的勃勃野心，每个人都拥有属于自己的军队，因争夺帝位重演内战在所难免。戴克里先身后的王位争夺战，以

① 共治“四帝”均无皇家血统。共治“四帝”中三人出身寒微，戴克里先是其中出身最卑贱的一位，马克西米安出身农民，加莱里乌斯目不识丁，他的敌对者断言他的母亲出身于多瑙河对面的蛮族。“四帝”中，只有君士坦提乌斯出身略显高贵，母亲是三世纪危机期间克劳狄乌斯·哥特乌斯（Claudius Gothicus）皇帝的侄女〔［英］爱德华·吉本：《罗马帝国衰亡史》（上册），黄宜思、黄雨石译，商务印书馆1997年版，第203、207页〕，他的父亲出身莫西亚贵族之家。君士坦提乌斯还曾出任达尔马提亚行省总督。历史学家评论说，马克西米安和加莱里乌斯保留了粗鲁的、没有受过教育的农民的所有习惯（J. C. L. De Sismondi, *Fall of the Roman Empire, Comprising A View of the Invasion and Settlement of the Barbarins*, Londun, 1834, p. 44.）。当然，在此之前，诸多皇帝也与皇统没有任何关联，是依靠手中的军队和刀剑，战胜对手问鼎王位的。

② *The Cambridge companion to the Age of Constantine*, edited by Noel Lenski, Cambridge University Press, 2006, p. 53.

事实彻底否定了“四帝共治”。

按照戴克里先“四帝共治”的设计，共治“四帝”拥有自己特定的统治地盘，有自己的宫廷，甚至铸造自己的货币[①]；拥有自己的军队和近卫军，拥有为自己宫廷服务的各级官吏，属于皇帝签署的敕令也由四人签名，还同样拥有帝王般的威严[②]。从这层意义上说，戴克里先推行“四帝共治”，倒像是“四帝分治”。总之，举凡宫廷所应有的各个组成部分，四个宫廷一应俱全。“四帝共治”不仅四分了帝国的地理与政治空间，也把原本一个宫廷增加至四个宫廷。四个宫廷官僚机构之庞大，开支之浩繁，前所未有。庞大的官僚体制顺应了“四帝共治”体制，让元首时代官僚的“精英”政治作古。尽管在衣着、宫廷设置等外表或形式上，诸帝没有差别，但实际上，“四帝”既然有奥古斯都与恺撒之称，就足以证明彼此之间是有区别的，恺撒只可以是奥古斯都的“副手”。“尽管恺撒名义上是奥古斯都的同僚，他们的形象也出现在钱币、碑刻和所颁布的各项法律上，但事实上，他们不能独立行使行政管理权……他们的职位就是让他们去做某些特定的事情。”[③]“……（其他“三帝”的）紫袍永远是戴克里先给予的……”[④]所以，在“共治”的旗号下，恺撒永远排在奥古斯都之后。戴克里先在“四帝”中地位特殊，不仅任命了其他三位皇帝，而且他的敕令适用于整个帝国[⑤]，其他“三帝”则不具备这样的权力。因此，表面上分权的“四帝共治”，事实上并没有削减戴克里先的权力和权威。西方学者非常形象地比喻说，两个奥古斯都是双臂，头却只有一个[⑥]。这一比喻不尽合理，但却一语中的，戴克里先的中心、核心地位不曾动摇。

“四帝共治”属于何种性质的统治模式？国内外学术界鲜有论及，定量分析多于定性分析。有西方学者认为，“四帝共治”是一种联合统

---

① Michael Burgan, *Empire of Ancient Rome*, Chelsea House Publisher, 2009, p. 64.

② “四帝共治”期间，一项具有决定性意义的新举措是，皇帝颁布的所有敕令一律使用拉丁语，且通行帝国西部和东部。

③ Bill Leadbetter, *Galerius and the Will of Diocletian*, Routledge, 2009, p. 73.

④ Ibid., p. 114.

⑤ Adrian Goldsworthy, *How Rome Fell, Death of a Superpower*, Yale University Press, 2009, p. 161.

⑥ Stephen Williams, *Diocletian and the Roman Recovery*, Routledge, 1996. p. 49.

治类型①。这一观点有待商榷。“四帝”中的“三帝”为戴克里先任命或选择，四人结成“共治”绝非出自自愿的联合；无戴克里先便无“四帝共治”，以“联合”限定“四帝共治”难免牵强。笔者以为，关于“四帝共治”的性质的讨论，不妨回到（前文所及）吉本关于“新帝国”的议论。所以，戴克里先建立的是“新帝国”，推行的是一种“新帝制”。这种“新帝制”既包括了“多米那提”制，也涵盖了“四帝共治”，并且是空前绝后的“新帝制”。和元首制及其他历代各种“共治”相比，“四帝共治”彰显的是一种新的制度设计与安排。

戴克里先的“四帝共治”诞生在他战胜其他对手，平定国内纷争，平定边防的基础之上。戴克里先生前尚能凭个人威慑力控制局面，“四帝共治”得以推行。即便如此，“四帝共治”无论如何也称不上一项优选的制度设计。

首先，“四帝共治”的核心内容是权力的分享与分割。所谓分享系皇帝一人的权力和九五之尊被人为地一分为四；所谓分割系帝国被人为地分成了四大部分。从制度设计层面看，戴克里先推行“四帝共治”的初衷是防止帝国分裂，但实际上，皇权和帝国被四分，归根到底是增加了向心力，还是增加了离心力，戴克里先身后的历史颇能说明问题的实质。

其次，官僚机构庞大，帝国运营成本剧增。“四帝共治”中的总皇帝是戴克里先，但“四帝”每人皆有自己的宫廷，都有自己一套为宫廷服务的体系，以及一套维持自己宫廷正常运转的官僚机构，还拥有自己的军队。拉克坦提乌斯抱怨说：“许多官吏和官僚机构在各自的统治区域内设置，几乎所有的城市都不堪重负”；“不劳而获的人远远多于付出者”②。无疑，维持这种机构运转需要巨大的花销与开支，这些开支与花销只能由平民百姓承担，通过增加税收增加宫廷收入“顺理成章”，这样做的一个直接后果是加剧对百姓的压榨。戴克里先政府中的文职人员的薪酬是现金或实物。“许多地位较高的官员常常从普通民众

① Antonio Santosuosso, *Storming the Heavens: Soldiers, Emperors, and Civilians in the Roman Empire*, Westview Press, 2001, p. 180.

② Lactantius, *The Minor Works*, tr. By Sister Mary Francis McDonald, O. P., The Catholic University of America Press, 1965, p. 144.

那里得到薪酬，增加收入来弥补薪水的不足……”① 因此，对于广大下层民众而言，“四帝共治”无论如何都不是“福音”，所折射出的是奴隶制帝国的本质特征。

戴克里先的四帝共治并非“原创”，是否借鉴了前辈皇帝各种各样的“共治”做法，未见史载。但从改革的视角分析，无论是“多米那提”制，还是“四帝共治”，都是戴克里先政治改革的重要内容，标志着元首制的终结，为君主专制奠定了基础。这种政治改革通过皇权存在形式的变更，通过将皇权一分为四得以完成。“共治”不是戴克里先的独创，更不是原创，但自戴克里先之后，一直到480年，帝国多次出现皇帝“共治”的局面，且以两个皇帝“共治”居多②。据此而言，戴克里先的“四帝共治”在罗马帝政史占有承上启下的地位。

关于戴克里先的“四帝共治”，中外学者议论较多。其中一种观点认为，戴克里先在位20年，成功的秘诀在于“四帝共治”③。但笔者认为，这一评价明显过高。应当说，戴克里先在位时，第一次“四帝共治”体制在他的掌控之下得以平稳运行，他退位后，离心力淹没了向心力，第二次“四帝共治”则为诸帝纷争，彼此之间相互征伐、兵戎相见创造了条件，帝国再次被拖入内战的泥沼。史实证明，“四帝共治”绝不是解决帝国帝位传承问题的灵丹妙药。因此，另有观点批评说：“由于几位‘共治’皇帝的团结和实力，‘四帝共治’是有成效的。最大的考验是王位继承问题。然而，恰恰在这一点上，‘四帝共治’遭遇了失败。”④ “四帝共治”是戴克里先处心积虑的设计，但最终的失败宣告了这一设计的短命性。“四帝共治”利弊共存：向心力大于离心力时，帝国保持了稳定；而当离心力大于向心力时，帝国则再陷内战泥潭，重演王位争夺闹剧。

---

① ［英］约翰·瓦歇尔：《罗马帝国》，袁波、薄海昆译，青海人民出版社2010年版，第227—229页。

② J. B. Bury, *History of The Later Roman Empire*, Macmillan & Co, Ltd, 1923, p. 6.

③ Michael Whitby, *Rome at War AD* 293-696, Osprey Publishing Limited, 2002, p. 34.

④ Adrian Goldsworthy, *How Rome Fell*, *Death of a Superpower*, Yale University Press, 2009, p. 173.

第四节 新的朝廷与新的统治模式

戴克里先实施的“多米那提”制与“四帝共治”是罗马帝国历史上全新的统治体制。此处“新”主要指的是，无论是“多米那提”，抑或“四帝共治”，均为昭示出戴克里先的“创新”之处。

“多米那提”制开启了帝国后期帝政历史的全新模式，罗马帝国终于不再“犹抱琵琶半遮面”地推行元首制，从此以后，皇帝冠冕堂皇地成为专制君主，帝国由是从元首制帝国转变为君主制帝国。这种表象上的称谓变化，宣告的是长达两个多世纪的元首制作古。奥古斯都重建的元首制与戴克里先推行的“多米那提”制，本质上并无差异。只不过是奥古斯都为了掩盖自己皇权的称谓，以及对共和国遗风甚烈的现实有所顾忌，采取了自欺欺人的元首制，自称“第一公民”。事实上，“他的权力与绝对君主并无二致，但是，他一直谨慎地回避使用君王甚至是独裁官的称号……”① 因此，奥古斯都的元首制主要出于“回避”的考虑。戴克里先乱世崛起，共和国早已化作云烟，不存在顾及之说，不需要考虑“回避”，采取何种帝制，完全由戴克里先自己决定，“多米那提”制水到渠成。和元首制相比，“多米那提”制最突出的特点是“朝廷特色”——东方式的宫廷及其繁复的礼仪、形式等，种种前所未有的“朝廷”的外在特征，一应俱全地呈现在罗马人面前，使君主名副其实。因此，“多米那提”制对元首制的颠覆，既是形式的，也是内容的。与其说戴克里先建立了“新帝国”，不若说建立了“新朝廷”“新帝制”。

罗马人经历过皇帝一人独裁专制，不止一次经历过二帝共治，但却从未经历过“四帝共治”。翻阅罗马帝国的历史，可知“四帝共治”似有“旧瓶装新酒”之意味。“四帝”中其他“三帝”由戴克里先指定，加之大多数时间“四帝”奔波于各个战场，忙于平定帝国，“多米那提”制度下的“四帝共治”得以平稳运行。“四帝共治”是一种分权

---

① Charles Seignobos, *History of The Roman People*, Translatian Edited by William Fairley, Ph. D., New York: Henry Holt and Company, 1902. p. 263.

制，是罗马帝国特定历史条件下的“分封”。“四帝共治”平稳运行十几年，为罗马帝国所罕见。戴克里先的“四帝共治”获得了成功，“四帝”往往分头行动，东征西战，特别是没有因争夺最高权力发生内战。然而，戴克里先退位后随之发生内斗，以事实否定了“四帝共治”。所以，只有当戴克里先的绝对权威不发生动摇的前提下，“四帝共治”的存在表现出了些许合理性，一旦戴克里先退出历史舞台，“共治”失去原有的平衡，演变为争夺最高统治权的战争，曾经有过的些许合理性荡然无存。

戴克里先主政帝国后推行了新的统治体制，无论是“多米那提”制，还是“四帝共治”的分权模式，都是罗马帝政史上里程碑的事件，均为新帝国、新帝制的组成部分。

第三章　经济改革与经济治理

经济改革是戴克里先各项改革中的重要内容。戴克里先实施经济改革主要有以下三方面原因：

第一，三世纪危机对帝国经济造成了极大的破坏，帝国经济基础遭受严重破坏，生产凋敝，通货膨胀，作为帝国经济基础的农业大规模衰退等，说明戴克里先所继承的是“一堆麻烦极多的遗产”，且“不得不接受这堆遗产”[①]。戴克里先想要维持自己的统治，恢复帝国经济是非常必要的，只有通过改革，才能恢复帝国经济。不妨以物价为例，戴克里先当政时，物价在三世纪期间上涨了30倍[②]。戴克里先的“三大任务”是稳定、恢复社会经济，他所推进的经济改革重要内容之一便是控制物价上涨，“最高价格敕令”的出台是典型的“专项治理”，反映出对稳定经济的重视。

第二，军事需要。3世纪持续不断的外族入侵，帝国军费开支日益增多，经济负担之重，前所未有。戴克里先当政后，军费开支有增无减，新的帝国政府必须设计出新的方式，支付军队开支和供养军队[③]。此外，戴克里先因军队庞大，军费开支大幅度上涨。有人统计，卡拉卡拉当政的211—217年间，士兵的年军饷为600银第纳里，到了300年时（不足100年），增长20倍，为1.2万银第纳里[④]。戴克里先当政

---

① ［美］M. 罗斯托夫采夫：《罗马帝国社会经济史》（下册），马雍、厉以宁译，商务印书馆1985年版，第688页。

② Jill Harries, *Imperial Rome, AD 284 to 363: The New Empire*, Edinburgh University Press Ltd., 2012, p. 12.

③ Michael Whitby, *Rome at War AD 293-696*, Osprey Publishing Limited, 2002, p. 67.

④ Jill Harries, *Imperial Rome, AD 284 to 363: The New Empire*, Edinburgh University Press Ltd., 2012, p. 12.

时，军队人数再创历史新高，军费支出自然前所未有。除了维持庞大的军队开销巨大之外，以要塞、堡垒等军事建筑为主要内容的各种军事设施的修复、建造，以及边境地区各种防御工事、公路的修葺、兴建等等，无疑需要巨额支出①。

第三，宫廷及其官僚机构开支大幅度增加。戴克里先推行“四帝共治”，帝国由原来的一个宫廷变为四个宫廷，维持四个东方式宫廷的奢靡生活，四个首都的各种炫耀性质的公共建筑和豪华宫殿的建造，各种开销无疑非常巨大。这一点已是学术界的共识。不仅如此，戴克里先通过行省改革，把行省数量增加到100个以上，宫廷和行省各自拥有自己官僚机构（许多机构属于重复设置），维持这种官僚机构的正常运转，更是一个前所未有的沉重的经济负担。林林总总增加的各项支出，给普通的纳税人增加了新的负担②。有学者统计，4世纪初，帝国官员人数多达3万—5万人③。总之，维持空前规模的庞大的官僚机构正常运转，财政支出也是空前的。

基于上述原因，戴克里先在绥靖行省、平定边防、推进军事改革的同时，不得不进行带有戴克里先特色的经济改革。“针对帝国面临的严峻的财政和经济问题，戴克里先实行了币制改革、税制改革、户籍制度改革、物价管制和生产管制等五项主要的政策。”④

戴克里先284年登基，各种规模的战争一直持续到300年以后。戴克里先305年隐退，20年间，绝大多数时间在忙于战争。即便如此，戴克里先依然大刀阔斧地推进了各项改革，由戴克里先的生平可知，这些改革实际上是在战火不息的背景下进行的。比如，在293—305年间，戴克里先获得了二十多个胜利者的称号。几乎是在无休止的战争中，293—299年期间，戴克里先忙里偷身，应对各种请求，改革了税制，

① Emilija Stankovic, Diocletian's Military Reforms, ACTA UNIV. SAPIENTIAE, *Legal Studise*, 1, 1 (2012), p. 130.

② H. Stuart Jones, *The Roman Empire*, *B. C.* 29-*A. D.* 476, New York: G. P. Putnam's Sons, London: T. Fisher Unwin, 1908, p. 369.

③ ［英］安德林·戈德斯沃司：《非常三百年——罗马帝国衰落记》，郭凯生、杨抒娟译，重庆出版社2010年版，第126页。

④ 厉以宁：《罗马-拜占庭经济史》（上编），商务印书馆2006年版，第290页。

重建了行省管理机制，取得了相应的成效①。

第一节 币制改革

币制改革是戴克里先经济改革的重要内容之一，也是有影响的改革举措。戴克里先的货币改革始于293年年初②，先是在帝国西部进行，后扩展到东方。戴克里先在整个帝国范围内推行了统一面值的货币③，目的是清除信誉扫地的劣币，也结束了行省铸造货币的历史。3世纪之后的帝国历史上，货币贬值是一个困扰帝国社会的"常态性"问题，在戴克里先推进币制改革之前20年，奥莱里安皇帝于270年也曾进行过币制改革④。古典史家佐西莫斯记载了这次币制改革："……为了避免引起贸易混乱，他回购了所有贬值的货币，并发行了新的法定货币。"⑤ 这些事实告诉人们，戴克里先和奥莱里安推进币制改革所要解决的是一个共性问题——货币贬值。涉及币制改革，无法绕开的问题是，戴克里先登基后，帝国的经济状况如何。就整体经济状况而言，特别是和三世纪危机期间凋敝的经济相比，戴克里先治下的帝国经济形势有了较大好转。戴克里先和他的"共治皇帝"在帝国范围内大兴建筑之风，一个基本前提是有能力支付或承担建筑所需费用，这也说明了帝国经济实力有所提升。此外，由于戴克里先和几个"共治皇帝"四面出击，不断取得胜利，帝国经济发展环境得以改善，

---

① Bill Leadbetter, *Galerius and the will of Diocletian*, Routledge, 2009, p. 114.

② 这一年恰是"四帝共治"的诞生之年：戴克里先任命了两名恺撒。另外，关于戴克里先推行币制改革的具体时间，学术界有不同观点，有人认为币制改革始于3世纪90年代中期。但戴克里先颁布"货币敕令"（*Edict on Coinage*）则是在301年，比最高限价敕令早两三个月。该敕令的中心内容试图维护黄金市价，保持帝国发行的金属货币的银的含量。但也有人认为，戴克里先的币制改革始于294年。见 Michael Grant, *Collapse and Recovery of the Roman Empire*, Routledge, 1999. p. 45。

③ *A Companion to the Roman Empire*, edited by David Potter, Blackwell Publishing Ltd., 2006. p. 40.

④ Alaric Watson, *Aurelian and the Third Century*, Routledge, 1999, p. 127.

⑤ ［古罗马］尤特罗庇乌斯：《罗马国史大纲》，谢品巍译，世纪出版集团、上海人民出版社2011年版，第24页。

特别是农业生产恢复较快，农产品产量增加，三世纪危机期间农业生产的破败局面得到了扭转。应当说，戴克里先的治理成效显著，政绩不亚于军事上的成功。然而，长期以来的通货膨胀却严重制约着经济发展。戴克里先着手币制改革切中要害，只是他的种种努力并未带来预期的成效。

作为三世纪危机的“恶劣后果”之一，戴克里先登基后，“货币体系严重衰退，集中铸币遭废弃。”[①] 戴克里先币制改革的具体原因，主要集中在两个方面：其一，通货膨胀导致货币贬值，降低了人们手中购买商品的货币的价值；其二，货币自身贬值，面值与贵重金属含量严重不符[②]。在一段时间内，银币是纯银制造的，含银量毋庸怀疑，但到了3世纪60年代时，银币的含银量仅为5%，“银币”徒具虚名，含银甚少。在银币含银量急剧下降的同时，其他货币则采用价值不高的金属铸造[③]，货币自身的价值大打折扣。此外，3世纪中期以降，各位皇帝为了应付日益增加的政府开销，不惜采取大幅度贬值货币的做法[④]，对货币贬值推波助澜的作用亦不能忽视。三世纪危机期间，各种货币价值几乎丧失殆尽。因此，戴克里先的币制改革一方面要抑制通货膨胀；另一方面，则通过新的货币恢复货币自身的价值和声誉。戴克里先认为，只要改革币制，足值的金币在市场流通，物价就会稳定下来[⑤]。与通货膨胀相呼应的物价上涨是戴克里先实施币制改

---

① Theodor Mommsen, *A History of Rome under the Emperors*, English translation by Clare Krojzl, Routledge, 1996, p. 332.

② 关于通货膨胀的原因，一种观点认为，是多种原因导致，其中一个重要原因是持续不断增加的军饷支出。按多米提安制定的军饷标准，帝国每年需要支付7000万第纳里的军饷。奥莱利乌斯在位期间，新增加了两个军团，军饷由是在原有基础上，每年多增加230万第纳里。同马克罗曼尼人的战争耗费甚巨，奥莱利乌斯不得不拍卖宫廷财产，以筹集军饷。塞维鲁登基后，提高了军饷，每个军团年军饷247万能第纳里。塞维鲁的儿子卡拉卡拉进一步提高军饷，在统治末年，每个军团年军饷达到327.1万第纳里（P. J. Casey, *Carausius and Allectus*, *The British Usurpers*, With translations of the texts by R. S. O. Tomlin, London, 1994, p. 18.）

③ Michael Burgan, *Empire of Ancient Rome*, Chelsea House Publisher, 2009, p. 62.

④ M. Cary, H. H. Scullard, *A History of Rome*, *Down to the Reign of Constantine* (Third Edition), The Macmilan Press Ltd, 1975. p. 530.

⑤ 厉以宁：《罗马-拜占庭经济史》（上编），商务印书馆2006年版，第291页。

革的重要原因。

流通货币成色不断下降，不仅有损于货币的声誉，而且进一步加剧了通货膨胀。涉及戴克里先时代帝国流通货币成色不断下降的原因，著名经济学家厉以宁先生认为，帝国把大量金银用于装饰，以及用于购置境外各种奢侈品等，是帝国货币成色降低不可忽视的原因。同时，厉先生还指出，政府财政入不敷出，唯有降低货币成色，才能弥补不足[①]。经济学家的分析有一定的说服力，但我们还应注意到，铸造金银币本身也消耗了大量贵金属。有学者统计，2 世纪，罗马城每年要铸造大约 100 万枚金币，需要大约 7850 千克黄金[②]。据此可知，仅铸币一项，黄金的需求量是非常大的。如果没有足够的黄金，便难以保证金币的含金量。罗马帝国当时没有足够数量的贵重金属维持货币成色，其中原因之一是，270 年达契亚金矿丧失，以及西班牙银矿产量减少[③]，使帝国获得金银数量大幅下降。除了金矿、银矿数量减少、金银产量降低等因素外，还有学者认为，帝国国库没有通过战争从蛮族那里获得足够的贵金属，也是导致货币贬值的重要原因[④]。帝国时代，历代皇帝的所进行的战争多半为守土卫疆，而非大征服时代那种侵略扩张，再无源源不断的财富注入罗马。特别是 3 世纪以降，边患重重，各种守卫疆土的战争，不仅没有给帝国带来太多的收益，没有带来帝国所期望的贵金属，反而因战争各种花销大幅度增加。一个尽人皆知的事实是，“自图拉真吞并达契亚这一金矿富足的行省后，罗马帝国再未获得大量的贵金属。到 3 世纪，守土的自卫性战争不仅没有带来更多的收益，也未获得能够增加国库收入和随之而来的广泛的铸币行动的贵金属”。“也没有材料证实来自西班牙和巴尔干诸行省，以及其他地区贵金属供应增加的信息……

---

① 厉以宁：《罗马-拜占庭经济史》（上编），商务印书馆 2006 年版，第 290 页。

② Fergus Millar, *Rome, the Greek World, and the East*, Volume Ⅱ, The University of North Carolina Press, 2002, p. 98.

③ Jill Harries, *Imperial Rome, AD 284 to 363: The New Empire*, Edinburgh University Press Ltd., 2012, p. 12.

④ Constantina Katsari, *The Roman Monetary System: the Eastern Provinces from the first to the third Century A. D.*, Cambridge University Press, 2011, p. 90.

可以断定，在3世纪初一些金矿的产量即已缩减。"① 所以，就罗马帝国的货币贬值而言，贵金属的匮乏是其中一个重要的客观原因——帝国没有足够的贵金属维持货币的足够成色。

罗马帝国货币贬值、成色递减是一个持续不断的过程，历代皇帝有不可推卸的责任。戴克里先之前历代为摆脱财政困境，不断在货币中加入其他并不贵重的金属，以次充好，等于皇帝带头人为地降低了货币自身的价值，早在三世纪危机之前，帝国的流通货币便已出现了成色下降的势头，而且"一路下滑"。具体变化见表3-1：

表3-1

货币发行者	发行时间	货币银含量（%）
尼禄	公元54年	94
维特利乌斯	公元68年	81
多米提安	公元81年	92
图拉真	公元98年	93
哈德良	公元117年	87
安东尼乌斯·皮乌斯	公元138年	75
马尔库斯·奥莱利乌斯	公元161年	68
塞普提米乌斯·塞维鲁斯	公元193年	50
埃拉伽巴路斯	公元218年	43
亚历山大·塞维鲁斯	公元222年	35
戈尔迪安	公元238年	28
菲利普	公元244年	0.5
克劳狄乌斯·维克多里乌斯	公元268年	0.3

以上资料引自H. Michell，The Edict of Diocletian：A Study of Price Fixing in the Roman Empire，*The Canadian Journal of Economics and Political Science*，Vol. 13，No 1（Feb，1947），p. 2。

上表所罗列内容并不是货币贬值历史的全部。例如，加列努斯在位期间（260—268年），于267年发行的银币"安东尼亚努斯"（*antonin-*

① Constantina Katsari，*The Roman Monetary System：the Eastern Provinces from the first to the third century A. D.*，Cambridge University Press，2011，p. 90. 从共和国时代开始，罗马人许多贵金属掠自被征服地区的神庙。苏拉一个人就从米特拉达梯掠夺了9000磅黄金。恺撒则对高卢的神庙大肆掠夺。帝国时代，尼禄、韦伯芗先后曾对希腊、亚洲、埃及亚历山大里亚的神庙掠走大量财富和贵重金属（Richard Duncan-Jones，*Money and government in the Roman Empire*，Cambridge University Press，1994. p. 30.）。可以肯定的是，到戴克里先执政时，已无更多神庙供他劫掠，贵金属来源骤减。

ianus）含银量仅为5%（一说为4%）[①]，厚度也大大降低，重量不足3克。奥莱里安在位期间（270—275年），发行的所谓"金币"含金量只有1.33%，银币含银量仅为15.94%，铜币稍好一些，含铜量也不过82.73%[②]。"安东尼亚努斯"的含银量仅为3.5%—4%。由表3-1可知，三世纪危机期间，货币贬值呈"加速度"下滑。到3世纪晚期，"金币最终淡出人们的视野。货币表面涂银越来越薄，直至几乎没有银……第纳里一文不值。一个金 *aureus* 可兑换2250个第纳里。唯有彻底的货币改革方能拯救货币体系。"[③] 除了货币贬值、通货膨胀等因素外，有学者认为，三世纪危机导致军费开支猛增，成为造成货币贬值原因的原因之一[④]。军费开支的大幅度增加，增加了货币的发行量，但不是决定性因素，货币贬值不可全部归咎于军费大增。因为在三世纪危机之前，货币贬值一直在"进行中"，持续不断增加的军饷仅仅是其中一个原因。

上文列表至少说明了以下几方面问题：

第一，帝国货币成色不足是一个历时性的问题，且自图拉真以降，货币含银量呈"加速度"下降之势，乃至呈"常态化"之势[⑤]；

第二，揭示了三世纪危机对帝国经济的打击和破坏程度，尤其是极

---

① *antoninianus* 为卡拉卡拉在位发行的新货币，面值为第纳里的2倍，而实际重量只是一个第纳里的一倍半。该货币在埃拉伽巴路斯（Elagabalus）当政时废弃，但在巴尔比努斯（Balbinus）与普皮努斯（Pupienus）共治，以及高尔迪安三世（Gordian III）在位期间重新使用。但银的含量降低了40%（Adrian Goldsworthy, *How Rome Fell*, *Death of a Superpower*, Yale University Press, 2009, p. 141.）。213年，卡拉卡拉皇帝进行币制改革，以铜合金的 *antoninianus*（安东尼亚努斯）替代银币，导致大规模货币贬值，使罗马金融下滑了持续两个多世纪，且难以阻止。见 John R. Love, *Antiquity and Capitalism*: *Max Weber and the sociological foundations of Roman civilization*, Routledge, 1991, p. 470.

② ［苏］科瓦略夫：《古代罗马史》，王以铸译，生活·读书·新知三联书店1957年版，第909页。

③ Alan W. Pense, *The Decline and Fall of the Roman Denarius*, Lehigh University, Bethlehem, PA 18015-3035., p. 220.

④ Charles Freeman, *Egypt*, *Greece and Rome*, *Civilizations of the Ancient Mediterranean*, third edition, Oxford University Press, 2014, p. 567.

⑤ 帝国主要货币第纳里，在奥古斯都时代含银量为98%，此后含银量持续不断下降，到塞维鲁·亚历山大统治时期，含银量仅为45%。不仅含银量下降，第纳里自身的重量也呈一路降低之势。帝国初年，85个第纳里为1罗马磅，而到了塞维鲁王朝末年，竟然达到了227个第纳里为1罗马磅。见 Richard Duncan-Jones, *Money and Government in the Roman Empire*, Cambridge University Press, 1994. pp. 227-228.

大降低了人们对帝国货币的信任度；

第三，戴克里先面临的经济形势是严峻的，不仅银币含银量微乎其微，金币甚至难觅踪迹。由于银币含银量越来越低，一些货币只是表面上镀上一层银或锡，仅仅外观上像银币①。这种自欺欺人的做法的结果进一步加剧了货币贬值。币制改革势在必行。

戴克里先当政期间，实施币制改革还是两种“需要”决定的：首先，戴克里先统治的需要，不仅需要有信誉的货币维持庞大的军队和官僚机构②，而且需要通过稳定的货币制度，稳定三世纪危机以降的帝国；其次，货币持有者、使用者的需要。帝国境内货币持有者始终担忧手中持有的货币面值与货币贵金属含量不相符，因此，进行各种交易时不得不使用更多的货币③。作为货币改革改革的重要内容之一，戴克里先清除了行省的货币，只保留了埃及一个地区的货币。铸造货币的需要，迫使帝国在行省的一些重要城市设置铸币厂。从前，铸币仅仅限制在罗马城，此时扩大到行省的一些城市，许多行省先后设置了铸币厂④。但在帝国西部，只有罗马城一座城市设置了铸币厂⑤。为了满足货币需求，铸造更多的货币，戴克里先不得不兴建更多的铸币厂，由原来的 8 个，增加到 14 个（包括亚历山大里亚，一说为 15 个，大约每个大的行政辖区一个），但其中两至三个因卡劳西乌斯使用而关闭⑥。和

---

① H. Michell, The Edict of Diocletian: A Study of Price Fixing in the Roman Empire, *The Canadian Journal of Economics and Political Science*, Vol. 13, No 1 (Feb, 1947), p. 3.

② 通货膨胀与军队之间的关系，通过军饷清晰地表现出来：士兵的军饷永远落在通货膨胀之后。比如，同一时期，士兵的军饷增加了 6 倍，而小麦价格上涨了 70 倍左右（Richard Duncan-Jones, *Structure and Scale in the Roman Economy*, Cambridge University Press, 1990, p. 115.），军饷增加的幅度远低于物价上涨指数。长此以往，势必导致军心不稳，不利于帝国安全。

③ Jill Harries, *Imperial Rome, AD 284 to 363: The New Empire*, Edinburgh University Press Ltd., 2012, p. 12.

④ Theodor Mommsen, *A History of Rome under the Emperors*, English translation by Clare Krojzl, Routledge, 1996, p. 364.

⑤ 帝国时代，帝国境内先后几十座城市设置了铸币厂。每座城市的铸币厂所铸造的货币都有自己的特殊标识，比如，尼科米底亚铸造厂铸造的货币上铸有 SMN，SMNA；罗马铸币厂铸造的货币则带有 R，RM，ROM，ROMA 等字样。

⑥ Jill Harries, *Imperial Rome, AD 284 to 363: The New Empire*, Edinburgh University Press Ltd., 2012, p. 53.

戴克里先发行的货币相比，卡劳西乌斯所建立的铸币厂却一直存在到帝国灭亡[①]。不仅在行省各地兴建铸币厂，几个皇帝所在都城均建有铸币厂。例如，戴克里先的尼科米底亚、加莱里乌斯所在的特里尔等。但西班牙却没有设置铸币厂，或许是由于这里军队驻扎较少[②]，“安全系数”相对较低之缘故。和从前一样，戴克里先在位时期，遍布帝国各地的铸币厂主要铸造金、银、铜三种金属货币，这三种金属货币依据贵重金属含量，又分为三种类型：纯金足额的 *aureus*（286 年发行），近乎纯银的银币（第纳里），以及大中小三种镀银铜币[③]。

正是由于原有的货币体系江河日下，失去了应有的作用，戴克里先不得不进行比较彻底的币制改革。戴克里先货币改革主要内容如下：

（1）增加货币中金币的重量；

（2）禁止使用安东尼亚努斯；

（3）发行一种名曰弗里斯（*follis*）的铜币——属于面额较小的货币[④]。

为扭转货币含金银量减少的趋势，提升货币的信誉度，戴克里先创立了含量比较高的金、银铸造体系[⑤]。金币增加了重量，“安东尼亚努斯”被逐出流通领域，由新的银币取而代之[⑥]。戴克里先让铸币厂生产金、银、铜币（大约 25 个第纳里），并使之达到帝国初期的水平。戴克里先发行的金币仍然称为“*aureus*”，重约 12 盎司，每罗马磅 60 个；银币称为“*argenteus*”，含银量为 96%（等于 100 第纳里），达到了尼禄在

---

① *A Companion to the Roman Empire*, edited by David Potter, Blackwell Publishing Ltd., 2006, p. 38.

② Ibid., p. 202.

③ Glyn Davies, *A History of Money*, *From Ancient Times to the Present Day*, University of Wales Press, 2002, p. 101.

④ C. H. V. Sutherland, Diocletian's Reform of the Coinage: A Chronological Note, *The Journal of Roman Studies*, Vol. 45, Parts 1 and 2 (1955), p. 116. 含银量仅为 5% 的第纳里就此废止，改为含银量同样为 5%，但质量增加了 3 倍的弗里斯。

⑤ ［英］安德林·戈德斯沃司：《非常三百年——罗马帝国衰落记》，郭凯生、杨抒娟译，重庆出版社 2010 年版，第 126 页。

⑥ C. H. V. Sutherland, Diocletian's Reform of the Coinage: A Chronological Note, *The Journal of Roman Studies*, Vol. 45, Parts 1 and 2 (1955), p. 118.

位时所发行银币的水平，属于高质量的货币，每罗马磅 96 个；铜币则升值为先前虚构的金币价值的一半①。戴克里先尤其提高了金币的纯度和重量，金币和银币的比值为 1 ∶ 12②。戴克里先发行了新的金、银、铜币，取代了流通时间较长的、毫无价值的“安东尼亚努斯（*antoniniani*）”③。戴克里先通过铸造成色较好的货币，推进币制改革。但随之而来的问题是，铸造、发行这些以贵金属为主的货币，三世纪危机过后的帝国难以承受。有学者认为，戴克里先推进货币改革所需贵金属来自战争和东方边境战争的数量不菲的战利品、掠获物。战争中，罗马军队劫掠神庙中的圣物，抢劫私人的金银器皿等④，戴克里先依靠这些金银等贵金属，发行了新的货币。正是凭借这些战争中的掠获，戴克里先方能够推进他的货币改革。关于戴克里先推行货币改革所用贵金属，厉以宁先生所采纳的一种观点认为，戴克里先推进货币改革所需黄金，是低价强制从帝国各个城市中收购的⑤。结合当时帝国所处环境，不妨认为两者兼而有之。戴克里先的货币改革突出金银的地位，关于这一点，从戴克里先颁布的“最高限价敕令”的价格规定中可知一二：1 罗马磅黄金价格为 7.2 万第纳里；1 罗马磅白银价格为 6000 第纳里；1 罗马磅铜价格仅为 50 第纳里。依此限价标准，几种金属比价为：黄金与白银之比为 1 ∶ 12；白银与铜的比价为 1 ∶ 120；黄金与铜的比价为 1 ∶ 440⑥。这种限价与比价决定了不同质地的货币在流通领域的地位与价值。

301 年 9 月 1 日，戴克里先颁布了“货币再估价敕令”，试图建立统一的流通货币。货币的外形没有变化，但货币的面值与其中的贵金属

① H. Michell, The Edict of Diocletian: A Study of Price Fixing in the Roman Empire, *The Canadian Journal of Economics and Political Science*, Vol. 13, No 1 (Feb, 1947), p. 4.

② Constantina Katsari, *The Roman Monetary System: the Eastern Provinces from the first to the third century A. D.*, Cambridge University Press, 2011, p. 97.

③ Maureen Carroll, *Romans, Celts & Germans, The German Provinces of Rome*, Tempus Publishing Ltd., 2005, p. 137.

④ H. Michell, The Edict of Diocletian: A Study of Price Fixing in the Roman Empire, *The Canadian Journal of Economics and Political Science*, Vol. 13, No 1 (Feb, 1947), p. 5.

⑤ 厉以宁：《罗马-拜占庭经济史》（上编），商务印书馆 2006 年版，第 291 页。

⑥ P. J. Casey, *Carausius and Allectus: The British Usurpers*, With translations of the texts by R. S. O. Tomlin, B. T. Batsford Ltd., 1994, pp. 55-56.

含量之间却出现了巨大差别。根据这一敕令，银币的价值定为100第纳里。从301年9月1日起，新的帝国国库债务，以相同的货币偿还，但面值有所增加。戴克里先颁布此项敕令的目的是，通过帝国许可，使用第纳里作为价值单位，建立固定的新货币价值的价目表。在流通领域，第纳里不再作为货币流通，但作为一种货币表示的是货币价目表中的一个单位①。和其他敕令一样，戴克里先颁布“货币再估价敕令”的出发点、动机值得肯定，但依然没有收到所预期的结果。

推进货币改革改革过程中，针对货币贬值、通货膨胀等问题，戴克里先确立了国家铸造金币、银币的原则，但这个原则不是依据货币自身的价值，而是根据重量单位。戴克里先建立了统一固定的黄金重量。戴克里先早期的金币标有“70”字样，后期则带有“60”的标识，意思是开始时每一罗马磅黄金铸造70枚金币，而后来则是69枚。从这时起，每枚货币的重量为5.45克，恢复到了安东尼王朝时代的水平。戴克里先还推进了银币改革。戴克里先发行的银币（*argenteus*）依照金币的质量单位原则，在钱币上有显示。例如，银币上标有“96”字样，即是说明96枚银币为一罗马磅。戴克里先货币改革后的银币，在纯度、重量上相当于尼禄时代的一个第纳里。戴克里先之前，帝国的货币流通颇似“两条腿走路”：除了帝国发行的货币外，行省则在流通领域发行银币和铜币，如亚洲、叙利亚、卡帕多西亚和埃及等。总体而言，帝国只发行金币，行省铸造、发行银币或铜币。但戴克里先货币改革之后，行省失去了发行货币的权力②。大约296—297年，整体上的行省货币在戴克里先治下最终结束。其时，亚历山大里亚铸币厂停止铸造含银量较高的“4德拉克马银币”（*tetradrachms*），开始铸造罗马帝国货币。从那时起，罗马帝国拥有了由形成网络的帝国各铸币厂支撑的货币体系。戴克里先以重量统一货币，旨在保证货币的质量，克服了多年以来的货币

---

① Jill Harries, *Imperial Rome, AD 284 to 363: The New Empire*, Edinburgh University Press Ltd., 2012, p. 65. 也有学者认为，第纳里和塞斯退斯（*sestertius*）便一同消失，只作为计算单位存在。见 C. H. V. Sutherland, The Denarius and Sestertius in Diocletian's Coinage Reform. *The Journal of Roman Studies*, Vol. 51, 1961. pp. 94-97。

② Theodor Mommsen, *A History of Rome under the Emperors*, English translation by Clare Krojzl, Routledge, 1996, p. 364.

贬值、货币成色严重不足等弊端，以使货币自身的价值与价格“名副其实”，设想与初衷应当给予肯定。

然而，戴克里先货币改革在实践中遭遇了未曾预料的种种麻烦。含银量较高的货币问世后，很快便在市场上难觅踪影，所能见到的还是那些毫无信誉的、劣质的旧货币。主要原因有二：一是人们已对旧货币失去了信心，更愿意持有、囤积新货币，旧币在市场上仍为当家货币，形成了“劣币逐良币”效应；二是由于未采取强硬措施回收旧货币，新货币并没有发挥戴克里先所期待的作用。因需求量巨大，新货币在总量上无异于杯水车薪。如此一来，旧货币继续贬值，新货币及其发行，根本未能挽救积弊深刻的通货膨胀。三世纪危机之后，奥莱里安和戴克里先都为建立稳定的货币体系做出过努力，但收效甚微，真正稳定的货币体系及其建立是君士坦丁完成的①。与戴克里先相比。君士坦丁货币改革成功的决定性因素是，在推行新货币时，采取强硬措施回收了旧货币，市场上流通的是新货币。因旧货币依然在市场上流通无阻，戴克里先的币制改革远未达到稳定货币的目的，通货膨胀、货币贬值对帝国经济的消极影响依然存在。这一切都说明，戴克里先的币制改革难免以失败告终②。

戴克里先推进货币改革目的是明确的，即期待币制改革消除或减缓对整个帝国社会生活造成极大危害的通货膨胀③。然而，戴克里先的币制改革远没有达到预期的目标，新的货币体系也未赢得人们的信任。货币贬值、通货膨胀积重难返，短时间内很难解决问题。戴克里先币制改革失败的原因可以在“最高限价敕令”中寻觅踪迹。现代研究者认为，敕令所规定的黄金价格低于人们所能够正常接受的价格。黄金作为一种商品，其市场价格远远高于官方规定的价格④。戴克里先的币制改革未收到预期的成效，无疑是多方面因素决定的，但从“最高限价敕令”解析其中失败的原因，会给我们新的思考。

---

① J. B. Bury, *History of The Later Roman Empire*, Macmillan & Co., Ltd, 1923, p. 54.

② Alaric Watson, *Aurelian and the Third Century*, Routledge, 1999, p. 142.

③ Glyn Davies, *A History of Money*, *From Ancient Times to the Present Day*, University of Wales Press, 2002, p. 101.

④ Constantina Katsari, *The Roman Monetary System: the Eastern Provinces from the first to the third century A. D.*, Cambridge University Press, 2011, p. 98.

当然，戴克里先的币制改革绝非一无是处，对后世的影响不可漠视。戴克里先采取强有力措施改革货币体系。正是由于他的改革，后世皇帝达到了三个目的：重建了原来的货币结构，发行质地较好的金币和银币，恢复了铜币价值①。戴克里先货币改革是有意义的创新和尝试，是对持续几个世纪通货膨胀的反拨，至少表明了戴克里先重振帝国经济的决心和用意。

第二节 税制改革

税制改革是戴克里先诸项经济改革中的另一项重要内容，于 297 年开始实施②。戴克里先之所以推进税制改革，是由两方面重要因素决定的。首先，三世纪危机加剧了货币贬值与通货膨胀，瓦解了已有的税收体制，直接影响了国家收益③；其次，“四帝共治”和军队规模扩大，加重了帝国经济负担，必须改革税收，增加国家收入。从未有过的庞大的官僚机构，四个“五脏俱全”的都城和宫廷，大兴土木的巨额投入，前所未有的军队数量④，成为帝国沉重的经济包袱，纳税人的负担进一

---

① Erika Manders, *Coining images of power: Patterns in the Representation of Roman Emperors on Imperial Coinage*, *A. D.* 193-284, Leiden · Boston, 2012, p. 17.

② 关于戴克里先推进税制改革的时间，学术界存在不同的说法。有人认为始于 291 年，也有人认为 296—297 年；还有人认为，行省税制改革于 293 年进行（Bill Leadbetter, *Galerius and the will of Diocletian*, Routledge, 2009, p. 146.）。

③ Richard Alston, *Soldier and Society in Roman Egypt, A social history*, Routledge, 1995, p. 145.

④ 有学者认为，戴克里先治下的帝国最大的支出为两项：其一，维持一支庞大的军队；其二，大规模的公共建筑（Pat Southern, *The Roman Empire: from Severus to Constantine*, Routledge, 2001, p. 158.）。关于兴建大规模公共建筑，戴克里先丝毫不逊于先前历代皇帝。拉克坦提乌斯称戴克里先对大规模公共建筑“充满了无休止的渴望”（Bill Leadbetter, *Galerius and the will of Diocletian*, Routledge, 2009, p. 18.）。戴克里先当政期间，不仅在罗马城修筑了戴克里先浴场，在帝国其他一些城市也建造了辉煌的建筑，既包括民用建筑，还包括了各种军事设施。除了维持规模庞大的军队和诸多公共工程外，另有一项非常重要的开销，需要通过税收支付，这就是连年不断的战争。戴克里先实施税制改革时，帝国四周的边境战争尚未结束，一些行省的内乱或反叛此起彼伏，军费开支无疑是巨大的。这些开支促使戴克里先实施税制改革，以应付各种开销。如前文所述，关于戴克里先在罗马城大兴土木，主要原因在于戴克里先登基前，罗马城内发生的骚乱中，城市中心地区许多辉煌的建筑在火灾中化为灰烬，如元老院会堂、恺撒广场等，戴克里先不得不斥巨资重建。见 John R. Curran, *Pagan City and Christian Capital: Rome in the fourth Century*, Oxford University Press, 2000, p. 43。

步加重。蒙森认为，戴克里先在整个帝国境内征税是必要的，因为军队的开支增加了四倍[①]。此外，无论何种原因促使戴克里先税制改革，"……绝对君主专制的代价是军队和官僚机构的大规模扩充，以及更加沉重的税收体制"[②]。大规模对外征服掠夺战争减少，税收成为帝国收入的主要渠道，戴克里先必须通过征税维持国家机器正常运转。此外，连年的战争和外族入侵导致帝国民穷财尽，戴克里先不得不增加税收[③]，聚敛钱财。

戴克里先的税制改革还与货币贬值、通货膨胀有直接关系。3 世纪严重的通货膨胀，瓦解了以货币为基础的纳税系统，影响到了国家的收益。这一时期，帝国支付给军人的军饷，突出了实物支付（在塞维鲁王朝之前，很少以实物支付军人军饷），主要以农产品形式支付军人的军饷：布匹或其他农产品[④]（也有部分现金），因此，戴克里先推进的税收体制的核心内容是以实物为主的税赋，如谷物、酒类、衣物等，并用于军队的军饷和政府官员的薪酬支付，或者其中相当一部分税赋是以实物形式支付给政府。正是基于这一点，有学者将戴克里先的税收体制称为"新的实物税制"[⑤]。因地区间的差异，各个行省纳税的形式是有差别的。比如，与西部各个行省不同，埃及一直以实物形式支付税赋，因为帝国更愿意埃及以高质量的谷物支付税额。各地支付赋税的形式不尽一致，支付税款额度也有所不同[⑥]。这种税制最明显的消极后果是降低

---

① Theodor Mommsen, *A History of Rome under the Emperors*, English translation by Clare Krojzl, Routledge, 1996, 1996, p. 332. 军费开支虽然大幅度增加，但士兵的收入并不比奥古斯都以来 3 个世纪的士兵收入更多。原因在于通货膨胀抵消了士兵的收入。见 Richard Alston, *Soldier and Society in Roman Egypt, A Social History*, Routledge, 1995. p. 110。

② *The Cambridge Ancient History*, Second Edition, Volume XII, The Crisis of Empire, a. d. 193-337. Cambridge University Press, 2008, p. 67.

③ Charles Seignobos, *History of the Roman People*, Henry Holt and Company, New York, 1902, p. 408.

④ William E. Dunstan, *Ancient Rome*, Rowman & Littlefield Publishers, Inc., 2011, p. 430. 罗马帝国税收没有统一的硬性规定，实物、现金都是支付税收的形式。但在戴克里先时期，税收则全部以实物形式支付。见 Averil Cameron, *The Later Roman Empire, A. D.* 284-430, Fontana Press, 1993. p. 6。

⑤ William E. Dunstan, *Ancient Rome*, Rowman & Littlefield Publishers, Inc., 2011, p. 430.

⑥ Constantina Katsari, *The Roman Monetary System: the Eastern Provinces from the first to the third Century A. D.*, Cambridge University Press, 2011, p. 65, p. 66.

了货币职能，很大程度上弱化了货币的中介功能。

戴克里先的税收改革表现为积极意义与消极效应并存。需要指出的是，戴克里先通过税收改革创建了新的税收体系。虽然罗马帝国税收体系结构较好，但却没有统一、普遍的税收制度：多样而非一致[①]，甚至是"非常混乱的"[②]。罗马帝国的收入主要来自税收、战争中的掠获、矿产等，农业是帝国的经济基础，农业生产是罗马帝国最大规模的经济活动，"农业经济仍然是罗马世界的特征，尽管商品经济也获得了较大发展。"[③] 戴克里先的税制改革依据土地和人头进行，这说明戴克里先的税制改革是从帝国的经济基础——农业开始的。人头税（*capitatio*）和土地税（*iugatio*）是戴克里先税制改革的两项核心内容。戴克里先将全国划分为若干个征税区，"以直接税的形式统一罗马帝国税制，以人头税和土地税作为财政收入主要来源。"[④] 全国的土地，无论是可耕种土地，抑或已耕种土地，一律划分成一定数量的尤格（*iugum*）[⑤]。尤格是戴克里先税收课税单位的核心，字面意义是"牛轭"，但此时意义已经转化为"一头牛能够耕种的土地"[⑥]。尤格的数量依据土地上种植作物的品种或土地质量的差异，大小不等。例如："每一轭地的面积按照土地位于平原或位于山坡而有不同，按照其出产系谷物或葡萄酒或橄榄油而有

① J. A. （Sander） Boek, *Taxation in the later Roman Empire, a study on the character of the late antique economy*, M Phil Thesis Ancient History, Institute of History, Faculty of Arts Leiden University, p. 42.

② ［苏］科瓦略夫：《古代罗马史》，王以铸译，生活·读书·新知三联书店 1957 年版，第 927 页。

③ Mary T. Boatwright, Daniel J. Gargola and Richard J. A. Talbert, *The Romans: From Village to Empire*, Oxford University Press, 2004, p. 338.

④ ［苏］科瓦略夫：《古代罗马史》，王以铸译，生活·读书·新知三联书店 1957 年版，第 927 页。

⑤ *iuga*（复数为 *iuga*），有学者译为"轭"（［美］M. 罗斯托夫采夫：《罗马帝国社会经济史》（下册），马雍、厉以宁译，商务印书馆 1985 年版，第 702 页）。以尤格为土地面积计量单位，在罗马史上由来已久。作为一种习惯和官方计量单位，共和国时期的西班牙即已存在。见 Richard Duncan - Jones, *Structure and Scale in the Roman Economy*, Cambridge University Press, 1990, p. 209。

⑥ Duncan-Jones, Richard, *Structure and Scale in the Roman Economy*, Cambridge University Press, 1990, p. 200.

不同。”人头是戴克里先税收改革的另一项主要依据，即以一个成年男子作为收税单位。人头税也依性别、年龄的不同有所不同。在埃及，人头税只是 12 岁以上的男性承担，而在其他一些地区，人头税也将女性囊括其中。一些地区甚至出现了“全人头”（叙利亚、伊里利库姆）和“半人头”（本都、亚细亚）等标准。牲畜甚至也被估价为“人头费”的一部分①。但埃及不同，免除了女性的税赋。有些地区将女性劳动力计算为“半人头”，有些则不计算其中，原因不可得知。和从前相比，戴克里先关于人头的计算为新的举措。“14 岁以下的儿童，65 岁以上的老者不计算在其中，妇女也不总是在内。”② 有人认为，年龄的上限定在了 65 岁，与当时罗马人的寿命有直接关系。罗马人的寿命并不长，65 岁的年龄基本上是死亡的年龄，定在 65 岁，等于定在死亡年龄段。戴克里先的税收标准还有一个特殊的不合情理之处，即在确定的税收年限之内，无论纳税人生老病死，一律缴税。关于人头的计算，由监察官实施。为了和人口变化相一致，这种统计活动每五年进行一次。监察官在各个行省实施统计的日期，尚不知晓。埃及大概早在 287 年年初，监察官便进行了普查和计算。有人认为，正是监察官的普查行动激起了埃及人 296 年的暴动起义③。

戴克里先之后，罗马帝国便将地税和人头税合二为一。一个人只要耕作一块土地，就等于认定了这块土地所应缴纳的税金④。遗产税为奥古斯都设置，到戴克里先登基，已经实施了数百年。然而，“戴克里先推进税制改革时，废弃了遗产税，从某种意义上讲是从前唯一一种税收。这一点非常重要，罗马公民生前免除了纳税义务，死后却需要交纳赋税。”⑤ 由此看来，戴克里先的税制改革，或多或少剔除了先前税收中的不合理要素。

---

① Jill Harries, *Imperial Rome, AD 284 to 363: The New Empire*, Edinburgh University Press Ltd., 2012, p. 61.

② Theodor Mommsen, *A History of Rome under the Emperors*, English translation by Clare Krojzl, Routledge, 1996, p. 332.

③ Pat Southern, *The Roman Empire: from Severus to Constantine*, Routledge, 2001, pp. 159-160.

④ ［美］M. 罗斯托夫采夫：《罗马帝国社会经济史》（下册），马雍、厉以宁译，商务印书馆 1985 年版，第 704、705 页。

⑤ Theodor Mommsen, *A History of Rome under the Emperors*, English translation by Clare Krojzl, Routledge, 1996, p. 333.

罗马对土地收取租金、按土地征税传统深厚，依然不是戴克里先的“发明创造”，只是戴克里先增加了税额[①]。最初，国家每5年收取一次固定的土地年租金。哈德良时代，改为每15年征收一次。戴克里先扩大了收税的范围，时间定为15年。戴克里先的土地税并非无处不在，而只是针对行省土地[②]。为了依据土地数量进行征税，监察官逐步进行土地统计、估价。该项举措是帝国长久以来的传统，并非戴克里先的发明。293年之前，评估了叙利亚、阿拉伯的土地。土地的评估单位仍然是罗马传统的土地计量单位——尤格。由于各个行省的土地计量单位不一样，因此，各个行省的土地数量统计一直依据自己的计量单位进行。戴克里先采取措施，将其“换算”成为尤格，例如，10普勒戎（*plethron*）[③]葡萄园等于5尤格，40普勒戎相当于20尤格；450波提卡（*perticae*——测量杆）等于1尤格等等。葡萄园和可耕种土地分成三个等级征税，或将地产折合成为20、40和60英亩可耕种土地三个等次[④]。在意大利和非洲，只是考虑到了土地面积，没有顾及土地的质量和农作物的种植。在埃及，税收人员不仅使用尤格计量，而且还采用了传统的土地计量单位阿鲁拉（*aroura*），对可耕种土地、葡萄园和橄榄树进行评估[⑤]。戴克里先的税制改革针对的是所有行省，而在此之前，只有意大利缴纳土地税。戴克里先的税制改革没有固定的税率，而是基于国家的需要，以人头和土地进行征税，因此，必须对每一个农场、乡村和城市（此前许多城市是免除税赋的）进行评估，与之相伴随的是各种区域性的土地调查[⑥]。戴克里先的税制改革并未确定一个长久不变的数量

① Theodor Mommsen, *A History of Rome under the Emperors*, English translation by Clare Krojzl, Routledge, 1996, p. 332.

② J. C. L. De Sismondi, *Fall of the Roman Empire, Comprising A View of the Invasion and Settlement of the Barbarins*, Londun, 1834, p. 197.

③ 古希腊土地计量单位，历史悠久，1普勒戎约为900平方米。

④ Theodor Mommsen, *A History of Rome under the Emperors*, English translation by Clare Krojzl, Routledge, 1996, p. 332.

⑤ Jill Harries, *Imperial Rome, AD 284 to 363: The New Empire*, Edinburgh University Press Ltd., 2012, pp. 60-61.

⑥ *A Companion to the Roman Empire*, edited by David Potter, Blackwell Publishing Ltd., 2006, p. 202.

标准，依然比照罗马人传统的财产公告强征税款，只不过由15年改为1年。这样做的目的是，依据行省环境和政府需求不断调整和变化。戴克里先推行的新的税制以土地估价为基础，帝国所有土地都在调查之列，所有的地产征税标准不仅参照土地面积，而且参考生产粮食、酒类和油类等产品的价值①。帝国政府每年都要公布每个土地单元、人口单元的纳税额度，依政府公布的额度征税②。由于每年都要进行此项活动，所以，戴克里先税制改革的工作量是浩繁的、复杂的。

通过普查土地和人口，各种税赋可以落实到每一块土地、每一个人。依据土地、人头收税，被征税人——每一个佃农、土地所有者都承担相应的义务。土地所有者以自己的资产作保证，对自己地产所付税金负责。佃农当然不会拥有土地所有者的资产，以自己的人身保证支付所承担税金③。也就是说，既规定了纳税数额，也为了防止偷逃税款，通过人身保证使税收的额度落到实处。这种保证实质上是一种抵押，使纳税者无法摆脱纳税的制约。和从前相比，戴克里先的税收体制改革是比较彻底的，但核查、普查、计算征收税额的制定，前期工作量颇为浩大。有人认为，戴克里先税收体制的建立需要花费10年左右的时间，税收普查者需要每个行省逐一普查，各种情况千差万别，比如，年龄、性别、土地质量等等，无一不需要做出评估与核查④，耗费人力、物力、时间甚多。

诚然，罗马帝国的国家税收，依据土地、人头征收税款不可能是税收全部。戴克里先所征收的其他税种属于旧有的税种，主要包括工匠、船主缴纳的统一税、大土地所有者和元老缴纳的地产税等等⑤。不动产税的征收也是戴克里先税制改革的主要内容之一。在叙利亚和亚细亚行省的一些城镇，不动产税的征收额度为1%。除此之外，还有其他一些税收来源。关税亦即国家的重要渠道之一。罗马帝国没有建立统一的关税区，收益有

① J. B. Bury, *History of The Later Roman Empire*, Macmillan & Co, Ltd., 1923, p. 47.

② William E. Dunstan, *Ancient Rome*, Rowman & Littlefield Publishers, Inc., 2011, p. 430.

③ *The Cambridge World History of Slavery*, edited by Keith Bradley and Paul Cartledge, Cambridge University Press, 2011, p. 503.

④ Adrian Goldsworthy, *How Rome Fell, Death of a Superpower*, Yale University Press, 2009, p. 169.

⑤ ［美］M. 罗斯托夫采夫：《罗马帝国社会经济史》（下册），马雍、厉以宁译，商务印书馆1985年版，第706页。

限，原因在于罗马人的贸易对象是居住罗马境外的各个民族。罗马帝国由各个独立的关税区组成，在这些关税区内征收进出口税。罗马人在高卢的四个行省同莱提亚、诺里库姆建有这样的关税区。所有进出口贸易支付的税金称为“高卢1/40贸易税（*quadragesima Galliarum*）”，数额为2.5%，在其他行省则为2%。总体而言，税额负担称不上沉重。不同商品所征收关税的百分比不尽相同。但奢侈品的关税较高，达到12%，或者高于这个数额。各地关税的征收额度往往因地而异，例如，埃及的货物关税额度很低，一匹马只征收1/2第纳里，一头牛仅仅征收1个第纳里。一直到戴克里先时代，帝国的关税收入比较低。尽管如此，和从前相比，经过戴克里先的税制改革，关税总额度有了较大幅度增加①。

除了以上提到的各种税收，另有少数税收需要关注。一方面是皇帝的地产。虽然罗马人民（*populus Romanus*）和皇帝是平行的法人实体，但皇帝的财产和罗马人民的财产保持独立。共和国时代，罗马人民拥有大量的财富，产自罗马公地谷物的1/10，葡萄酒的1/15用作主要的税金。到了戴克里先时代，这种税收大多数已消失，税收主要来自土地和各种收入。另一方面，皇室地产大量存在，且不断扩张，通过直接或间接手段征税可增加国家的收入。实物税（*Vectigal*）和皇室地产第一次纳入征税范畴②。除了皇室的地产之外，另一个大规模地产拥有者为元老阶层。这一阶层所拥有的土地紧邻城镇，往往出租给承租人（即克罗尼）或经营者，必须缴纳赋税。在大土地所有者之外，是那些名曰平民、自己耕种土地的小农，但小农与农奴、大土地所有者差别巨大，他们支付的土地税称为“平民人头税”（*capitatio plebeia*）③。

各种税赋的额度虽然固定下来，但将这些数额落到实处，却是另外一回事。因通货膨胀、货币贬值一直未得到有效缓解，纳税者往往以实物形式，而非货币形式支付税款④。在通货膨胀的经济背景下，戴克里

---

① Theodor Mommsen, *A History of Rome under the Emperors*, English translation by Clare Krojzl, Routledge, 1996, pp. 198–199.

② Ibid., p. 199.

③ J. B. Bury, *History of The Later Roman Empire*, Macmillan & Co., Ltd, 1923. pp. 47–48.

④ Maureen Carroll, *Romans, Celts & Germans, The German Provinces of Rome*, Tempus Publishing Ltd., 2005, p. 137.

先的税制改革不仅受制于其他社会经济因素，而且直接受到了货币制度的制约和影响。

和从前不同的是，戴克里先实施税制改革时，近卫军长官成为税收负责人。征收赋税的权力交给了近卫军长官，且主要负责记录、评估公共需求。但近卫军长官“不负责花销，只掌控总体上的税收收入。”[①] 由是可知，被剥夺军事权力的近卫军长官，此时掌管帝国税收，在很大程度上把控着帝国的经济命脉。“戴克里先税收体制改革的结果之一是，行省总督在税收中扮演的角色强化。”[②] 当然，行省总督这种角色的变化，也是戴克里先行省（结构、体制）改革的主要内容。行省总督从前是行省军政首脑，此时，总督必须按帝国的意志行事，军政大权淡化，税收、审理司法案件等权力突出。行省税收的大权把握在总督手中，但具体收税则由每一座城镇议会——城市、城镇库里亚（*curiae*）任命的官吏实施。这些收税者把收缴的税款上交至代表行省总督的官吏手中，这些官吏会给不缴纳税款的人施加压力[③]，以期足额完成税收。城镇负责税收的库里亚没有薪俸，负责地方税收，税额缺少部分个人掏腰包补齐。有些收税库里亚甚至将个人财产冲抵税额，直到倾家荡产[④]。此时的收税库里亚和共和国末年的包税商中饱私囊形成了鲜明的对照。由此不难判断，在戴克里先治下的帝国行省征税，不再是令人艳羡的肥缺，反倒是一个“高风险”的差事。

通过新的征税方法和征税体制，“戴克里先比他前一个时代的人掌握的税收更多，而这些税收又可以用来支持军事活动……”[⑤] 尤其重要的是，戴克里先的税制改革为帝国建立了统一的税收体制。戴克里先的

---

① Theodor Mommsen, *A History of Rome under the Emperors*, English translation by Clare Krojzl, Routledge, 1996, p. 199.

② *A Companion to the Roman Empire*, edited by David Potter, Blackwell Publishing Ltd., 2006, p. 202.

③ J. B. Bury, *History of The Later Roman Empire*, Macmillan & Co., Ltd, 1923, p. 48.

④ William E. Dunstan, *Ancient Rome*, Rowman & Littlefield Publishers, Inc., 2011, p. 430.

⑤ ［英］安德林·戈德斯沃司：《非常三百年——罗马帝国衰落记》，郭凯生、杨抒娟译，重庆出版社 2010 年版，第 131 页。

税制改革固然增加了国家的财政收入，保障了他的军事行动获得成功，但一个最直接的后果是增加了纳税人的负担。

戴克里先的税制改革主要针对的是农村居民。固定的人头税、土地税，使穷人的负担远比富人沉重。[①] 农村居民负担日益沉重，不堪重负的农民不得已离开土地，进入城市谋生。特别是那些小农场主，每遇灾荒或歉收，无法缴纳税赋，不得不离开自己的土地。因此，戴克里先的税制改革充实了国库，但对农村经济造成了巨大打击。为了确保能够征收足额的税赋，戴克里先成立了专门机构，督察纳税情况，逃税者会遭受严厉处罚。该机构权力很大，甚至采取种种违法手段对付纳税人，四处抓人抄家，引发各种抱怨。[②] “戴克里先使帝国遭受的最大打击，是他建立了一套原想挽救帝国的税务检查等机构，这些机构刚刚建立，它们本身又腐蚀了，而且腐蚀得比较迅速。”[③] 戴克里先的税制改革使人们“无法忍受，在某些地区畜牧业终止了，许多人沦为赤贫或盗匪”[④]。戴克里先的税制改革增加了纳税人的负担，“在税收的压力下，工商业被摧毁了。帝国赖以维持的支柱是小农经济，小农经济遭到了难以估量的损害”[⑤]。不仅小农，其他土地所有者也陷入窘迫。“许多庄园主交不起租税，无力支付沉重的税赋。他们放弃了土地耕种，另谋生路。一些土地所有者出售自己的土地，土地承租人拒绝耕种新土地主人的土地。土地荒芜，国库收入大为减少。”[⑥] 因此，戴克里先的税制改革仅仅是以收税为目的，并未顾及土地所有者的利益，对农业生成造成了巨大的消极影响。尤其需要指出的是，税收改革并未给下层民众——真正的社会生产者带来利益，反倒使下层民众陷入负担沉重、生活窘迫的境地。从这一意义上讲，戴克里先的税收改革彰显的是奴隶主阶级压迫和奴役的特征。

---

① Mitchell Stephen, *A History of the later Roman Empire*, *A. D.* 284 - 641. Second edition, Blackwell, 2007. p. 331.

② 厉以宁：《罗马-拜占庭经济史》（上编），商务印书馆 2006 年版，第 293 页。

③ 同上书，第 304 页。

④ Philip van Ness Myers, *Rome*: *Its Rise and Fall*, Ginn & Company, Publishers, Boston, U. S. A., 1901, p. 385.

⑤ 厉以宁：《罗马-拜占庭经济史》（上编），商务印书馆 2006 年版，第 301 页。

⑥ J. B. Bury, *History of The Later Roman Empire*, Macmillan & Co., Ltd, 1923, p. 56.

此外，戴克里先税制改革还有一个值得关注的内容，这就是取消了意大利一直以来豁免纳税的特权，意大利和其他行省在纳税方面处于平等地位。“戴克里先把‘难以忍受的税收痛苦’扩大到意大利北部，他的后继者加莱里乌斯则将其扩大到整个意大利半岛和罗马城。和行省的其他城市一样，意大利各个城市此时已经承担了所在地的纳税的责任和义务。”① 厉以宁先生认为，这是帝国经济重心东移造成的。不仅如此，意大利特权地位的失落，还与“四帝”漠视罗马城有直接关系。“四帝”中除马克西米安驻跸意大利米兰外，其余“三帝”的宫廷所在地均与意大利无任何关联。在罗马城作为帝国首都的地位日益衰微的同时，罗马-意大利作为帝国政治中心的地位日益降低，因此，意大利各种特权的丧失，不仅是帝国经济重心东移的结果，也是政治中心地位丧失的必然。

戴克里先的税制改革剥夺了意大利免除税赋的特权，但罗马城的特权依然保留——罗马城连同周围半径 161 千米（100 英里）内的土地免除税赋②。戴克里先没有彻底剥夺罗马-意大利长久以来存在的特权，是对传统的重视，还是为罗马城保留些许帝都“尊严”？或许二者兼而有之，但收税本身反映的问题是，戴克里先的确需要更多的税赋，以维持自己统治机器的运转。学术界一致认为，戴克里先的税制改革对农村和农业经济的打击是巨大的。有人估算，罗马帝国 3/4 的人口在农业生产领域③，农业生产遭受打击，意味着帝国绝大多数人口生产、生活受到负面影响。与税收改革令农村、农业经济遭受打击相一致，城市、城镇也未因税收改革走向繁荣——农村经济遭遇萧条，城市和城镇失去了活力的源泉。“戴克里先推行的统一税收政策，导致了帝国中央政府对地方当局的严格控制，元老院和各级官吏变成了国库的代理人，一些自

---

① Raymond Van Dam, *The Roman Revolution of Comstantine*, Cambridge University Press, 2007, p. 26.

② Pat Southern, *The Roman Empire: from Severus to Constantine*, Routledge, 2001, p. 159.

③ J. A. (Sander) Boek, *Taxation in the later Roman Empire, a study on the character of the late antique economy*, M Phil Thesis Ancient History, Institute of History, Faculty of Arts Leiden University, p. 43.

治城市失去了自由，逐渐衰退。”[①] 戴克里先的税收改革的大目标是稳定帝国经济，但动机与后果却截然相反，农村、城市（镇）的经济不仅没有因税收改革显露发展生机，反而陷入困顿，此为戴克里先税收改革最大的败笔，屡遭诟病。

理论上讲，戴克里先的税收方案为不同等级的纳税人提供了公平与均衡，但事实上，却给农业、土地所有者和农业生产者增加了沉重的负担，带来的却是更多的不公平。不仅如此，对于每个人的财产估价建立在不精确的土地单元划分基础之上，每个土地所有者的土地收益、产量等却统一计算[②]，看似“公平”的税收，忽视了差异性，自然会显失公平，难以进行到底。

从纵向历史考察，税率、罗马经济萎缩与帝国衰亡直接、紧密联系在一起。沉重的赋税、人口减少、一些土地遭废弃等[③]，即使不是戴克里先税制改革的消极后果，也直接影响到帝国的发展。据此而论，戴克里先税制改革的消极效应对帝国的命运产生了重要影响。但也必须看到，戴克里先的税制改革是对帝国税制的重建，是挽救帝国的重要措施，是“最后一项，也是持续时间最长的改革”[④]。然而，“直至戴克里先统治终结，也未能彻底实施。”[⑤] 这一结局可视为戴克里先税制改革性质恰如其分的说明。

第三节　最高限价

戴克里先经济改革的各项措施中，最受人关注的另一项内容是，于301年颁布的、以希腊语和拉丁语写成的、共治四帝共同签署的“最高

---

① J. B. Bury, *History of The Later Roman Empire*, Macmillan & Co., Ltd, 1923, p. 56.

② M. Cary, H. H. Scullard, *A History of Rome, Down to the Reign of Constantine* (Third Edition), The Macmilan Press Ltd, 1975, p. 531.

③ *A. H. M. Jones and the Later Roman Empire*, Edited by David M. Gwynn, Boston, 2008, p. 198.

④ John R. Curran, *Pagan City and Christian Capital: Rome in the fourth Century*, Oxford University Press, 2000, p. 52.

⑤ Adrian Goldsworthy, *How Rome Fell, Death of a Superpower*, Yale University Press, 2009, p. 171.

限价敕令”（*Edictum de Maximis Pretiis*）①。这是人类历史上第一次由最高统治者出面实施的物价管制，戴克里先的限价措施堪称“大动作”。敕令的原始版本不知去向，不完整的各种石刻副本，在帝国境内各地均有发现②。这说明，物价事关每一个人，该敕令当时在帝国境内已经广泛传播，家喻户晓。

戴克里先认为，物价飞涨源于商人和商品供应者的贪婪③，因此，颁布“最高限价敕令”予以整治。物价上涨的确有商人的因素，但就当时的罗马帝国物价状况而言，商人的贪婪与否不是决定性的，主要原因在于三世纪危机以降，帝国经济每况愈下，通货膨胀难以抑制，甚至出现了以物易物现象。当然，就颁布“最高限价敕令”的直接原因和社会原因而论，通货膨胀背景下，物价涨幅过高、过快④，以及由此导

---

① 在敕令的前言中，专门提到此敕令是以四个皇帝名义颁布的。见 Jill Harries，*Imperial Rome*，*AD* 284 *to* 363：*The New Empire*，Edinburgh University Press Ltd.，2012，p. 66。

② H. Stuart Jones，*The Roman Empire*，*B. C.* 29–*A. D.* 476，New York，G. P. Putnam's Sons，London：T. Fisher Unwin，1908，p. 371. 保存至今的关于限价敕令最有代表意义的是，今天土耳其 Çavdarhisar 境内的希腊化古城市 Aezani 遗址中，有一处肉类市场遗址，圆形围栏的石刻上，刻有限价敕令（Mitchell Stephen，*A History of the later Roman Empire*，*A. D.* 284–641. Second edition，Blackwell，2007. p. 42.）。这个遗址透露出的信息是，最高限价敕令在当时的各种经营场所随处可见，对经营者有垂直的制约作用。除此之外，在小亚、埃及、希腊等地也都出土了敕令的不同部分，大大小小各种副本多达 35 件〔Roland G. Kent，The Edict of Diocletian Fixing Maximum Prices，*University of Pennsylvania Law Review and American Law Register*，Vol. 69，No. 1（Nov.，1920），pp. 35–36，p. 40.〕，足见当时敕令传达到了帝国各地，达到了尽人皆知的程度。

③ 巫宝三主编：《古代希腊、罗马经济思想资料选辑》，厉以平、郭晓凌编译，商务印书馆 1990 年版，第 364 页。

④ 关于戴克里先颁布“最高限价敕令”的原因，西方学者认为有二：其一，供给与需求之间失衡，出台限价敕令是为了平息士兵对通货膨胀的不满情绪；其二，货币拥有者对货币面值与货币贵金属含量之间的差距不断加大（Jill Harries，*Imperial Rome*，*AD* 284 *to* 363：*The New Empire*，Edinburgh University Press Ltd.，2012，p. 6，p. 12.）。也有学者认为，戴克里先颁布最高限价敕令，目的就是平抑通货膨胀（William E. Dunstan，*Ancient Rome*，Rowman & Littlefield Publishers，Inc.，2011，p. 430.）。还有学者认为，戴克里先颁布“最高限价敕令”的原因是货币改革的失败（Chris Scarre，*Chronicle of the Roman Emperors*：*the Reign-by-Reign Record of the Rulers of Imperial Rome*，Thames and Hudson，1995，p. 202.）。笔者以为，“最高限价敕令”既有物价上涨过猛的因素，也有货币改革收效甚微的原因。也就是说，戴克里先的货币改革并未改变货币的真实成色，货币继续贬值，物价上涨势头没有得到抑制。

致的种种社会不满无疑是决定性的。比如，与罗马人日常生活密切相关的小麦价格，与2世纪的价格相比上涨幅度近乎“天文数字”——200倍[①]。戴克里先的“最高限价敕令”也提出，一些“食利者”把物价抬高了4倍或8倍[②]。除了这些因素之外，有学者认为，戴克里先实施最高限价的一个重要原因是，推进币制改革过程中，罗马帝国没有足够的贵重金属铸造取信于民的货币，通货膨胀导致物价持续不断上涨[③]，两者相互激荡，令物价居高不下。“货币一直在贬值，尽管戴克里先在3世纪90年代中期进行了币制改革，但他仍然认为，有必要通过最高限价敕令，尽力人为地平抑上涨的物价。”[④] 所以，抑制通货膨胀是戴克里先颁布最高限价敕令的另一个主要目的。经济学的一般原理告诉人们，物价持续不断上涨即是通货膨胀的表现。戴克里先统治时期，通货膨胀的原因主要是货币贬值造成的。所以，戴克里先颁布了“最高限价敕令”的原因与目的，既包括了平抑物价的内容，也包括了对通货膨胀的控制。“最高限价敕令应放置在通货膨胀，以及对戴克里先对货币改革反应的背景下加以理解。”[⑤] 除了人们日常生活必需品价格过高的因素外，有学者认为，各种军需物资价格过高，以及军队规模扩大，官僚体系膨胀等都是戴克里先颁布“最高限价敕令”的原因[⑥]。

在上文涉及的各种原因之外，戴克里先颁布“最高限价敕令”还有其他目的或原因，其中之一是规范政府采购和保护士兵的收入[⑦]。如果

---

① Alaric Watson, *Aurelian and the Third Century*, Routledge, 1999, p. 126. 也有统计数据认为，上涨了70倍（Jill Harries, *Imperial Rome*, *AD* 284 *to* 363: *The New Empire*, Edinburgh University Press Ltd., 2012, p. 12.）。无论哪一种统计数据贴近实际，上涨幅度都是惊人的。

② 巫宝三主编:《古代希腊、罗马经济思想资料选辑》，厉以平、郭晓凌编译，商务印书馆1990年版，第365页。

③ Michael Whitby, *Rome at War AD* 293-696, Osprey Publishing Limited, 2002, p. 35.

④ Bill Leadbetter, *Galerius and the will of Diocletian*, Routledge, 2009, p. 171.

⑤ Paul Erdkamp, *The Grain Market in the Roman Empire*, *A Social*, *Political and Economic Study*, Cambridge University Press, 200, p. 285.

⑥ Louis C. West, Notes on Diocletian's Edict, *Classical Philology*, Vol. 34, No. 3 (Jul., 1939), p. 239.

⑦ *A Companion to the Roman Empire*, edited by David Potter, Blackwell Publishing Ltd., 2006, p. 203.

物价过高，政府在购买相应的各种物品时，需要支付更多的货币，限定了物价，无疑等于减少了政府维持日常事务所支付的成本。同时，物价过高，对于依赖军饷生活的士兵而言，无形中降低了士兵的收入，意味着生活水平没有提高。学者们依据当时帝国所面临的国内外形势，从稳定军队的视角，专门讨论了士兵的收入军队。故此，“最高限价敕令”顾及士兵这一特殊群体的利益是非常必要的。

物价总和人们的购买力联系在一起。在颁布“最高限价敕令”的同时，戴克里先还限定了所有劳动者的最高工资，目的是平抑物价，抑制通货膨胀。戴克里先的“最高限价敕令”使用的货币单位是第纳里。蒙森议论说：“我们不知道第纳里是多少钱。96 个第纳里也达不到一磅重。”后来，另一种第纳里出现了，6000 个第纳里折合一个苏利德斯(*solidus*，一种金币)①。

戴克里先“最高限价敕令”涉及内容非常庞杂，规定也十分具体，下列三个表格仅为其中一部分内容。

表 3-2　　最高限价涉及部分的内容

物品名称	限定价格（第纳里）
食品	222
木材与木制品	87
兽皮和皮革	94
纺织品和衣物	385
柳条制品和玻璃制品	32
化妆品、药膏、香	53
贵金属	17
杂品	31

上表资料引自 H. Michell, The Edict of Diocletian: A Study of Price Fixing in the Roman Empire, *The Canadian Journal of Economics and Political Science*, Vol. 13, No 1 (Feb, 1947), p. 6。

---

① Theodor Mommsen, *A history of Rome under the emperors*, English translation by Clare Krojzl, Routledge, 1996, p. 365.

表 3-3　　最高限价所涉及部分内容（粮食和饲料种子）

物品名称	限定价格（第纳里）	物品名称	限定价格（第纳里）
小麦	100	净豆子	100
大麦	100	不干净豆子	60
黑麦	60	扁豆	100
黍	100	箭舌豌豆	80
粟	50	干净的野豌豆	100
印度粟	50	不干净的野豌豆	60
净二粒小麦	100	草籽	30
二粒小麦	30	三叶草草籽	150
羊豆	100	大麻籽	80
燕麦	30	箭舌豌豆籽	80
长角豆	100	罂粟籽	150
羽扇豆	60	小茴香	150
煮羽扇豆	4	萝卜籽	150
干茶豆	100	芥子	150
亚麻籽	150	调制芥子	150
芝麻	200		

上表根据巫宝三主编《古代希腊、罗马经济思想资料选辑》（厉以平、郭晓凌编译，商务印书馆 1990 年版，第 366—376 页）整理。

表 3-2 表 3-3 仅为最高限价敕令的部分内容，与人们日常生活密切相关的食品、肉类、酒类等，也一律予以价格限制。例如，普通酒的价格是啤酒价格的两倍，猪肉是牛肉价格的两倍，海鱼价格高于河鱼，一品脱高质量的橄榄油比同样数量精制普通酒贵许多，肥鹅价格非常高，是鸡价格的 10 倍①。除了商品、消费品限价外，还对某些服务事项的价格进行限制。比如，假设距离不是很远，租一辆马车连同车夫的价格非常低廉②。“最高限价敕令”对所涉及商品的限价之细致、之细微，甚至令人瞠目。比如，对鞋子的限价即是一个非常好的事例：元老穿的鞋子每双 100 第纳里，贵族的鞋子 150 第纳里，骑士穿的鞋子 70 第纳

① Antony Kamm, *The Romans: An Introduction* (Second Edition), Routledge, 2008, p. 197.

② Cornelis van Tilburg, *Traffic and Congestion in the Roman Empire*, Routledge, 2007, p. 55.

里。有人认为，这是传统的身份标志的残余[①]。衣服也是如此，不同档次、款式的衣物价格存在较大差异：最高档次的一件“斯基泰式”服装（*Scythopolitan*）限价7000第纳里；第三档次的“亚历山大里亚服”限价2000第纳里；军人穿的束腰长袍限价在1000—1500第纳里之间[②]。从这些限价的内容可以看出，被限价的对象林林总总，反映出戴克里先用心良苦[③]。

戴克里先的最高限价涉及内容事无巨细，几乎涵盖了各种商品和服务。有人估算，限价的内容大约涉及1500项之多。就当时的社会经济和社会生活状况而言，这个数字是庞大的，堪称无所不包：从每罗马斗（*modius*）的谷物、豆类估价，到各种形式服务的工资等。戴克里先希望通过“限价”使物价降低。在贯彻执行敕令过程中，戴克里先规定，凡是不按规定价格出售产品者，一律列为奸商、投机者，并给予处罚。戴克里先还规定，政府以规定的成本价强制收购国家最需要的产品，如粮食、铁、盐等，然后以半价卖给城市穷人，甚至免费送给穷人。但这样做的结果非但没有刺激生产，反倒因价格强制，造成生产停顿，黑市盛行[④]。戴克里先的最高限价，“要么设想了极度迫切的需求，要么全然不顾价值和价格的真正概念。不可避免的后果接踵而至，商品被囤积，尽管有禁令，它们反而比以前更贵了，无数销售商应当被判处死刑，直到这项法律被废除。”[⑤] 总之，戴克里先的最高限价措施“欲速则不达”，与初衷大相径庭，限制物价的消极后果大于积极影响。由于黑市盛行，物价难抑，人们的生活更加困苦，购买力呈萎缩之势。戴克里先的最高限价敕令不可谓不严厉，违者甚至要被判处死刑，但实际结果却事与愿违。“这一严厉措施事实证明是失败的，物资在市场上消失

---

① Charles Freeman, *Egypt, Greece and Rome, Civilizations of the Ancient Mediterranean*, third edition, Oxford University Press, 2014, p. 572.

② John R. Love, *Antiquity and Capitalism: Max Weber and the sociological foundations of Roman civilization*, Routledge, 1991, p. 90.

③ 从史料学意义而言，戴克里先最高限价敕令所涉及内容几乎囊括了社会生活的方方面面，构成了了解罗马人生活基础资料。

④ 厉以宁：《罗马-拜占庭经济史》（上编），商务印书馆2006年版，第296—297页。

⑤ ［瑞士］雅各布·布克哈特：《君士坦丁大帝时代》，宋立宏等译，上海三联书店2006年版，第46页。

了，敕令也很快无人理会。”[①] 戴克里先限制物价与货币贬值有直接关系，所以，“伴随货币的继续贬值，在这些潜在的、毁灭性的限制之下，生产和限售无利可图。许多生产者和商人拒绝服从敕令。或是不再为市场生产相应的物品，或在黑市上非法销售。”[②] 戴克里先的“最高限价”不是依据各项成本计算而成，与真实的市场规律、价格规律相去甚远。当一些商人宁愿囤积商品，也不愿意低于“最高限价”出售时，许多商品被逐出市场，商品所有者不可能以难以维持生计的价格出售这些商品[③]。换句话说，限定的价格与市场价格背离，经营者不可能做蚀本生意。一个人们不愿意看到的现实是，因价格的限制，市场上应有的商品却踪影皆无。所以，戴克里先颁布“最高限价敕令”不仅没有带来市场的繁荣，反而让市场冷落萧条，下层民众生活困苦不堪。在最高限价的强制制约下，许多物品撤出了销售领域，商品短缺现象日益严重。

“最高限价敕令”名曰“最高限价”，实际上表示的只是中间价格，仍有许多问题模糊不清[④]。最为重要的是，戴克里先的最高限价主要的依据是当时上涨的物价，以及上涨的物价对帝国社会造成压力和危害。戴克里先的最高限价主要出于主观愿望和个人意志，但商品的价格及其确定不应以主观愿望为转移。比如，商品价格的确定是由商品的有用性、市场占有率、价值等因素决定的，也是商品的成本决定的，此外，运输成本等因素也对商品价格产生直接影响[⑤]。学术界在讨论戴克里先的“最高限价敕令”时，尤其强调运输费用对商品价格的影响。英国学者芭芭拉·利维克（Barbara Levick）进行过较为详细的计算，一车小麦，运输在路程 480—640 千米时，价格会增加一倍。海路运输相对便

---

① M. Cary, H. H. Scullard, *A History of Rome*, *Down to the Reign of Constantine* (Third Edition), The Macmilan Press Ltd, 1975, p. 531.

② William E. Dunstan, *Ancient Rome*, Rowman & Littlefield Publishers, Inc., 2011, p. 430.

③ Glyn Davies, *A History of Money*, *From Ancient Times to the Present Day*, University of Wales Press, 2002, p. 102.

④ Theodor Mommsen, *A History of Rome under the Emperors*, English translation by Clare Krojzl, Routledge, 1996, p. 365.

⑤ David S. Potter, *The Roman Empire at Bay*, *AD*185-395, Routledge, 2004, p. 335.

宜，从埃及亚历山大里亚经由海路向罗马运输小麦，运输费用使价格上涨16%[①]。比利时布鲁塞尔自由大学古代史教授保罗·俄德坎普（Paul Erdkamp）也指出，戴克里先的最高限价似乎对海路运输的成本不予理睬。“罗马时代，海运和陆路运输相比，唯一的优势是价格低。”[②] 包括运输费用在内的诸多因素，都是影响价格生成的决定性因素。不妨还以运输费用为例简单说明。罗马帝国幅员广阔，运输成本因距离不同，必然千差万别，因而价格理所当然不同。比如，距离一座城镇运输里程的长短，乃至道路质量等，所运输谷物价格自然有所不同[③]。戴克里先的“最高限价敕令”也涉及运输价格问题，但明显偏低，尤其是长距离运输，与实际运输成本难成比例，不可能贯彻到底。戴克里先的最高限价采取的是“一刀切”式的硬性规定，属于“规定价格”，并非“指导价格”，多有与市场规律相违之处。对于某个地区的某种商品价格或许是合理的、可接受的，但对于帝国境内的所有商品、所有消费者不可能公平合理。从另一个角度看，这种刚性的价格规定没有考虑到生产者、经营者的利益，结果使经营者的利益受损，积极性受到极大挫伤。比如，同一种商品，因产地、运输费用、生产成本、劳动力价格等方面的不同，生成的价格理所当然不同，硬性规定一个“一刀切”的价格显然是不合理的。

当然，这些评价属于经济学意义上的学理解说，戴克里先出台“最高限价敕令”不可能出自经济学原理。但无论是限制价格，还是管制价格，终极目的是使价格与价值相一致，让商品出售者和购买者双方都能够接受，进而遏制物价上涨。戴克里先的“最高限价”缺乏理论上的合理性，实践中难以贯彻到底，因此，戴克里先以最高限价为核心的物价改革没有获得成功。个中原因，林林总总，但其中最重要的原因或许是戴克里先对物价本身的构成要素关注太少，强权、专制、皇帝意志毕竟不能代替经济自身的规律，不能决定市场规律。脱离罗马帝国社会现

① Barbara Levick, *The Government of the Roman Empire: A Sourcebook*, Routledge, 2000, p. 116.

② Paul Erdkamp, *The Grain Market in the Roman Empire, A Social, Political and Economic Study*, Cambridge University Press, 2005, p. 202.

③ Ibid., p. 201.

实的“限价”，凸显的是皇权的专制，难免适得其反。

戴克里先颁布“最高限价敕令”，“公开宣称，通过抑制贪婪保证物价的低廉。”并认为，物价是所有经济问题的根源①。戴克里先最高限价的初衷应当予以肯定，但结果却事与愿违，几无任何成效。“最高限价敕令”颁布的主要目的之一是抑制通货膨胀。然而，通货膨胀的速度是一纸敕令难以阻止的。4 世纪初年，通货膨胀继续，并以惊人的速度上扬②。戴克里先精心设计的限制物价上涨的种种措施，未取得预期成效，物价上涨不止，贯穿整个戴克里先统治时期。由于物价没有得到根本控制，因物价引发的各种不满、怨恨，乃至骚乱，时有发生。菲罗斯特拉图斯（Philostratus）记载了一次发生在阿斯本都司（Aspendus）著名的食品骚乱，人们将这起骚乱归咎于居住在乡村的地产所有者的各种行为。类似的事例不胜枚举③。一个带有讽刺意味的结果是，敕令限制了物价，扼杀了市场，非但没有带来稳定，反而平添了社会动荡。

作为奴隶制帝国，奴隶本身也是可以公开买卖的特殊商品，奴隶的价格一般依据性别和年龄规定。“最高限价敕令”规定，未成年男性奴隶是男性成年奴隶的 2/3；一个普通奴隶的价格为 3000 千克小麦，奴隶的价格呈下降之势（元首制时代，意大利奴隶的标准价格是 6500 千克小麦）④。“最高限价敕令”显示，8—16 岁年龄段的女性奴隶的价格与男性奴隶价格相当⑤。依据“最高限价敕令”所规定的价格，少女奴隶的价格最高，主要和生殖能力联系在一起。但帝国的社会上层对技艺精

① Paul Erdkamp, *The Grain Market in the Roman Empire, A Social, Political and Economic Study*, Cambridge University Press, 2005, p. 262.

② Alaric Watson, *Aurelian and the Third Century*, Routledge, 1999, p. 126.

③ Paul Erdkamp, *The Grain Market in the Roman Empire, A Social, Political and Economic Study*, Cambridge University Press, 2005, p. 263.

④ *The Cambridge Economic History of the Greco-Roman World*, edited by Walter Scheidel, Ian Morris, Richard Saller, Cambridge University Press, 2007, p. 108, p. 602.

⑤ W. V. Harris, W. V. Harris, *Rome's Imperial Economy: Twelve Essays*, Oxford University Press, 2011, p. 100.

湛的男性奴隶的需求，扭曲了性别比例，对男性奴隶有利[1]。“最高限价敕令”关于奴隶价格的规定或限定并不占有突出的位置，有人认为，此时只是在宫廷中偶尔使用奴隶[2]。对于普通公民而言，购买奴隶需要支付相应金钱，奴隶购买到手后，即使是维持奴隶的最低生活标准，各种开销必不可少，因此，普通公民购买奴隶的积极性不高。罗马帝国晚期的城市人口规模小于帝国盛期，奴隶人口明显减少，“一些为军队进行的生产任务由世袭的工人在国家工厂里承担”[3]。3 世纪以降，罗马帝国守土尚且捉襟见肘，遑论扩张领土，无法掠回大批奴隶，奴隶的买卖必定呈下降趋势。和从前相比，戴克里先时期奴隶的境遇有所改善，不再被人看作牲畜，原因在于奴隶来源枯竭，奴隶在经济领域的价值得以提升[4]。“最高限价敕令”所涉及的价格，恰恰反映了这一时期奴隶制走向衰微的史实。

“最高限价敕令”与帝国国情存在较大距离，无法推行到底，最后不得不取消各种限价。“最高限价敕令或许在开始时取得了一些成效，但最终却走向了失败。”[5] 与戴克里先所期待的结果完全相反，“最高限价敕令”颁布后，帝国物价依然居高不下，竟然高出尼禄统治时代的 100 多倍[6]。如前文所述，稳定帝国经济是戴克里先登基后所面临的三大任务之一。对当时的罗马帝国而言，稳定经济物价必先稳定货币与物价。然而，在货币改革未取得预期成效的同时，“最高限价”也未达到“限价”之目的。某种意义上讲，货币改革未取得实际成效，为“最高限价”的实施埋下了失败的伏笔。更重要的是，戴克里先的“最高限价敕令”不符合帝国社会实际，有违市场规律，低估了治理物价这一痼

---

① *The Cambridge Companion to the Roman Economy*, edited by Walter Scheidel, Cambridge University Press, 2012, p. 92.

② *The Cambridge World History of Slavery*, edited by Keith Bradley and Paul Cartledge, Cambridge University Press, 2011, p. 494.

③ Keith Hopkins, *Conquerors and Slaves: Sociological Studies in Roman History*, v. i, Cambridge University Press, 1978, p. 195.

④ Stephen Williams, *Diocletian and the Roman Recovery*, Routledge, 1996, p. 138.

⑤ Timothy E. Gregory, *A History of Byzantium*, Blackwell Publishing Ltd, 2005, p. 40.

⑥ Glyn Davie s, *A History of Money*, *From Ancient Times to the Present Day*, University of Wales Press, 2002, p. 101.

疾的难度，必然遭遇失败。于是，“面对公众信任的缺乏，戴克里先无法平抑物价。”①

拉克坦提乌斯评价说：“……戴克里先试图通过法律固定市场物价。但由于害怕市场上无物可买，对那些微不足道的商品也让人为之流血，结果使市场短缺进一步加剧，直至这部法律使大多数人陷入绝境，绝对有必要废弃。”② 拉克坦提乌斯的议论，不仅说出了“最高限价敕令”产生的现实性结果，也道出了敕令必遭废弃的下场。因此，“最高限价敕令”带来的“唯一后果是各种商品在市场上难觅踪迹。敕令形同虚设，通货膨胀仍在继续。”③ 来势汹汹的“最高限价敕令”最终没能限制物价，从不同层面反映出帝国经济积弊深重，仅仅凭借皇帝一道敕令是无法改变的。

第四节　最高工资限定

在推行“限价”的同时，戴克里先以极其严厉的手段，对工资实行了最高限定。从宏观视角审视，戴克里先的“最高工资限定”是其经济改革的组成部分，与货币改革、税收改革相辅相成。和“最高限价敕令”一样，违背最高工资的规定者都将受到严惩，直至处以死刑。可见戴克里先决心之大。

下列表格说明的是一些工种劳动者的最高限定。

表 3-4　　部分职业最高工资限定

工　种	工资度（第纳里）
普通、熟练、非熟练（工人）	76
丝绸工、刺绣工	13
羊毛纺织工	6

① Brian Campbell, *The Romans and Their World*, Yale University, 2011. p. 208.

② Lactantius, *The Minor Works*, tr. By Sister Mary Francis McDonald, O. P., The Catholic University of America Press, 1965, p. 144.

③ John R. Love, *Antiquity and Capitalism: Max Weber and the Sociological Foundations of Roman Civilization*, Routledge, 1991, p. 187.

续表

工　种	工资度（第纳里）
漂洗工	26

上表资料引自 H. Michell，The Edict of Diocletian：A Study of Price Fixing in the Roman Empire，*The Canadian Journal of Economics and Political Science*，Vol. 13，No 1（Feb，1947），p. 6.

表 3-5　部分劳动者最高工资限定（日工资）

工种	工资额度（第纳里）	工种	工资额度（第纳里）
农村雇工（兼供伙食）	25	铁匠（兼供伙食）	50
石匠（兼供伙食）	50	面包师（兼供伙食）	50
细木匠（兼供伙食）	50	海船木匠（兼供伙食）	60
粗木匠（兼供伙食）	50	河船木匠（兼供伙食）	50
烧石灰工（兼供伙食）	50	赶骆驼工（兼供伙食）	25
大理石匠（兼供伙食）	60	赶驴工（兼供伙食）	25
镶嵌工（兼供伙食）	60	牧人（兼供伙食）	20
画匠（兼供伙食）	75	兽医剪骡子毛每匹	6
高级画师（兼供伙食）	150	理发师每人	2
车匠（兼供伙食）	50	剪羊毛每只（兼供伙食）	2

上表根据巫宝三主编：《古代希腊、罗马经济思想资料选辑》，厉以平、郭晓凌编译，商务印书馆 1990 年版，第 376 页整理。

表 3-6　金属工最高工资限定（日工资）

工种	工资额度（第纳里）	工种	工资额度（第纳里）
铜匠加工铜器每件	8	磨刀工磨旧军刀每件	25
制器皿每件	6	磨旧盔每件	25
雕像每件	6	磨斧头每把	6
包饰铁皮每件	4	磨双刃斧每把	8
运水工每日	23	开军刀刃每把	100

上表根据巫宝三主编：《古代希腊、罗马经济思想资料选辑》，厉以平、郭晓凌编译，商务印书馆 1990 年版，第 376—377 页整理。

表 3-7　抄写工最高工资限定（日工资）

工种	工资额度（第纳里）	工种	工资额度（第纳里）
羊皮纸抄写每平方尺	40	普通书法抄写，每 100 行	20

续表

工种	工资额度（第纳里）	工种	工资额度（第纳里）
上等书法抄写，每 100 行	25	公文抄写或一般誊写，每 100 行	10

上表根据巫宝三主编：《古代希腊、罗马经济思想资料选辑》，厉以平、郭晓凌编译，商务印书馆 1990 年版，第 368 页整理。

表 3-8　　学费

内　容	学　　费（第纳里）
体育教师，每个学生每月	50
保育员，每个幼儿每月收费	50
初级教师，每个儿童每月收费	50
数学教师，每个学生每月收费	75
速记师，每个学生每月收费	75
缮写员，每个学生每月收费	50
希腊语、拉丁语教师，学生每月收费	200
修辞学或辩论术教师，学生每月收费	250
建筑学教师，学生每月收费	100
律师或法学家起诉，每件收费	250
侦讯费	1000

上表根据巫宝三主编：《古代希腊、罗马经济思想资料选辑》，厉以平、郭晓凌编译，商务印书馆 1990 年版，第 368 页整理。

从以上几个表格可以看出，戴克里先的最高工资限定内容庞杂，涉及帝国社会各个领域、各种职业、各个劳动者阶层。通过上述表格可以观察到戴克里先时代帝国的职业分布和职业结构，亦可体味出最高工资限定的如下特征：

第一，上述表格尽管没有涵盖帝国所有的职业，但这些职业的最高工资限定足以反映出，戴克里先的最高工资限定的指向是非常具体的，基本上限制了人们的职业收入。

第二，“最高工资限定敕令”既涉及脑力劳动（如教师、律师），也涉及体力劳动，以体力劳动为主，而且两者之间的收入差距显而易见。

第三，表格中涉及的各种职业，以体力劳动的职业居多，这说明体力劳动者是一个职业种类繁多、人数众多的群体，是社会财富的主要创造者。

第四，“最高工资限定敕令”对所有劳动者的工资不仅“量化”，而且达到了“细化”甚至“碎片化”的程度。

第五，工资的种类多样化：既有日工资，也有月薪；既有“磨斧头”这样的“计件工资”，也有因“技术含量”不同薪酬不同，如“海船木匠”与“河船木匠”的工资差异等。可以说，多样化构成了戴克里先最高工资限定的显著特点之一。

第六，戴克里先的最高工资限定似乎没有涉及农民、农夫的工资，只是涉及了“农村雇工”“牧人”等少之又少的农业生产领域内的职业。农民、农夫依然是这一时期罗马帝国劳动阶层的主要成员，他们的工资也是固定的，且主要以实物形式支付①。这种对农民、农业劳动者的漠视反映出，当时工资引发的矛盾主要集中在各个城市。

戴克里先的最高工资限定总体上突出的是“量化”，即各类职业从业者所得工资具体限定数额。然而，这些看似“细致入微”的规定，实际上蕴含着诸多的不合理性，以及某些不可操作性。

第一，任何时代、任何职业的从业者工资的获得既应有量的规定，更离不开“质”的评估，而且“质”的高低决定着“量”的多少。戴克里先的最高工资限定就量而言，达到了细化的程度，但对“质”的评估只字未提，缺少必要的劳动（成果）质量评估。比如，同是教师，因知识结构、教学水平、教学方法、教学经验等方面的差异，教学效果自然千差万别，统一的工资标准反映不出这种差异性。

第二，实际操作的不可行之处。上述表格给定的有些标准，在实际生活中有时是难以把握和操作的。最典型的当为“上等书法抄写”与“普通书法抄写”，如果没有具体详细的相应标准与之配套，“上等”与“普通”的边界是模糊的，抑或是随意性的，具体操作过程中不容易把握。因此，如果让最高工资限定收到实效，还应有相应的配套规定。然而，如果再辅之一系列相应规定、说明等，不仅烦琐，而且违背了戴克

① J. C. L. De Sismondi, *Fall of the Roman Empire, Comprising A View of the Invasion and Settlement of the Barbarins*, Londun, 1834, p. 22.

里先的初衷，在实践中实施势必困难重重。

第三，任何时代关于工资的规定，一定以调动劳动者劳动积极性为终极目的。戴克里先的最高工资限定，纵然内容详细，但总体上体现的是“一刀切”。忽视了劳动者劳动能力等重要因素。例如，同样是体育老师，不同地域、不同年龄、不同技能和身体条件、承担课程内容的差异等，会直接影响教学效果，仅仅规定同一等级的薪金是不合理的，无法真正调动各种职业劳动者的积极性。

当然，今天以“完善”的标准讨论奴隶制时代专制君主的最高工资限定，难免苛求古人，但事实是，戴克里先的最高限价与最高工资限定一样，没有取得积极的成效，反而使许多人的处境更加艰难。这一事实反映出，最高工资限定及其出台忽视了当时的社会条件与广大劳动者的现实处境、愿望相去甚远。戴克里先的最高工资限定代表着奴隶主阶级的利益，绝不会以劳动者的实际处境为出发点，更遑论提升各阶层劳动者的生活水准了，因此，不可能取得积极的社会成效。尽管戴克里先宣称：“最高限价敕令”是“为了公共福利而制定的法规……”[①] 但实际上，下层群众居多的罗马帝国，劳动者通过“限定最高工资”到底获得了多少福利？已不需要展开讨论。

戴克里先的最高限价、最高工资限定与三世纪危机造成的经济萎靡，以及长期以来的通货膨胀有直接关系。然而，两项严厉的敕令产生的结果都事与愿违，消极后果大于积极效应，通货膨胀没有得到根本缓解，工资限定则未能调动广大劳动者的生产积极性。和“最高限价”一样，最高工资“限定”属于强制性管制，因此，灵活性无从谈起。在社会经济生活中，无论物价，抑或工资，总体上是一种动态的结构，需要相应的灵活性，戴克里先的“限定”与管制完全否定了灵活性，看似“整齐划一”，实则收效甚微。物价、工资涉及民生和每个人的切身利益，管理乃至管制是必要的，但实践中应更多体现“指导”，百分之百的强制性管制往往适得其反。戴克里先的“限价”与“限定”没有达到预期目的，主要原因之一便是“一刀切”性质的管制，是体现

---

① 巫宝三主编：《古代希腊、罗马经济思想资料选辑》，厉以平、郭晓凌编译，商务印书馆 1990 年版，第 366 页。

皇权意志的管制。

涉及最高工资限定，有必要关注士兵的军饷[①]。诚然，士兵的军饷不属于戴克里先最高工资限定范畴，但透过戴克里先的军饷发放，能够窥测当时帝国的经济形势。三世纪危机期间，“贵金属缺乏，以及货币贬值，导致支付军饷的方式发生变化，士兵的军饷不再是货币……士兵们得到的是食物份额。……这一体制上的先例来自戴克里先。提供给士兵的各种补给包括：油、酒、盐、猪肉和棉花，这些补给可维持士兵一年的生计，被称为粮食供给。”[②] 戴克里先执政时期，除了货币军饷之外，实物军饷扩大到整个军队，解决了军人日常所需，成为皇帝与军队关系重要内容[③]。士兵的实物军饷“足以养家糊口，军人家属的生活水平照理说会大大高于他们原来所居住地区农民的生活水平……”[④] 这种士兵军饷的新的支付方法，决定了戴克里先税制改革的特殊性质。为了应对通货膨胀的种种危机，税赋以实物形式给付。大多数物品直接用以军队供应，其他物品则按市场价格出售[⑤]。士兵军饷的变化，反映了当时帝国的经济形势，和昔日军饷现金支付相比较，无疑是一种落后与退步。因此，“在短短几年时间里，精心设计的敕令就变成了一纸空文。”[⑥]

第五节 其他

戴克里先在推进税制改革、最高限价，以及最高工资限定的同时，还对帝国社会其他生产者实施了强制性限制。其中有代表性的是船主。

---

① 公元300年时，戴克里先治下军团士兵的军饷为每年600第纳里，每逢“四帝”生日、登基周年纪念日等，能得到1250第纳里的赏金。见 A. H. M. Jones, *Roman Empire* 284-602, *A Social Economic And Administrative Survey*, Volume Ⅱ, Oxford, 1964, p. 623。

② J. B. Bury, *History of The Later Roman Empire*, Macmillan & Co., Ltd, 1923, pp. 46-47.

③ Mark Hebblewhite, *The Emperor and the Army in the Later Roman Empire*, *AD* 235-395, Routledge, 2017, p. 93.

④ 厉以宁：《罗马-拜占庭经济史》(上编)，商务印书馆2006年版，第298页。

⑤ ［英］安德林·戈德斯沃司：《非常三百年——罗马帝国衰落记》，郭凯生、杨抒娟译，重庆出版社2010年版，第128页。

⑥ Stephen Williams, *Diocletian and the Roman Recovery*, Routledge, 1996, p. 132.

以罗马为主的一些城市，依赖船运将非洲和埃及的谷物运抵罗马等地。作为一般规律，船主的儿子承袭父亲的职业。戴克里先要求船主运输公共食品，并以这些船主的财产作为对货品安全到达的抵押。他们不仅运输首都人口需要的各种物资，而且还承担士兵粮食供给。这种负担导致船主的儿子另谋出路。但戴克里先强制规定，要求船主的儿子不得脱离父亲的职业。类似的束缚还应用于面包师和食品供应商，公共负担强加在这些人身上。不仅如此，公共工厂的工人也受到了严格的束缚，假如这些工厂的工人逃跑，一旦被查出，便会被投进监狱①。戴克里先之所以这样做，按照厉以宁先生的说法是“生产管制”，管制的目的是解决军队的需求②。因为此时军队士兵的军饷只有一少部分是货币，其余皆为实物。控制了生产，便可解决军需和（实物）军饷问题。

戴克里先实施经济改革过程中，一项不得人心的措施是户籍改革。其主要内容是职业世系：帝国的每一个人都固定在某一职业岗位上，而且终身不得变动，子孙后代也要从事这一职业，除非特别允许③。戴克里先的生产管制，把所有农业、工业生产者全部固定在自己的职业、生产岗位之上。戴克里先经济改革的主要内容是强化对生产和服务的控制。任何领域内，拥有专门技术的熟练工匠强制性地加入基尔特或行会，且父子相因，这些工匠的儿子严格限定在职业范围内④，形成了严重的人身束缚。大批劳动者被法律强制在自己的职业上，无论是军人，或是田间劳作的农夫，还是国家需要的某些职业，如水手、面包师、铸币工匠等，都被束缚在自己的职业领域，与生俱来，不得改变。不唯如此，这些从业者的后代子孙也都束缚在这些职业领域⑤。基尔特、行会成为国家直接控制生产的工具，其成员和后代不得脱离所在职业⑥。这种异常严密的控制乃至人身控制，表面上管制了生产，暂时达到了目

① J. B. Bury, *History of The Later Roman Empire*, Macmillan & Co., Ltd, 1923, p. 58.

② 厉以宁：《罗马-拜占庭经济史》（上编），商务印书馆 2006 年版，第 298 页。

③ 同上书，第 295 页。

④ Pat Southern, *The Roman Empire: from Severus to Constantine*, Routledge, 2001, p. 161.

⑤ *A. H. M. Jones and the Later Roman Empire*, Edited by David M. Gwynn, Boston, 2008, p. 199.

⑥ Stephen Williams, *Diocletian and the Roman Recovery*, Routledge, 1996, p. 135.

的，但实际上限制了人员流动，意味着限制了社会的流动和交流，势必对帝国产生极大的消极作用。

戴克里先的这些改革勾勒出了罗马帝国晚期社会的大致走向，社会的各个阶层都有法律规定或限定的身份，通过身份承担义务，形成了对不同职业群体的严格限制。比如，一个人在罗马城拥有一个磨坊或粮食加工厂，就理所当然地承担着发放赈济面粉的义务，而且不能将工厂遗赠或撤出资本。其他若干职业群体亦然。戴克里先统治之下，禁止一些在为宫廷服务和军队装备工厂中的工人流动或变更职业。戴克里先建设了许多类似的工厂，其中一些工厂设在他的驻跸地尼科米底亚，在这些工厂劳作的劳动者则禁止到其他城市工厂就业。法律强加给这些劳动者群体的唯一义务就是在军队服役，或在都城的工厂做工。此前，已有一些皇帝通过这些手段控制劳动者群体，但戴克里先进一步强化了管制和人身控制，这些劳动者群体的负担更重，承担的各种义务更加复杂。在所有社会群体中，只有士兵和农夫的世袭性最为严格。士兵的后代子承父业，成年后必须投身军伍；农夫的子嗣只能成为农夫（克罗尼，*coloni*），续租土地，承继父业，耕耘稼穑①。戴克里先的这些做法强化了对劳动者的人身控制和限制，减少了各种群体的流动，在很大程度上减少了社会应有的活力。这些控制、管制充分体现了戴克里先统治的君主专制性质，管制的后果是消极的。

戴克里先经济改革内容包罗万象，对生产的管控涉及方方面面，其中各种兵工厂及其配套工厂的建立具有特殊性。在帝国经济结构中，兵工厂与一般工厂不同，关系到军队和国家安危，一直为国家垄断②。有学者认为，戴克里先军事改革内容之一是新建了一批国有兵工厂（*fabricae*）。这些兵工厂由军事部门进行管理，工厂征召技术工人和军队服役一样。戴克里先建立十几座这种兵工厂，多数为继任者承袭。那些坐落在小亚铁矿附近的兵工厂，各自生产专门的兵器。尼科米底亚的兵工

① *Ancient Rome: from Romulus and Remus to the Visigoth Invasion*, edited by Kathleen Kuiper, Britannica Educational Publishing, 2011, p. 175.

② 戴克里先统治时代，所有军队的装备、军需都由政府所属工厂生产。工厂的工人被视为军人，像士兵那样获得给养，且职业世袭。见 Richard S. Cromwell, *The Rise and Decline of the Late Roman Field Army*, White Mane Publishing Company, Inc., 1998, p. 7。

厂生产盾牌和剑，盔甲在恺撒里亚（Caesarea）制造，长枪和矛为西里西亚兵工厂制作。其他一些兵工厂设置在战略意义重要的城市，如东部的安提柯、大马士革（Damascus）、埃美萨（Emesa）①，以及后来在帝国西部希尔米乌姆、萨罗那和提西努姆（Ticinum）建立的兵工厂②。兵工厂的工人被视为军人，职业世袭，领取军饷。每一座兵工厂都受到严格管制，每个工人拥有正常的军人等级，工厂由专门的官吏管理③。与这些兵器工厂相配套，戴克里先还建立其他各种生产斗篷、帽子，以及军队官兵军装的工厂。这些工厂工人的生产条件比较差。生产纺织品的工厂有的是私营，有的则是国有，分布较为广泛。有的设置在小亚，有的建立在多瑙河地区各个行省，如阿昆库姆（Aquincum，位于今天匈牙利境内）、希尔米乌姆、西斯齐亚（Siscia）；有的建立在意大利北部的米兰、拉文纳。在私营工厂中，纺织工人和雇主被迫加入某些联盟，向国家交纳定额产品。国家是丝绸工厂、印染厂和生产宫廷、高官使用的高质量的衣物工厂的垄断经营者。除了上述工厂之外，铸币厂的工人直接由国家管理，因为货币的战略意义丝毫不亚于兵工厂生产的兵器或军装等。一直由国家控制的某些传统生产工厂，如制砖厂、矿山、采石场等生产部门，到4世纪时，全由皇室操控。在这里的劳动者罪犯多于奴隶数量。4世纪，与国家利益不甚紧密的一些生产部门，如玻璃器皿、制陶、家具、装饰品等，逐步组建成专营的法人团体④。这些工厂的兴建或修复，在很大程度上扭转了三世纪危机的经济凋敝，促进了帝国经济形势的好转。

---

① *The Chronicle of John Malalas*, *A Tranlation*, by Elizabeth Jeffreys, Michael Jeffreys, Roger Scott, Melbourne 1986. p. 168.

② 从戴克里先时代开始，所有帝国军队所需武器都由国家掌控的工厂生产。四五世纪之交的一份完整的兵工厂的名单显示，15座兵工厂在帝国东部，20座在帝国西部。帝国西部的兵工厂为专业化生产，如箭镞的生产工厂设置在康卡地亚（Concordia）和马提斯克（Matisco），提西努姆建有一座弓弩工厂，护胸甲则在曼图亚（Mantua，位于今天的意大利北部）生产等等。见 A. H. M. Jones, *Roman Empire* 284-602, *A Social Economic And Administrative Survey*, Volume Ⅱ, Oxford, 1964, p. 834.

③ A. H. M. Jones, *Roman Empire* 284-602, *A Social Economic And Administrative Survey*, Volume Ⅱ, Oxford, 1964, p. 835.

④ Stephen Williams, *Diocletian and the Roman Recovery*, Routledge, 1996, p. 136.

第六节　难言成功的经济改革

戴克里先实施的各项改革中，经济改革是重要的改革，却也是收效甚微的改革。“戴克里先试图强化衰弱的罗马经济，但却没有获得成功。”① 比如，戴克里先曾颁布敕令，试图为稳定货币体系做出进一步努力，但币制改革只是部分地获得了成功，远未达到预期目标。“最高限价敕令”应是戴克里先经济改革的“重头戏”，是遏制通货膨胀的重要措施，但结果限制了物价，扼死了市场，经济更加萧条。西方学术界甚至有人把戴克里先“最高限价敕令”的失败与迫害基督教的失败相提并论②。最高工资“限定”也大致如是，不仅劳动者的生产积极性无从谈起，而且劳民伤财的“限定”并没有给广大劳动者带来福音。戴克里先经济改革的各项措施总体上体现的是“管制”，这些“管制”措施许多内容背离了经济规律、市场规律，表达的是皇帝的主观意志。当这种主观意志与社会经济实践难寻一致时，“管制”的结果必定事与愿违。

戴克里先的“限制”实质上是“管制”，或者说是打着“限制”旗号的硬性管制。“生产管制”是否为戴克里先经济改革的内容，学术界论述无多。但从物价管制、工资管制的角度分析，“生产管制”无疑属于戴克里先经济改革的组成部分。笔者认为，戴克里先的生产管制表现为直接管制与间接管制两方面内容。那些有关职业世袭的规定，可视为间接管制——通过控制生产者，控制生产，以及将农民束缚在土地之上等；而戴克里先建立的掌控兵器工厂、军服生产、兵器工场、黄袍和亚麻制造商的垄断，则属于直接的生产管制③。包括生产管制在内的各种管制（如人身束缚等），为统治者强化统治创造了条件，但管制并不是解放生产力，也没有为发展生产力创造条件。因此，某种意义上讲，戴克里先的各种管制不仅没有推进他所实施的各项改革，反而在很大程度

① Hans A. Pohlsander, *The Emperor Constantine*, Routledge, 1996, p. 10.

② Ibid. , p. 12.

③ Michael P. Speidel, *Riding for Caesar: The Roman Emperors' Horse Guards*, B. T. Batsford Ltd. , 1994, p. 274.

上消解了改革。至于戴克里先为何比从前的皇帝更加严格地实施管制，一个重要的原因在于他把所有的生产资源都纳入到了税收范围内[①]。只有强化管制，才能达到税收的目的。

戴克里先的经济改革涉及诸多经济问题，但这些经济问题绝非单纯的、孤立的经济问题，往往与政治、军事之间存在着纷繁复杂的联系。一如前文所述，戴克里先的币制改革不仅是为了抑制由来已久的通货膨胀，而且与税收、军饷纠缠在一起。或者说，只有稳定了货币，税收与军饷问题方能解决。还比如，戴克里先对各种职业从业者的人身束缚，绝不只是生产的需要，还出于保证兵员之目的。所以，戴克里先的推进各种经济改革措施都不是纯粹的经济措施。透过各种改革措施表象不难发现，所有的改革、“限制”、管制等都是手段，目的是强化君主专制。

关于戴克里先经济改革成效甚微的原因，学术界有不同的观点。有学者认为，币制改革失败的原因在于“缺乏传统和习惯的支持”[②]。笔者以为，这种观点至少是有启迪意义的。戴克里先经济改革的出发点值得肯定，所推进的各项措施不可谓不力。但这些设想和措施是否符合当时的罗马帝国实际情况，却另当别论。“传统和习惯”更多地表现为戴克里先实施经济改革的背景与前提条件。经过三世纪危机的激荡，帝国经济举步维艰，积重难返，戴克里先的经济改革试图在短时间内，通过强制性手段清除积弊，重振帝国经济，难免欲速则不达。

戴克里先在实施各项经济改革时，还忙于平定边境和行省的一系列战事。战争的对手是入侵罗马的外敌或内部反叛势力，主要集中在边境地区和边远行省的边缘地带，远离这些地区的居民生活没有受到影响[③]，故此戴克里先一边忙于战争，一边推进各项经济改革。

---

① Stephen Williams, *Diocletian and the Roman Recovery*, Routledge, 1996, p. 139.

② *Crises and the Roman Empire*, edited by Olivier Hekster, Gerda de Kleijn, Daniëlle Slootjes, Leiden · Boston, 2007, p. 257.

③ Stephen Williams, *Diocletian and the Roman Recovery*, Routledge, 1996, p. 94.

第四章　新的行省体制与结构

戴克里先的各项改革中，行省改革颇具影响力和震撼力[①]。自公元前146年罗马人设置第一个行省——亚该亚行省开始，到戴克里先时代，行省体制已经运行了300余年。进入帝国时代后，不止一个皇帝对行省体制进行过改革，但这些改革与戴克里先的行省改革相比，不过是“小打小闹”，最多“修修补补”而已，鲜有脱胎换骨的“动作”。戴克里先的行省体制改革堪称重构——让行省结构、体制发生了“巨大变化”[②]，帕特·索特恩则以“*Provincial reorganisation*”指代戴克里先的行省改革[③]。戴克里先的行省改革产生了多重影响，但最著名的影响是，既让共和国诞生的原有的行省体制作古，也重新规划了帝国政治版图[④]。论及戴克里先行省改革的原因，中外学者各有议论，但和戴克里先所有的改革一样，行省改革的终极目的仍是为了加强中央集权，强化自己的统治。有论者谓：“戴克里先和君士坦丁的诸项改革确立了绝对的中央集权……”[⑤] 质言之，行省改革是戴克里先加强中央集权的一部分。在具体实施过程中，戴克里先采取的做法集中表现为政府民事权与军事权的分离，即行省总督不再拥有军事权力，同理，军事官吏也不再拥有民事权力。剥离行省总督的军事权，

---

① 关于行省改革的时间，有学者认为改革发生于286年后至300年之前。此间，戴克里先进行了全面的行省改革，行省数量大幅度增加。见 *A Chronology of the Roman Empire*, Edited by Timothy Venning, New York：Continuum, 2011, p. 627。

② Brian Campbell, *The Romans and Their World*, Yale University, 2011. p. 204.

③ Pat Southern, *The Roman Empire：from Severus to Constantine*, Routledge, 2001, p. 163.

④ 和军事改革一样，戴克里先的行省改革的起始时间目前仍模糊不清。

⑤ Aleksander Aleksandrovich Vasiliev, *History of the Byzantine Empire*, 324－1453, vol. I, University of Wisconsin Press, 1952, p. 60.

可以防止尾大不掉；收回军事将领手中的民事权，则避免了军事权力与民政权力纠缠所导致的军事权力过大的威胁。戴克里先治下的行省改革正是沿着这一路径推进的[①]。

第一节 “缩小”行省

戴克里先统治时期，“分”似乎是其主要施政内容：依据“四帝共治”的制度设计，把罗马世界分成四个部分，在此基础上，又继续把原来的行省划分为带有“戴克里先特征”的行省。将原有行省规模“缩小”“拆分”成更多的行省（包括新增），数量增加是戴克里先行省改革的核心内容[②]。3世纪90年代早期，戴克里先打破了几个世纪之前设定的行省边界，将其“划分和切割成小单元”[③]，使行省的管辖空间缩小，帝国行省的数量比从前大约增加了一倍，将原有的50个行省分割成大约100个行省[④]。许多行省一分为二，甚至一分为三——非洲被分割为3个行省，亚洲则拆分为7个。行省疆界的变化和新行省的建立一方面依据实际需要实施；另一方面，从不同角度表现了戴克里先的统治意图。埃及行省的设置，则是多米提乌斯·多米提亚努斯（Domitius Domitianus）反叛的后果[⑤]。这种行省数量突变性改变，通过一个4世纪早期的“维罗纳名单”（*Verona List*）——一个行省简要名录——得以反映[⑥]。戴克里先还把“缩小”了的行省，按地域相邻原则归属新设置的

---

① 也有学者从经济的角度阐释戴克里行省体制重构的原因，认为通过对帝国整体生产能力的管控，对扩张的官僚体制、大规模增加的军队提供支持。见 Charles Matson Odahl, *Constantine and the Christian Empire*, Routledge, 2004, p. 44。

② 戴克里先“拆分”行省的具体时间尚未确定。学术界认为，“拆分”行省是一个持续时间比较长的过程。

③ *The Cambridge companion to the Age of Constantine*, edited by Noel Lenski, Cambridge University Press, 2006, p. 46.

④ 关于戴克里先设置新行省的数量，未见统一说法。有的著作中认为是96个；有的学者认为是120个。

⑤ Jill Harries, *Imperial Rome, AD 284 to 363: The New Empire*, Edinburgh University Press Ltd., 2012, pp. 51-52.

⑥ 维罗纳名单出现于君士坦丁统治初年。见 Danielle Slootjes, *Governor and His Subjects in the Later Roman Empire*, Brill, Leiden · Boston, 2006, p. 17。

12 个行政区（*dioceses*）——管理各个行省的行政机构[①]：东方、本都、亚洲、色雷斯、莫西亚、潘诺尼亚、不列颠、高卢、文内西斯（Viennensis）、意大利、西班牙和非洲[②]，东方 6 个，西方 6 个。拉克坦提乌斯声称，戴克里先的行省改革把旧有的行省“切成了碎片”[③]。戴克里先缘何要重新划分行省？学术界的一种观点认为：一是为了加强对行省的控制；二是为减少或降低行省反叛中央政权的可能性[④]。学术界另一种观点耐人寻味：“缩小”与“拆分”有利于阻止行省势力强大，以避免手握兵权的行省总督与中央政权分庭抗礼[⑤]，降低乃至避免尾大不掉的可能。三是经济危机期间，行省军团动辄举兵反叛中央政权的史实，给戴克里先留下的印象是深刻的。尤其是戴克里先本人即出身行省，后以军事将领身份登基，对强化控制行省、剥夺行省总督兵权的重要意义有切身的体会和更清醒的认识。通过“分割”“缩小”原有行省，以及新增加一系列行省，戴克里先达到了加强控制行省之目的。从前的行省数量少，管辖地域广阔，总督手中握有诸多权力，过大的权力容易对中央政权产生威胁。一些大的行省总督在自己所掌控军队的支持下，热衷觊觎帝王之位，离心力呈加大之势。戴克里先希望消除原有大行省政治上的威胁，决定把原有地域宽阔的行省分割成为空间较小的行省[⑥]。因此，戴克里先的行省改革突出了“缩小”“拆分”。

与戴克里先其他经济改革不同的是，行省数量的增加是一个渐进的

---

① *dioceses* 一词来自希腊语。西塞罗经常以这个词指代亚洲的司法管辖区（Theodor Mommsen, *A History of Rome under the Emperors*, English translation by Clare Krojzl, Routledge, 1996, p. 324.）。另，不止一位西方学者在著述中提及此事时，都认为戴克里先设立了 13 个大的行政区。不清楚依据何在。

② *The Cambridge Companion to the Age of Constantine*, edited by Noel Lenski, Cambridge University Press, 2006, p. 185.

③ *A Companion to the Roman Empire*, edited by David Potter, Blackwell Publishing Ltd., 2006, p. 202.

④ Pat Southern, *The Roman Empire: from Severus to Constantine*, Routledge, 2001, p. 167.

⑤ William E. Dunstan, *Ancient Rome*, Rowman & Littlefield Publishers, Inc., 2011, p. 428.

⑥ 关于戴克里先“缩小”“分割行省”的原因，有西方学者认为，原来的行省过于庞大，只设置一个政府难以管辖（Charles Seignobos, *History of the Roman People*, Henry Holt and Company, New York, 1902, p. 392.）。这种观点是否合理，有待商榷。这种分析和某些学者所论戴克里先实施“四帝共治”的初衷如出一辙。

过程，并非通过一道敕令，短时间内改变了帝国行省的数量及结构。其实，拆分行省不是戴克里先的“首创”。三世纪危机期间，戈尔迪安三世（Gordian III）统治时，伊苏里亚、安纳托利亚便从西里西亚分离出来；奥莱里安建立的新达契亚行省，则是从莫西亚行省“切割”的部分领土构成。在301—305年再次成为独立行省之前，3世纪60年代，卡利亚和弗里吉亚则已脱离了亚洲行省。由此可知，“拆分”行省，戴克里先之前已有人实践，只是没有在整个帝国铺开。“四帝共治”时代，戴克里先通过改革压缩了原有的许多行省的规模。例如，著名的本都分成了两个行省：本都-波利莫尼亚库斯、迪奥斯本都斯。色雷斯则在戴克里先重组行省过程中，分成了一系列小规模的行省（拜占庭时代划分为四个行省）。许多原来小规模的行省没有变化。戴克里先拆分行省开创了一个新的先例，在他之后，行省的“分割”仍在继续①。君士坦丁独揽皇权后，继承戴克里先拆分行省的改革做法，行省数量在戴克里先划分的基础上有新的增加。

设置大的行政辖区（Diocese），是戴克里先在行省体制改革，或者说是帝国行政改革的一项前所未有的区划设置，是一个比先前行省更大的行政辖区。就功能和职能而言，大行政辖区是一种居于朝廷和地方行省之间的机构设置。② 这些大的行政区，通常由相邻的、已经被戴克里先“缩小”的行省构成。③ 蒙森认为，设置大行政区的原因可能与近卫军长官职权的增多有关。④ 如果认同蒙森的观点，大的行政辖区的设置似乎含有“因人设职”之意。

戴克里先新建12个行政区（东西部各6个）所辖新设置行省名称如表4-1所示⑤。

① *A Companion to the Roman Empire*, edited by David Potter, Blackwell Publishing Ltd., 2006, p. 202.

② Lesley Adkins and Roy A. Adkins, *Handbook to life in ancient Rome*, Facts On File, 1983, p. 46.

③ J. B. Bury, *History of The Later Roman Empire*, Macmillan & Co., Ltd, 1923, p. 25.

④ Theodor Mommsen, *A history of Rome under the emperors*, English translation by Clare Krojzl, Routledge, 1996, p. 313.

⑤ 戴克里先之后，罗马帝国的行政区数量、名称发生了较大变化。

表 4-1

东方	东方： 赫拉库里亚埃及（Aegyptus Herculia）、约维亚埃及（Aegyptus Iovia）、阿拉比亚（Arabia）、奥古斯塔-幼发拉底西斯（Augusta Euphratensis）、奥古斯塔-黎巴嫩西斯（Augusta Libanensis）、西里西亚（Cilicia）、塞浦路斯（Cyprus）、伊苏里亚（Isauria）、下利比亚（Libya Interior）、上利比亚（Libya Superior）、美索不达米亚（Mesopotamia）、奥斯若恩（Osrhoene）、巴勒斯坦（Palaestina）、腓尼基（Phoenica）、叙利亚-科罗（Syria Coele）、底比斯（Thebais） 本都： 小亚美尼亚（Armenia Minor）、彼泰尼亚（Bithynia）、卡帕多西亚、（Cappadocia）、迪奥斯本都斯（Diospontus）、加拉提亚（Galatia）、帕夫拉戈尼亚（Paphlagonia）、本都-波利莫尼亚库斯（Pontus Polemoniacus） 亚洲： 亚细亚（Asia）、卡利亚（Caria）、赫勒斯滂（Hellespontus）、吕西亚和潘菲利亚（Lycia and Pamphylia）、吕西亚（Lydia）、第一弗里吉亚（Phrygia I）、第二弗里吉亚（Phrygia II）、匹斯蒂亚（Pisidia） 色雷斯： 欧罗巴（Europa）、赫米蒙图斯（Haemimontus）、第二莫西亚（Moesia II）、罗德皮（Rhodope）、西徐亚（Scythia）、色雷斯（Thrace） 莫西亚： 亚该亚（Achaea）、达契亚（Dacia）、达尔达尼亚（Dardania）、埃皮鲁斯-维图斯（Epirus Vetus）、马其顿（Macedonia）、第一莫西亚（Moesia I）、普莱瓦利塔纳（Praevalitana）、帖撒利（Thessalia） 潘诺尼亚： 达尔马提亚（Dalmatia）、地中海诺里库姆（Noricum Mediterraneum）、诺里库姆-利彭斯（Noricum Ripense）、第一潘诺尼亚（Pannonia I）、第二潘诺尼亚（Pannonia II）、萨维亚（Savia）
西方	非洲： 拜萨西恩（Byzacena）、毛里塔尼亚-恺撒里恩西斯（Mauretania Caesariensis）、毛里塔尼亚-塔比那（Mauretania Tabia）、努米底亚-瑟尔提西斯（Numidia Cirtensis）、努米底亚-米里塔纳（Numidia Militana）、普劳孔斯拉里斯（Proconsularis）、的黎波里塔尼亚（Tripolitania） 西班牙： 迦太基（Carthaginiensis）、贝提卡（Baetica）、高卢（Gallaecia）、卢西塔尼亚（Lusitania）、毛里塔尼亚-廷吉塔纳（Mauretania Tingitana）、塔拉戈南西斯（Tarraconensis） 文内西斯： 阿尔卑斯-马尔提姆（Alpes Maritimae）、第一阿奎塔尼卡（Aquitanica I）、第二阿奎塔尼卡（Aquitanica II）、第一纳尔博南西斯（Narbonensis I）、第二纳尔博南西斯（Narbonensis II）、维也纳西斯（Viennensis） 高卢： 第一贝尔吉卡（Belgica I）、第二贝尔吉卡（Belgica II）、上日耳曼尼亚（Germania I）、下日耳曼尼亚（Germania II）、第一鲁杜南西斯（Lugdunensis I）、第二鲁杜南西斯（Lugdunensis II）、赛卡尼亚（Sequania） 不列颠： 布列塔尼亚（Britannia）、马克西玛-恺撒里恩西斯（Maxima Caesariensis） 意大利： 艾米利亚（Aemilia）、阿尔卑斯-科提埃（Alpes Cottiae）、阿尔卑斯-格莱雅（Alpes Graiae）、坎帕尼亚（Campania）、科西嘉（Corsica）、弗拉米亚（Flaminia）、利古里亚（Liguria）、第一莱提亚（Raetia I）、第二莱提亚（Raetia II）、撒丁尼亚（Sardinia）、西西里（Sicilia）、图斯齐亚和翁布里亚（Tuscia and Umbria）、威尼西亚和伊斯特里亚（Venetia and Istria）

上表根据 Matthew Bunson, *Encyclopedia of the Roman Empire*（revised edition）, New York, 2002, p. 175 内容整理。

大的行政辖区的设置，在实践中到底发挥了怎样的作用，是一个需要深入探讨的问题。设置大的行政辖区，可视为对元首制的否定。就管理体制而言，帝国的管理体制，由原来的帝国中央政权—行省的二级管理模式，变成了中央政权—大的辖区—行省三级管理模式，辖区居中央政权与行省之间，堪称承上启下。这种新的管理模式增加了管理的层次，各级官吏构成的官僚机构随之庞大，权力和管理的运营成本必然增加。有学者认为，理论上讲，戴克里先的官僚机器使皇帝更有效地管理帝国①。至于是否提高了效率，需要进一步考量。新设置的官职与机构，对帝国社会最直接的影响是，政府开支大幅度增加，平添了经济负担。然而，大的行政辖区只是戴克里先当政期间的行政建制，君士坦丁登基后，便废弃了这种行政区划分，将帝国划分为更大的辖区：高卢、意大利、伊里利库姆和东方四个大的行政区。

涉及戴克里先“拆分”原有行省的原因，除了前文的讨论外，一种比较流行的观点和戴克里先推行“四帝共治”的原因基本一致：原有的行省幅员辽阔，公务繁多，总督一人要处理行政、民事、司法、税收等多项事务，困难重重。比如，原来的亚洲行省总督一人管辖250座左右的大小城市，城市官吏处理的一系列诉讼，交由总督一人审理②，显然难以应付，于是，把原有的行省“拆分成容易掌控的单元”③。戴克里先推进税制改革，税收是行省总督的重要职责，行省规模过于庞大，不利于完成税收额度。这些分析有一定的道理，但却忽略了此时的行省体制是“多米那提”制下的行省体制，是建立在否定元首制基础上的行省体制。更应看到，“缩小”“拆分”行省仅仅是手段，戴克里先的目的是通过行省体制的重建增强帝国的向心力，克服离心力。

① Adrian Goldsworthy, *How Rome Fell, Death of a Superpower*, Yale University Press, 2009, p. 168. 维卡由皇帝任命和调动，维卡的各项决定，皇帝有权推翻或否定。从维卡的任命可以看出戴克里先统治的集权制特征。此时的维卡一定是戴克里先及其“共治”皇帝信任的人。

② Stephen Williams, *Diocletian and the Roman Recovery*, Routledge, 1996, p. 105.

③ Ibid., p. 141.

第二节　变革行省管理体制

部分新设置的12个大的行政区由“大行政区总督”——维卡（*Vicar*）[1] 管理。蒙森认为，维卡是近卫军长官的代理人。但近卫军长官只是宏观意义上的管理，并没有具体管辖个别区域[2]。12个行政区中，意大利属于特例：设两名维卡，一人负责意大利北部，另一人负责南部意大利，与罗马城及其城市长官保持联络。维卡向近卫军长官负责，因此，维卡被称为“近卫军长官的维卡”（*Vicar of the Praetorian Prefects*），而非“行政长官的维卡”（*Vicar of the Prefect*），基本职责是监督行省总督[3]。但不是所有新建行省都设置维卡，非洲和亚细亚两个行省是两个例外，由皇帝直接掌控，皇室派官员行使管理权[4]；埃及则是另一个特例。虽然管辖埃及的官吏是维卡，但却名曰埃及长官（*Prefect of Egypt*）[5]。戴克里先让马克西米安管辖意大利，两位恺撒分别掌管伊里利库姆[6]和高卢——加莱里乌斯管辖伊里利库姆，君士坦提乌斯负责高卢[7]。大行政区及其维卡的设置，贯彻了戴克里先的统治理念，即这些

① *vicar*，即副近卫军长官，是帝国的官员，但不是行政长官。维卡下设两名骑士阶层的财政官吏：*rationalis*、*magister rei privatae*〔M. Cary，H. H. Scullard，*A History of Rome*，*Down to the Reign of Constantine*（Third Edition），The Macmilan Press Ltd，1975，p. 530.〕。另，*vicarius* 的书面意义是“代理人”。帝国早期，当行省总督偶然故去，或离开行省时，指定一个官吏代表行省总督行使权力，此人便是“*vicarius*”。但戴克里先把“*vicarius*”变成了永久性官职。*vicarius* 亦为骑士阶层。

② Theodor Mommsen，*A History of Rome under the Emperors*，English translation by Clare Krojzl，Routledge，1996，p. 340.

③ Pat Southern，*The Roman Empire*：*from Severus to Constantine*，Routledge，2001，p. 165.

④ Matthew Bunson，*Encyclopedia of the Roman Empire*（revised edition），Facts On File，Inc. New York NY 10001，2002，p. 580.

⑤ Theodor Mommsen，*A History of Rome under the Emperors*，English translation by Clare Krojzl，Routledge，1996，p. 313，p. 339.

⑥ 伊里利库姆由达尔马提亚、潘诺尼亚和上莫西亚等行省组成。见 *The Cambridge Ancient History*，Second Edition，Volume XII，The Crisis of Empire，a. d. 193 - 337. Cambridge University Press，2008，p. 43.

⑦ J. C. L. De Sismondi，*Fall of the Roman Empire*，*Comprising A View of the Invasion and Settlement of the Barbarins*，Londun，1834，p. 44.

维卡仅有民事行政权，没有军事指挥权。

戴克里先的行省管理体制改革总的特点可简单归结为“行省缩小，总督增多”。新设置的、缩小的行省仍由总督统辖，但总督的地位、称谓有所变化。埃及行省总督与众不同的称谓是“皇家行政长官”（*praefectus Augustalis*），意大利“行省”总督称为“督察”（*correctores*）。和奥古斯都时代一样，每一个新设置的小规模的亚洲、非洲的行省总督依然由代行执政官出任①。新设置的行省总督已经没有了军权，但拥有司法权，在监管税收方面向维卡里乌斯负责。戴克里先治下的元老在参与管理和参与政府方面，地位降至最低点，重组的行省将大多数元老排除在外，原有的元老院行省总督几乎绝迹②，到305年时，元老出身的行省总督彻底销声匿迹③；元老只在罗马和意大利还能够出任高级官职，以及在其他管理部门任职，这些职位包括新建立的意大利各个行省的总督（“督察”），独立城市的长官等。较为成功的元老仍能继续出任亚洲和非洲的代行执政官职位，但此时的行省规模已大为缩减，权限自然随之缩小。元老所能担任的最有权势的官职是罗马城市长官，负责罗马城及其周围地区。差不多每一个行省都有一个骑士阶层的总督（*praeses*，拉丁语意为主持者、负责人等），但其军事职能被剥夺，主要处理法律和税收等事务④。因此，戴克里先在推进行省改革过程中，不仅“边缘化”了传统的权势阶层——元老阶层，也淡化了骑士阶层的地位。然而，无论权力结构、范围有何种变化，行省总督仍是“帝国权威在行省的代表”⑤；总督作为行省最高行政长官的地位没有动摇。

戴克里先的行省改革，除了行省数量增多之外，一个重大变化是改变了原来行省的归属模式。自奥古斯都以来，罗马帝国行省分为两类：

---

① Jill Harries, *Imperial Rome, AD 284 to 363: The New Empire*, Edinburgh University Press Ltd., 2012, p. 51.

② M. Cary, H. H. Scullard, *A History of Rome, Down to the Reign of Constantine* (Third Edition), The Macmilan Press Ltd, 1975, p. 528.

③ Stephen Williams, *Diocletian and the Roman Recovery*, Routledge, 1996, p. 107.

④ *The Cambridge Companion to the Age of Constantine*, edited by Noel Lenski, Cambridge University Press, 2006, pp. 46-47.

⑤ Danielle Slootjes, *Governor and His Subjects in the Later Roman Empire*, Brill, Leiden · Boston, 2006, p. 3.

一类为元首行省；另一类为元老行省。戴克里先重新划分了行省的版图，取消了两类行省的区别，所有行省一律由戴克里先管辖，“所有的行省都向皇帝负责”①。帝国历史上，元老行省变成元首行省早在哈德良时代即已存在。其时，因驻扎军队的需要，元老行省变为元首行省。例如，彼泰尼亚和本都尽管不是边境行省，但也需要军队驻防。帝国历史上，曾有过元首行省变成元老行省的案例。撒丁尼亚原为元老行省，后转变为元首行省，是唯一一个军队驻防的行省，尽管只有两个战斗力强大的（军团）大队驻防，但却是特例。帝国时代，元老行省的数量呈逐年递减之势，到了戴克里先时代，元老行省只剩下亚该亚、亚洲和非洲②，可谓“硕果仅存”。总体而言，传统的元老行省呈逐渐减少、元首行省呈增多趋势，反映出皇帝的权力日益加强。戴克里先则在前辈的基础上，使元老行省进一步“边缘化”，彰显了戴克里先“多米那提”制的特色。在“四帝共治”体制下，帝国分成东西两部分，分由两个奥古斯都掌控。奥古斯都直接管辖若干行省，其余行省交由其副手恺撒管理。

新设置行省的总督地位没有变化，但职权大为削减，仅限于民事领域。行省总督的任期不是固定的，一般情况下任期不超过 2 年，且通常不得在所辖行省中产生。由于任职时间短暂，轮换频次高，往往是新的行省总督刚上任，下一届总督人选便已提名。行省总督任期为何如此短暂，历史学家分析说，这样做的目的，是使总督在短时间内没有机会培植反叛中央政权势力。行省居民与总督尚未熟悉时，便又来了新任总督。③ 如此频繁地轮换总督，使总督与行省居民之间始终保持着“陌生”感，反叛的概率会随之降低。除了频繁更换行省总督之外，从戴克里先开始，各个行省总督的权力仅限于司法和行政管理④，这一点可视

---

① Aleksander Aleksandrovich Vasiliev, *History of the Byzantine Empire*, 324-1453, vol. I, University of Wisconsin Press, 1952, p. 63.

② Theodor Mommsen, *A History of Rome under the Emperors*, English translation by Clare Krojzl, Routledge, 1996, p. 310.

③ Lukas de Blois, Peter Funke, Johannes Hahn, *Roman Empire*, 200 *B. C.* - *A. D.* 476, Brill, Lieden · Boston, 2006, p. 222.

④ Aleksander Aleksandrovich Vasiliev, *History of the Byzantine Empire*, 324-1453, vol. I, University of Wisconsin Press, 1952, p. 63, p. 63, p. 64.

为戴克里先行省改革的最大创新。此前，行省总督集军事、民事等诸项大权于一身，特别是拥有军事权，容易“将在外君命有所不受”，存在着对中央政权构成威胁的条件和潜在因素。“戴克里先将军事权与行政民事权分离之后，行省总督花在法庭判决方面的时间大大多于从前。”①与行省规模缩小相一致，行省总督的权限大为削弱。在一些规模较小的行省，行省总督所管辖的范围十分有限②。行省数量增多的一个后果是，越来越多的人跻身总督官职③——行省数量增多，导致行省总督人数剧增，管理机构随之膨胀。管理机构设置方面，“上行下效”，各个行省都有自己的官僚机构，现有行省官员人数较之从前大幅度增加，每一个行省都有大批帝国官吏。三世纪危机之后，罗马帝国中央政权和行省官僚机构增加、官僚人数的膨胀，始作俑者当为戴克里先。“后期罗马帝国是一个官僚政治的国度”④，无疑是帝国从中央到地方官僚机构的真实写照。

戴克里先的行省改革主要是出于政治上的考虑，通过增加行省数量等措施，强化对行省控制，进而减少对中央政权的威胁。所以，人们看重和强调的是，“戴克里先不只是关心行省的数量，还通过最终分离军事权和行政权，打破了传统。”⑤ 经过戴克里先的改革，从前那种拥有三四万军队规模的庞大行省不复存在⑥。这也是学术界所论“双重”体制的直接体现⑦，即实现了军权与行政权的分离。正是从戴克里先开始，每一个行省拥有了两个重要官吏：一个是掌管行政、

① Danielle Slootjes, *Governors and Their Subjects in the Later Roman Empire*, Brill, Leiden · Boston, 2006, p. 31.

② Ibid. , p. 25.

③ Ibid.

④ Maureen Carroll, *Romans, Celts & Germans, The German Provinces of Rome*, Tempus Publishing Ltd, . 2005, p. 134.

⑤ H. Stuart Jones, *The Roman Empire, B. C. 29 - A. D. 476*, New York, G. P. Putnam's Sons, London: T. Fisher Unwin, 1908, p. 365.

⑥ ［英］安德林 · 戈德斯沃司：《非常三百年——罗马帝国衰落记》，郭凯生、杨抒娟译，重庆出版社 2010 年版，第 126 页。

⑦ Chris Scarre, *Chronicle of the Roman Emperors: the Reign-by-Reign Record of the Rulers of Imperial Rome*, Thames and Hudson, 1995, p. 202.

民事的总督，另一个则是握有军权的“杜克斯（*dux*）”[①]。与传统的行省体制相比，经过戴克里先改革，新的“缩小”了的行省各方面变化是巨大的。从前的行省总督要么封疆大吏，要么一方诸侯的地位彻底丧失。行省总督权限遭削弱的同时，在帝国政治舞台上的地位大大降低。英国著名史家伯里非常形象地说明了行省总督在帝国官职序列中的地位：皇帝处于最高级，行省总督是最低级，中间是近卫军长官和维卡里乌斯[②]。然而，戴克里先的类似改革只是限制了行省总督利用手握兵权犯上作乱，不等于根除了内乱的根源，依然有“治标不治本”之嫌。尽管如此，“行省总督依然是帝国权力在行省的最重要的代理人”[③]，这一地位没有发生根本动摇，也就是说，即使是专制君主也需要依赖总督治理行省。戴克里先之前，行省总督多为代行执政官（*pro-consul*）。戴克里先改革之后，只保留了两个：亚洲和非洲行省，后在4世纪初又增加了第三个——亚该亚[④]。总之，戴克里先治下的行省总督军权与行政权彻底分离，这一举措是对传统行省体制颠覆性的改革。

在拆分旧行省、设置新行省过程中，戴克里先对意大利给予了特殊的关注，意大利由一个非常重要的地区变成了一个行省[⑤]。“3世纪末，戴克里先彻底完成了意大利变成编入和其他行省几无二致的若干地区的进程……这些新设置的地区是‘图斯西亚（Tuscia）和翁布里亚（Umbria）’，合并了古老的伊达拉里亚和翁布里亚多数地区。”[⑥] 意大利正式出现在帝国行省的名录中，而且被分割成若干规模较小的行省。卡拉卡拉皇帝曾把公民权扩大到行省的每一个自由人，却没有彻底消除意大

---

① Danielle Slootjes, *Governors and Their Subjects in the Later Roman Empire*, Brill, Leiden · Boston, 2006, pp. 2-3.

② J. B. Bury, *History of The Later Roman Empire*, Macmillan & Co., Ltd, 1923, p. 28.

③ Danielle Slootjes, *Governors and Their Subjects in the Later Roman Empire*, Brill, Leiden · Boston, 2006, p. 3.

④ Ibid., p. 20.

⑤ Aleksander Aleksandrovich Vasiliev, *History of the Byzantine Empire*, 324-1453, vol. I, University of Wisconsin Press, 1952, p. 64.

⑥ Raymond Van Dam, *The Roman Revolution of Comstantine*, Cambridge University Press, 2007, p. 25.

利与行省之间的差异[①]。长久以来，意大利因罗马城地位异常重要。在法律上，意大利是罗马城的一部分，享有诸多特权。作为帝国的心脏地区，从未有皇帝将意大利设置为行省。在意大利设置行省，反映出的事实是：伴随着都城罗马的“边缘化”，意大利也难逃“边缘化”境遇。戴克里先彻底消除了意大利与其他行省之间的差别，意大利随之失去了长久以来的特权地位[②]。除了意大利之外，非洲行省的地位也大大降低，其空间范围仅限于迦太基及其周围地区。亚洲行省的命运和非洲行省一样，仅由以弗所及其附近地区构成。戴克里先行省改革的突出特点是行省地理空间范围缩小，传统的行省政治地理空间彻底改变。

依“四帝共治”的制度设计，戴克里先把帝国分成了两部分，在皇帝与行政区、行省长官之间还设有一个特殊的官吏——被戴克里先剥夺了军事权力的近卫军长官。原有的近卫军长官许多时候为一人，此时则因为帝国分为东西两部分，所以，近卫军长官随之设置为二人——帝国东西部分各设置一人，后因“四帝共治”增加至四人。但这种划分仅仅是地理空间意义上的，而非专门性官职；只有司法权，没有军事权。帝国西部的近卫军长官握有西部地区的司法权，空间范围限制在高卢、西班牙和不列颠，东部近卫军长官的司法权覆盖意大利、非洲和伊里利库姆[③]。

戴克里先行省改革的一项重要内容是剥离了原有行省总督的军事指挥权，将行省军队的指挥权交给了新设置的“杜克斯”（*dux*）[④]。尽管戴克里先治下还有诸多骑士出任行省总督，但绝大多数已被剥夺了军权。戴克里先这种行政权、民事权与军事权分离的“双重”体制理念，

---

① William F. Allen, *A Short History of the Roman People*, Published by Ginn & Company, 1890, p. 297.

② Theodor Mommsen, *A History of Rome under the Emperors*, English translation by Clare Krojzl, Routledge, 1996, p. 198, p. 317.

③ Ibid., p. 317.

④ *dux* 的复数为 *duces*，该词汇于 3 世纪初为人所知，但并不是一个严格意义上的官衔，通常用于某些特殊使命，如指挥运输混合部队，或临时充填有影响的职位等。戴克里先将 *dux* 设置正式官职，从他开始，*dux* 作为一个官职表示较高的官阶，并且只授予经验丰富的职业军官（Pat Southern, *The Roman Empire: from Severus to Constantine*, Routledge, 2001, p. 270.）。下文军事改革章节有具体讨论。

在不同领域的改革过程中得以体现。新设置的“杜克斯”掌控某些行省的军队（有时掌管几个行省的军队），是这些行省的军事指挥官，而将行省总督的权力限定在民事、行政管理①，以及治安、税收、财政等领域。在为数有限的设防边境行省，戴克里先不仅区别对待，而且扩大了总督手中的军事权力②。戴克里先这种区别对待的做法，体现了统治策略的灵活性，与他重视边防有直接关系。

行省规模缩小的同时，各个行省的城市地位也呈下降之势。“城市失去了自治权，城市库里奥（*curiales*）在总督的掌控下，管理城市，征收税赋。”③ 但帝国政府仍然依赖为帝国服务的自治城市的元老院进行统治。自治城市的元老院不仅负责税收，而且还负责征兵、城市治安、为驻军提供食宿、修筑公路等④。与戴克里先行省改革相伴随，城市的自治程度有所降低，但行省城市在帝国经济结构、政治结构中的作用并未降解。

第三节　行省改革的后果与影响

戴克里先行省改革的一个直接后果，是行省数量和各种地方官员的数量同时增多。戴克里先当政期间，宫廷官僚机构膨胀，地方官员数量相应地大幅度增加。但“相比一世纪和二世纪，他们管辖地域要小得多”。“和前几个世纪相比，现在有了更多的行省和地方官员，他们每个人都拥有更多的下属，这导致了各个地区帝国官僚数量的急剧增加。”⑤ 行省各级官员人数增加，是“上行下效”的必然结果——宫廷有什么官僚机构设置，行省也一定设置与中央政权相对应的机构

① *The Cambridge History of Greek and Roman Warfare*, Volume II, Rome from the late Republic to the late Empire, 2008, p. 273.

② M. Cary, H. H. Scullard, *A History of Rome*, *Down to the Reign of Constantine* (Third Edition), The Macmilan Press Ltd, 1975, p. 528.

③ *Ancient Rome*: *from Romulus and Remus to the Visigoth Invasion*, edited by Kathleen Kuiper, Britannica Educational Publishing, 2011, p. 173.

④ Ibid., p. 175.

⑤ ［英］安德林·戈德斯沃司：《非常三百年——罗马帝国衰落记》，郭凯生、杨抒娟译，重庆出版社 2010 年版，第 126 页。

(人员)，重复设置在所难免。比如，戴克里先的宫廷设置了一个负责公共事务的机关，其余“三帝”的宫廷必然仿而效之，设置同样的机构。行省则步各个宫廷后尘，纷纷在行省首府所在地设置相同的机构[①]。由于行省数量大幅度增加，各种名目的官僚机构大幅度增加。因此，官僚机构臃肿，人数增多，构成了戴克里先行省改革的一大特点。

由于没有统一的设计，戴克里先的这种行省划分更像一种“权宜之计”[②]。但不可否认的是，这种“权宜之计”却是对传统行省体制的颠覆，对后世产生了较大影响，君士坦丁大帝的行省改革便是建立在戴克里先行省改革基础之上的。划分行省不是戴克里先的创造，但戴克里先比他的前辈进行了更加宽泛、更加彻底的行省重组[③]，行省数量前所未有。自戴克里先之后，后世皇帝一再效仿戴克里先，继续增加行省数量，规模则进一步缩小，行省总督再也没有从前那种强大的军政权力。因行省总督失去了军权，曾经发生的行省总督挟兵篡夺中央政权、尾大不掉等现象，在4世纪和5世纪没有发生[④]。这一点应视为戴克里先行省改革的积极后果。

行省体制改革是戴克里先当政期间各项改革的重要组成部分。考察戴克里先的种种作为及其新的行省体制，不难发现，其中的“关键词”是“分”或“分割”：先是将皇帝的权力一分为四，再将原有的50个左右的行省分割成为百余个“缩小”的行省，重新划定了行省边界，重新规划了帝国的政治版图。西方学者以“分切与罗马帝国覆亡”为视角，讨论了“分切”与罗马帝国覆亡的关系。认为庞大的帝国如果不进行“分割”“切分”，就无法进行有效管理。但经过戴克里先“分割”的各种区域并没有成为严格的、专门的管理区域，“四帝”分享权

---

① H. Stuart Jones, *The Roman Empire*, *B. C.* 29 – *A. D.* 476, New York, G. P. Putnam's Sons, London: T. Fisher Unwin, 1908, p. 372.

② Jill Harries, *Imperial Rome*, *AD* 284 *to* 363: *The New Empire*, Edinburgh University Press Ltd., 2012, p. 51, p. 50.

③ *The Cambridge Companion to the Age of Constantine*, edited by Noel Lenski, Cambridge University Press, 2006, p. 46.

④ Pat Southern, *The Roman Empire*: *from Severus to Constantine*, Routledge, 2001, p. 167.

力是建立在自愿和相互支持基础之上的[①]。类似论说实际上揭示的是新的行省体制的政治背景，或“分”的根源，忽视了“分”“缩小”的终极目的是为了迎合“多米那提”制，为的是减少地方行省与中央政权敌对的可能性。

“四帝共治”、行省改革透露出的重要信息是：“分”似乎是理解戴克里先作为的重要结点。戴克里先的行省体制改革总体上是成功的，行省治理和司法管理成效显著，边防巩固，遏止了帝国内部离心力增大势头，行省反叛机会大为降低。作为行省体制改革的一个重要结果，元老行省被废止，在统治机构内剥离了元老院[②]。这些变化表达的是戴克里先对帝国重建的影响和意义，说明的是集权统治的威慑力。

---

① R. James Ferguson, The Division and Fall of the Roman Empire, *Journey to the West*: *Essays in History*, *Politics and Culture*, 2006.

② Stephen Williams, *Diocletian and the Roman Recovery*, Routledge, 1996, p. 109.

第五章　军事改革与边防体系重建

罗马历史上，从共和国到帝国，各种军事改革不乏先例。这些改革不论出于何种动机，最终目的只有一个：通过强军加固政权的支柱。戴克里先实施军事改革时，情况已大不相同，经过三世纪危机血雨腥风的洗礼，军队“有害”成分日渐增多，支柱的“基础”发生“松动”，戴克里先无法继续依恃这样一支军队维持统治，稳定帝国，改革势在必行。此外，三世纪危机期间，国内的冲突、叛乱不断，蛮族对帝国边境的入侵越来越频繁，危害程度越来越高，凸显了军队地位的重要性①。戴克里先军事改革的核心内容是军队的改组与改革，三世纪危机期间军队的种种作为已经说明，“改组军队是非常必要的，既是边境威胁的要求，也是镇压农民起义、巴高达运动，以及埃及的反叛的需要。”② 所以，戴克里先在推进经济改革时，没有忘记军事改革。有论者谓，在戴克里先诸项改革中，最重要的改革是军事改革③。原因在于，包括军队改革在内的军事改革事关戴克里先统治，事关帝国命运走向，重要性无需赘言。

戴克里先职业军人出身，崛起于乱世，谙熟罗马军队、军事方方面面。当然，更重要的是，在戴克里先登基的年代，无论是平定边界，抗击外敌，还是绥靖行省，强大的军队必不可少；推行“多米那提”制，军队作为靠山和保障作用无可替代。抗击外敌，维护边防，镇压内部各

---

① Emilija Stankovic, Diocletian's Military Reforms, ACTA UNIV. SAPIENTIAE, *Legal Studise*, 1, 1 (2012), p. 130.

② Theodor Mommsen, *A History of Rome under the Emperors*, English translation by Clare Krojzl, Routledge, 1996, p. 325.

③ Stefan G. Chrissanthos, *Warfare in the Ancient World: from the Bronze Age to the Fall of Rome*, Greenwood Publishing Group, Inc., 2008, p. 178.

种反叛，军队亦堪称“利器”。三世纪危机期间，军队种种恶劣表现，以及内忧外患的现实，已经证明原有的军队难以依赖。总括而言，帝国内部、外部环境，以及军队三世纪危机期间的消极作为，促使戴克里先对军队进行改革，对传统军事制度进行大刀阔斧的改革。到戴克里先时代，奥古斯都创建的军事体制，运行了数百年，元首制时代的军事体制、军队体制已难以适应“多米那提”制，亦无法与“四帝共治”相适应，各种弊端一再显露，改革势在必行。

19 世纪末的历史学家艾伦（William F. Allen）评论说：“戴克里先提出了改革的各种设想，君士坦丁将这些设想变成了现实。”① 帝国晚期，戴克里先的诸项改革中，许多方面堪称君士坦丁的先驱，军队和军事改革尤其如此。

第一节　军队建制改革

戴克里先登基后实施的各项改革各有侧重，他所推进的军事改革，要达到的目的之一是“重组军队”②。军队改革是戴克里先军事改革的主要内容，和罗马帝国历史上其他军事改革不同的是，在不改变军队基本职能的前提下，戴克里先的军事改革突出了对军队的“重组”或“重构”③。“重组”“重构”是戴克里先军事改革的核心内容，但就军队发展史而论，戴克里先重组的罗马帝国军队，是由君士坦丁大帝最后完成的④。

戴克里先治下的军队，军团依然是军队的构成单位。罗马帝国军团数量，戴克里先之前没有太大变化。奥古斯都时代，军团数量为 25 个，图拉真将军团数量增加至 30 个，塞维鲁则将军团数量增加到 33 个。一

① William F. Allen, *A Short History of the Roman People*, Published by Ginn & Company, 1890, p. 297.

② ［美］M. 罗斯托夫采夫：《罗马》，邹芝译，世纪出版集团 2014 年版，第 220 页。

③ 戴克里先军队改革的“重组”与“重构”还涉及海军。增加了一定数量的小规模的行省舰队。见 Michael Grant, *Collapse and Recovery of the Roman Empire*, Routledge, 1999, p. 38。

④ M. Cary, H. H. Scullard, *A History of Rome, Down to the Reign of Constantine* (Third Edition), The Macmilan Press Ltd., 1975, p. 534.

种观点认为，戴克里先登基时，帝国军团的数量为34个①。3世纪，罗马帝国的军团兵员总数和结构变化无多：10个大队5000人。戴克里先当政后，军团数量增加，军团人数减少，每个新建立的军团包括野战部队在内，大约1200—1500人②，比之元首制时代的军团人数大为减少。“四帝共治时代，军团依然是从前的建制，但戴克里先和马克西米安拥有两支精锐部队，即新组建的约维乌斯军团（朱皮特军团）与海克利乌斯军团（赫拉克勒斯军团），兵员总数为6000人。”③“虽然这两个军团人数相对较少，但却从日耳曼战俘和志愿者或农夫的后代中征召。两个军团士兵的军饷（*stipendium*）以现金形式支付，口粮免费供给，且经常有金银赏赐。”④由于这两个军团战斗力出众，战功卓著，古典史家对这两个军团有比较详细的记载：“戴克里先和马克西米安两位称帝后便给他们封号：一个军团被命名为朱皮特军团，另一个军团则被封为赫拉克勒斯军团。在两位皇帝心目中，这两个军团极为重要，享受待遇也更好。两个军团士兵的盾牌上都带有这种马蒂奥巴布利的铅球。只要这些士兵在适当的时候抛掷这些铅球，那么持盾兵（重装步兵）就能履行弓箭手的职责。他们会在白刃战之前，甚至能在标枪和箭镞飞抵之前重创敌军。”⑤

和戴克里先行省改革——数量增加、规模缩小——异曲同工，在军队改革方面，戴克里先也以“缩小”为改革的起点。戴克里先缩小了军团的规模，增加了数量。戴克里先的基本设想是，人数较少的部队更

---

① E. C. Nischer, The Army Reforms of Diocletian and Constantine and Their Modifications up to the Time of the Notitia Dignitatum, *The Journal of Roman Studies*, Vol. 13 (1923), p. 1.

② Donathan Taylor, *Roman Empire at War A Compendium of Battles from 31BC to AD565*, Pen & Sword Books Ltd, 2016, p. 14.

③ *The Cambridge companion to the Age of Constantine*, edited by Noel Lenski, Cambridge University Press, 2006, p. 327. 这两支精英军队一直到4世纪末，都占据着军队中的特权位置。见 *A Companion to the Roman Empire*, edited by David Potter, Blackwell Publishing Ltd., 2006, p. 200。

④ *The Oxford Cpmpanion to Classical Civilization*, Second Edition, edited by Simon Hornblower and Antony Spawforth, Oxford University Press, 2014, p. 80.

⑤ ［古罗马］雷纳图斯：《兵法简述》，魏止戈译，华中科技大学出版社2016年版，第17页。

容易控制。由于在罗马人、意大利人中征召士兵早已困难重重，戴克里先之前历代皇帝便逐步抛弃传统的征兵条件限制，军队兵员成分日益复杂化。戴克里先时代帝国军队的总体规模是：军团规模缩小，服役人数增加，军团数量大幅度增多，达到 68 个[①]，“戴克里先治下的军团人数不到 1000 人”[②]。涉及戴克里先扩大军队规模的主要原因，一般认为，戴克里先意识到，从前朝皇帝那里继承的军队数量不足以维护漫长边境线的安全，故此，新建了 25 个军团[③]。在新的军队编制中，原有军团的名称依然保留[④]。军团部队的士兵主要分为两个等级：第一等级为军团和骑兵部队，服役期为 20 年；第二等级是驻扎边境要塞部队的士兵，服役期为 25 年[⑤]。经过戴克里先改革，传统的军团结构发生了改变，成为更加灵活的、可操作性更强的军事单位。英国历史学家米切尔·惠特比（Michael Whitby）据此认为，这样的军事单位及其部署为帝国边境增加了更多的安全感[⑥]。

在戴克里先新的军团建制中，50 万（或 60 万）士兵分配在 68 个军团中，其中 46 个部署在边境地区，16 个作为地方后备部队，其余 6 个为战略预备队。多瑙河沿线驻扎 16 个军团，埃及只部署 1 个军团，

---

① Emilija Stankovic, Diocletian's Military Reforms, ACTA UNIV. SAPIENTIAE, *Legal Studise*, 1, 1（2012）, p. 135.，有学者认为是 67 个（Marcel Le Glay, Jean-Louis Voisin, Yann Le Bohec; translated by Antonia Nevil, *A History of Rome*, Oxford, 1996, p. 473.）。需要注意的是，戴克里先的军团人数比先前少。

② 另有一种说法认为是 2000 人（H. Stuart Jones, *The Roman Empire*, *B. C.* 29-*A. D.* 476, New York, G. P. Putnam's Sons, London: T. Fisher Unwin, 1908, p. 367.）。如果按照 68 个军团 50 万—60 万士兵计算，每个军团不足 1000 人的数字比较合理。三世纪危机初期，帝国的总兵力为 35 万左右。戴克里先统治时期军队的具体数字不详，一种说法认为，军队的总人数不低于 64 万。见 Averil Cameron, *The Later Roman Empire*, *A. D.* 284 - 430, Fontana Press, 1993. p. 34。

③ Richard S. Cromwell, *The Rise and Decline of the Late Roman Field Army*, White Mane Publishing Company, Inc., 1998, p. 5.

④ H. Stuart Jones, *The Roman Empire*, *B. C.* 29-*A. D.* 476, New York: G. P. Putnam's Sons, London: T. Fisher Unwin, 1908, p. 367.

⑤ Stephen Williams, *Diocletian and the Roman Recovery*, Routledge, 1996, p. 97.

⑥ Michael Whitby, *Rome at War AD* 293-696, Osprey Publishing Limited, 2002, p. 67.

后增加二三个①。所有军队的指挥官为两人：骑兵长官和步兵长官——骑兵与步兵的总司令官。在新组建的军团中，约维亚第一第二军团（Ⅰ，ⅡJovia）、赫尔库利亚第二第三第四军团（Ⅱ，Ⅲ，Ⅳ Herculia）、戴克里提亚那（Ⅲ Diocletiana）第三军团、马克西米亚那第一军团（Ⅰ Maximiana）等都是著名的军团。

和三世纪危机之前的帝国一样，此时大多数军队部署在帝国边境地区。但戴克里先时代的不同之处是，共治“四帝”各有自己的军队，各有自己的统治区域。从285年开始，两个奥古斯都各自拥有自己的军队；293年“四帝共治”之后，两个恺撒也拥有自己的军队。由是，帝国原有的一支军队，因“四帝共治”变成了四支军队，数量大幅度增加的军队分属四个统治者，分权模式带来的是军队“四等分”。戴克里先“让另外三人分享他的权力，把罗马分成四部分。他们中的每一个人都握有大量军队，而且每个人都想得到比从前一人执掌国家权力的元首更多的军队。”② 论及戴克里先的军事改革，军队数量的增加是主要表现，然而，数量的增加不是改革的核心问题，也不是改革的根本目的。戴克里先实施军事改革，除了革除原有军队的各种弊端之外，更主要的目的是，使军队适应“四帝共治”体制，依据当时的国内外形势，让军队更好地发挥守土与保卫帝国的职责。由于此前帝国军队的具体职责、职能的划分不甚明确，戴克里先将军队分为“野战部队”（*comitatenses*），亦称“机动部队”③ 和“戍边部队”（*limitanei*，也有人称为

---

① Emilija Stankovic, Diocletian's Military Reforms, ACTA UNIV. SAPIENTIAE, *Legal Studise*, 1, 1 (2012), p. 136.

② Lactantius, *The Minor Works*, tr. By Sister Mary Francis McDonald, O. P., The Catholic University of America Press, 1965, p. 144.

③ 关于野战部队，一种观点认为：“戴克里先可能已经建立了一支永久的机动野战部队，即他的‘扈从队’（*comitatus*）。这支部队最早出现在295年，是一支规模非常小的部队。”（Antonio Santosuosso, *Storming the heavens: soldiers, emperors, and civilians in the Roman Empire*, Westview Press, 2001, p. 179.）戴克里先在战场上也有一支野战机动部队，不过这支部队或许仅仅是他的顾问团和友人，但学者们认为，这支部队即是 *comitatus* 先驱（Pat Southern, *The Roman Empire: from Severus to Constantine*, Routledge, 2001, p. 271.），亦即所说的“扈从队”——只有和戴克里先关系亲近的人，方有可能成为扈从。

“边防军团”“边防军”）[①]。这一举措是戴克里先军事改革的“创新之处”。尤其在“戍边部队”中，军团的数量增加了一倍，大幅度增加了辅军的数量[②]。在拉丁语中，“野战部队”或“机动部队”——*comitatenses*——一词来自“*comitatus*”，意为“皇室”，该词汇的本意很清楚地说明这支军队由皇帝支配[③]。“机动部队”创建者不是戴克里先，系259—268年加列努斯缔造。加列努斯的“*comitatus*”是一支规模庞大的部队，拥有独立的骑兵，步兵大约3万人，属于快速反应部队，对内可镇压各种异己势力，对外则抗击入侵之敌。但戴克里先对加列努斯的军队体制没有兴趣，他的主要精力集中在加强边境防御上[④]，因此，戴克里先的“机动部队”与加列努斯创建的“机动部队”迥然有别。拜占庭史专家贝尼斯（Norman H. Baynes）认为，戴克里先建立“机动（野战）部队”的原因，来自于在埃及的战争，以及同波斯人交战的经验[⑤]。战争形势的发展变化，使戴克里先对军队的职能、作用、机动性等有了新的认识。戴克里先设置“机动部队”的核心意图是，边境地区哪里需要军队，就将这支军队派到哪里。

“机动部队”集中驻扎在帝国境内的一些城市、城镇，但从不驻扎

---

① 也有译为“野战军”“边防军”，见［英］迈克尔·格兰特《罗马史》，王乃新、郝际陶译，上海人民出版社2008年版，第299—300页。*limitanei*是常备军，不是民间武装。作为公民，这些军人拥有土地，可以和家人生活在一起（Benjamin Isaac，*The Limits of Empire*，*The Roman Army in the East*，Oxford University Press，2009，p. 209.）。*limitanei*亦由步兵和骑兵两部分构成，骑兵部队在“边防军”中称为*vexillationes*、*alae*、*cunei*（Donathan Taylor，*Roman Empire at War A Compendium of Battles from 31BC to AD565*，Pen & Sword Books Ltd.，2016，p. 16.）顾名思义，“边防军”即驻守边防的部队。这一时期，驻扎边境地区的边防军团，有的是戴克里先之前即已存在，有的则是戴克里先军事改革中创建的。见H. M. D. Parker，The Legions of Diocletian and Constantine，*The Journal of Roman Studies*，Vol. 23（1933），pp. 181-182。

② E. C. Nischer，The Army Reforms of Diocletian and Constantine and Their Modifications up to the Time of the Notitia Dignitatum，*The Journal of Roman Studies*，Vol. 13（1923），p. 4.

③ Adrian Goldsworthy，*How Rome Fell*，*Death of a Superpower*，Yale University Press，2009，pp. 206-207.

④ Richard S. Cromwell，*The Rise and Decline of the Late Roman Field Army*，White Mane Publishing Company，Inc.，1998，p. 5.

⑤ Norman H. Baynes，Norman H. Baynes，Three Notes on the Reforms of Diocletian and Constantine，*The Journal of Roman Studies*，Vol. 15（1925），p. 204.

在永久性的固定营地，以便帝国在受到外敌入侵威胁时，随时出征[1]，开赴前线，在规模较大的军事行动中，比“戍边部队”战斗力更强，堪称帝国的“主力部队”。“机动部队”一般驻扎在战略要地，靠近公路，可根据需要，从一个地区转移到另一个地区——体现出这支部队的机动性。这支部队的士兵均为未婚年轻人。当代学者将“机动部队”称为“精英部队”，因为在帝国面临入侵危险时，这支部队能够最快地作出反应[2]，及时扭转被动。戴克里先和他的几位“共治”皇帝都拥有大量归个人指挥的军队和“机动野战部队”[3]。这支部队改变了原有军队固定驻扎的传统，突出了机动性，增强了军队的应变能力，加强了军队抵御外敌的实力。将帝国军队如此划分，是戴克里先军事改革浓墨重彩的内容。与一般意义的分工不同，这种划分整体上提高了军队的作用，增强了帝国军队守护边疆的能力。

在拉丁语中，“戍边部队”——*limitanei* 的意思是在边境地区服役的士兵，驻扎在边境行省一些地区。*limitanei* 一词来自拉丁语 *limes*，意思是在边境地区服役的军人。“戍边部队”——*limitanei*——是一个非常宽泛的概念，涵盖了所有驻扎边境地区的军队，至于 *limitanei* 何时用以指代“戍边部队”[4]，目前尚不清楚。但“戍边部队”一个突出特征是非机动性，主要任务是保卫边境。与“机动部队”相比，“戍边部队”沿边境布防，突出了“驻扎”和“驻防”，并不侧重“机动”，扮演的是“边境警察”的角色[5]，体现的是与“机动部队”不同的军事分工。和“机动部队”相比，“戍边部队”军饷较少，体能要求相对较低；“机动部队”特权也比“戍边部队”多：“机动部队”士兵服役期为 20 年，“戍边部队”士兵服役期为 25 年。但“戍边部队”的士兵仍然是

① Timothy E. Gregory, *A History of Byzantium*, Blackwell Publishing Ltd, 2005, p. 39.

② Adrian Goldsworthy, *How Rome Fell*, *Death of a Superpower*, Yale University Press, 2009, p. 211.

③ Jill Harries, *Imperial Rome*, *AD* 284 *to* 363: *The New Empire*, Edinburgh University Press Ltd., 2012, p. 57.

④ Pat Southern, *The Roman Army*: *a Social and Institutional History*, ABC-CLIO, Inc. 2006, p. 250.

⑤ Emilija Stankovic, Diocletian's Military Reforms, ACTA UNIV. SAPIENTIAE, *Legal Studise*, 1, 1 (2012), p. 133.

职业军人，通常驻扎在边境行省，指挥官为“杜克斯”。“戍边部队”的职责是巡逻和维护所在要塞防地周围的治安，以及对付规模相对较小的外敌进犯①。“机动部队”的军饷高于“戍边部队”，相形之下，“戍边部队”被视为二流部队。当然，“戍边部队”的军饷之所以低于“机动部队”，原因在于“戍边部队”的士兵分得了一份所在边境地区的土地②。帝国后期，边境部队的地位有时非常低下，这些部队的官兵被束缚在土地之上，军事意义大为降低③。在帝国军队中，“戍边部队”虽然不是帝国依仗的主力部队，但帝国的“纵深防御”却是由“机动部队”和“戍边部队”共同构成的。

虽然戴克里先治下军队存在“机动部队”和“戍边部队”之分，但帝国军队仍然是一个整体，分工不同的两种部队依然由骑兵和步兵组成④。这一时期，骑兵的地位与角色更加突出。骑兵的重要性日益凸显，既是战略战术变化的结果，也是蛮族的作战装备和方式影响的结果。边境地区军队，在蛮族入侵打击下，处境恶化，使统治者认识到，应加强骑兵建设，以应对强大的、战斗力强的敌方骑兵⑤。戴克里先“像自己的前辈一样，对灵活机动的部队编制情有独钟……”⑥ 奥古斯都创建的军团体制强调步兵的作用和地位，而随着时间的推移，骑兵的作用及其机动性远非步兵所能比拟。因此，新的骑兵部队“在3世纪的内战和蛮族入侵中建立起来”⑦。“骑兵部队不仅扩大，而且具有了前所

---

① Adrian Goldsworthy, *How Rome Fell*, *Death of a Superpower*, Yale University Press, 2009, p. 206.

② Emilija Stankovic, Diocletian's Military Reforms, ACTA UNIV. SAPIENTIAE, *Legal Studise*, 1, 1 (2012), p. 133, p. 139, p. 140.

③ Pat Southern, *The Roman Army*: *a Social and Institutional History*, ABC-CLIO, Inc. 2006, pp. 250-251.

④ 军队的军饷、军服、食物由国家提供。从帝国初年开始，士兵的武器、装备也由国有兵器工场制造。

⑤ Emilija Stankovic, Diocletian's Military Reforms, ACTA UNIV. SAPIENTIAE, *Legal Studise*, 1, 1 (2012), p. 135.

⑥ ［英］迈克尔·格兰特：《罗马史》，王乃新、郝际陶译，上海人民出版社2008年版，第299页。

⑦ Joseph Vogt, *The Decline of Rome*. Great Britain, 1967. p. 44.

未有的重要地位。”①

3世纪以降，帝国皇帝重视骑兵的战斗力和机动性，戴克里先不是第一人。戴克里先之前，3世纪60年代，加列努斯实施军事改革时，加强骑兵便是主要内容。许多方面，加列努斯的改革与尝试为日后戴克里先、君士坦丁改革开了先河。加列努斯的精锐骑兵由伊利里亚人、摩尔人、叙利亚人组成，不仅能够抵御外敌入侵，而且还用于镇压反叛的军队②。268年，加列努斯把一支大规模的、特殊的骑兵驻扎在米兰——应对高卢人威胁的有利地区，由一个指挥官统辖③。加列努斯这一举措，在帝国历史上前无古人。稍晚一些时候，罗马骑兵的部队名称“*Notitia Dignitatum*”暗示了与加列努斯之间的联系。“*Notitia Dignitatum*”由“*equites Mauri*”（毛利骑兵）和“*equites Dalmatae*”（达尔马提亚骑兵）两部分组成。奥莱里安就曾雇佣过达尔马提亚的骑兵④。二三十年后，戴克里先推进军事改革，组建骑兵成为核心内容之一⑤。

戴克里先骑兵部队的称谓包括：骑兵分队（*vexillatio*）、中坚骑兵队（*cuneus equitum*）和骑兵翼（*ala*），以表示与其他部队的不同之处。和旧有的军团骑兵相比，骑兵分队是特殊的设置，经常用作一支独立的分遣支队。骑兵分队的人数少于相同级别步兵单位的人数：一般认为，骑兵分队为500人（也有人认为600人），而相同单位的步兵人数大约在1000—1200人之间。骑兵分队或在战场上独立作战，或与军团联合行

① Harold Mattingly, *Roman Imperial Civilisation*. The Norton Library, New York, 1971, p. 153.

② ［苏］科瓦略夫：《古代罗马史》，王以铸译，生活·读书·新知三联书店1957年版，第900—901页。

③ Jill Harries, *Imperial Rome, AD 284 to 363: The New Empire*, Edinburgh University Press Ltd., 2012, pp. 9-10.

④ ［古罗马］左西莫斯：《罗马新史》，谢品巍译，上海人民出版社2013年版，第20页。

⑤ 罗马帝国对骑兵的重视始于三世纪危机期间，原因不外乎外敌入侵造成的巨大压力，迫使历代皇帝重视骑兵。资料显示，加列努斯建立了第一支特别骑兵部队，最初驻扎在米兰。建立这样一支独立的骑兵部队就是为了专门应对各种危机。克劳狄乌斯二世（Claudius II Gothicus）和奥莱里安都曾出任骑兵司令官（Jill Harries, *Imperial Rome, AD 284 to 363: The New Empire*, Edinburgh University Press Ltd., 2012, p. 9, p. 10.）。据此可以认为，戴克里先重视骑兵是承袭了前辈皇帝做法。

动。骑兵依战斗技能分成几种类型：快速骑兵、轻装骑兵、骑射兵、持有长枪的重装锁子甲骑兵等等①。不同的骑兵，在战场上发挥着不同的作用。其中，重装骑兵在军队中扮演的角色最重要，“骑兵的优势更加突出”②。在“戍边部队”和“机动部队”中，“戍边部队”或“边防部队”的骑兵数量多于“机动部队”，主要原因在于“戍边部队”担负着边境巡逻任务③，骑兵在平时、战时各有用途。骑兵一直是罗马军队的组成部分，但骑兵的地位和作用得到重视，逐步提升却是一个渐进的过程。戴克里先的军事改革强化了骑兵的作用，提高了骑兵的地位。骑兵数量增加，地位突出，反映了战争形势的变化，也反映出戴克里先对骑兵机动性的看重。和加列努斯不同，戴克里先把骑兵中队派到边境，支持驻扎在边境的军团，不只是作为加列努斯时期的骑兵机动部队。戴克里先这样做集中反映出他实施军事改革的初衷：加强边防、加强边防部队的战斗力，进而维护边境安全。

戴克里先围绕他的近卫军“朱皮特”军团组建了两支精锐的骑兵部队：“轻装长枪兵”（*Lanciarii*）和“扈从兵”（*Comites*）④。加莱里乌斯以弗拉维亚第四军团、克劳迪亚第七和第八军团组建了精锐的骑兵部队：马军（*promoti*）。这几支骑兵部队的核心来自步兵、骑兵和其他守卫部队⑤。戴克里先增加了骑兵在军队中的比例，增强了军队的机动性和战斗力，巩固了边防，但必须面对的问题是，骑兵的费用和各项支出明显高于步兵，所以，戴克里先军事改革的伴生性结果是军费开支大幅度增加。缓解军费及其他各项开支增加带来的压力，成为戴克里先实施

---

① Stephen Williams, *Diocletian and the Roman Recovery*, Routledge, 1996, p. 97.

② Marcel Le Glay, Jean-Louis Voisin, Yann Le Bohec, *A History of Rome*, translated by Antonia Nevil, Oxford, 1996, p. 473.

③ Adrian Goldsworthy, *How Rome Fell, Death of a Superpower*, Yale University Press, 2009, p. 208.

④ 戴克里先把“*comites*”称号奖赏给那些陪伴皇帝上战场的官兵，以示这些官兵与驻扎罗马军营中的官兵有所区别。因这些官兵作为骑兵伴随戴克里先前往战场，获得了更多的特权。见 Michael P. Speidel, *Riding for Caesar: The Roman Emperors' Horse Guards*, B. T. Batsford Ltd., 1994, p. 57。

⑤ *The Cambridge Companion to the Age of Constantine*, edited by Noel Lenski, Cambridge University Press, 2006, pp. 326-327.

各项经济改革的主要动因之一。

罗马历史上，一些边境行省的总督身兼驻扎军团的总司令，是沿袭已久的传统。戴克里先对这一传统进行了改革，使行省总督民事与军事权力实现了最后分离，即前文已涉及的行省总督不再拥有军权。戴克里先的这一举措引发了诸多评说，已故西安大略大学荣誉历史学教授安东尼奥·圣拖索索（Antonio Santosuosso）认为，此项改革是戴克里先另一项非常重要的改革[①]；蒙森更是将这种“分离”称为戴克里先改革“最显著的特征”，戴克里先由此成为“伟大的改革者”[②]。3世纪后期开始，一些皇帝便开始推进军队指挥权与民事权的分离。戴克里先登基后，从各个行省总督手中收回了驻扎军队的指挥权，将该项权力转移至“杜克斯”（*duces*，也有人译为军事指挥官、“督军”）手中[③]。“杜克斯”相当于原有的行省军团司令官。“杜克斯”被安置在所有的边境地区（为边防部队的司令官——*dux limitis*。但“杜克斯”只拥有军事权力，没有其他权力），多瑙河边境提供了一个特殊的案例：共设有8名“杜克斯”，4人归属东方，4人归属西方；西方的4人和各个行省发生联系，而东方4人与行省无任何关联。君士坦提乌斯甚至根本没有任命“杜克斯”[④]。戴克里先关于民事权与军事权的分离性质的改革，根本上削弱了行省总督手中的权力，行省总督不再是所驻扎军团的司令官，军团司令官也不再是行省总督。但随之而来的问题是，（经过改革的）各个行省设置两个的权力机构，两者之间的摩擦在所难免[⑤]。戴克里先

① Antonio Santosuosso, *Storming the Heavens: Soldiers, Emperors, and civilians in the Roman Empire*, Westview Press, 2001, p. 180.

② Theodor Mommsen, *A History of Rome under the Emperors*, English translation by Clare Krojzl, Routledge, 1996, p. 312.

③ *dux* 在戴克里先之前即已存在，但没有军事意义。也有人将 *dux* 译为“省督军”（［英］J. C. 斯巴托特：《伟大属于罗马》，王三义译，上海三联书店2011年版，第372页），进一步明确了 *dux* 军事权限属性。

④ Theodor Mommsen, *A History of Rome under the Emperors*, English translation by Clare Krojzl, Routledge, 1996, p. 313, p. 229.

⑤ H. Stuart Jones, *The Roman Empire, B. C. 29-A. D. 476*, New York, G. P. Putnam's Sons, London: T. Fisher Unwin, 1908, p. 365. 戴克里先的多项改革的一个共性特点是“利弊共存”。军事权与民事权的分离，总体上利大于弊，很大程度上降低了军团将领拥兵坐大的可能性。

“彻底背离了这项历史悠久的传统。同时拥有民事和军事权力的只能是皇帝。”[①] 戴克里先削弱行省总督权势的改革，已超出了行省管理体制、军事改革的范畴，带有浓厚的政治色彩，防范目的显而易见。一如前文所述，戴克里先军事改革的终极目的是加强中央集权[②]，进一步通过军事改革体现了“双重”体制。

罗马历史上，军队的指挥权往往和行省相对应，但戴克里先实施民事权与军事权分离的措施，则使军事指挥权建立在新的基础之上。戴克里先把一些边境地区和重兵把守的地区进一步划分为分区，分区由“杜克斯”统辖。皇帝和“杜克斯”统辖的军队又所区分，皇帝统辖的是野战军，“杜克斯”指挥的则是边防军[③]。例如，东部边境线上的 7 名“杜克斯”指挥 14 个军团和 14 支骑兵编队[④]。

戴克里先军事改革后的军队管理体制大致如下：

皇帝（“四帝”）

军事统帅（*Magistri militum*，也有译为大将军，通常是军队的总司令官）

扈从（*Comites*）

“杜克斯”（*Duces*）

经过戴克里先的军事改革，帝国军队形成了对皇帝负责的新的管理、指挥体系，强化了皇帝对军队的控制。

虽然戴克里先的军事改革有诸多创造性之处，但“却没有创立新的征兵方法”[⑤]。元首制时代服兵役主要特征是世袭制。大多数士兵子承父业，自愿兵是军队主体。由于征兵往往满足不了实际需要。为保障军

---

① ［英］安德林·戈德斯沃司：《非常三百年——罗马帝国衰落记》，郭凯生、杨抒娟译，重庆出版社 2010 年版，第 126 页。

② Aleksander Aleksandrovich Vasiliev, *History of the Byzantine Empire*, 324-1453, vol. I, University of Wisconsin Press, 1952, p. 60.

③ ［英］安德林·戈德斯沃司：《非常三百年——罗马帝国衰落记》，郭凯生、杨抒娟译，重庆出版社 2010 年版，第 127 页。

④ Antonio Santosuosso, *Storming the Heavens: Soldiers, Emperors, and Civilians in the Roman Empire*, Westview Press, 2001, p. 181.

⑤ ［美］M. 罗斯托夫采夫：《罗马帝国社会经济史》（下册），马雍、厉以宁译，商务印书馆 1985 年版，第 696 页。

队拥有足够数量的兵员，戴克里先规定，士兵、老兵的儿子必须服兵役，不足数量，在公民中征召自愿者补充①，基本上沿用了元首制时代的做法。戴克里先征召军队的具体实施方法为：其一，外省军队士兵主要从那些定居边境地区，且世代有服兵役义务的居民中征召，以蛮族为主；其二，招募志愿者，或在帝国居民中强征义务兵，大多集中在色雷斯、叙利亚等行省。共和国时期流传下来的罗马公民有服兵役义务的传统依然存在，此时这种服兵役义务转化为一种赋税，称为“兵役金”②。“在3世纪，抑或更早一些时候，土地所有者拥有提供兵员的责任和义务，但国家也希望以支付现金税（*aurum tironicum*）的形式取而代之。”③ 国家之所以容忍“以金代役”，是因为在征召兵员不足时，国家可用“兵役金”征募他人入伍。有人判断，为了解决征兵问题，戴克里先大概制定了一项法律，强制性要求士兵、老兵的后代，只要身体条件允许，必须从军④，旨在使军人职业世袭化，确保国家有相对可靠的兵源。戴克里先推行军事改革过程中，因军队规模扩大，人数陡增，没有足够的兵员，军队规模不可能扩大。为保证军队拥有足够的兵源，戴克里先恢复了在帝国范围内征兵的做法，硬性要求老兵的儿子入伍从军。戴克里先还要求城市政府和土地所有者每年提供相应的兵员，数量依据所在地土地多少确定⑤。通过这些措施，戴克里先扩大了军队规模，增加了士兵的人数。拉克坦提乌斯抱怨说，戴克里先统治时代的军

---

① M. Cary, H. H. Scullard, *A History of Rome*, *Down to the Reign of Constantine* (Third Edition), The Macmilan Press Ltd, 1975, p. 534.

② ［美］M. 罗斯托夫采夫：《罗马帝国社会经济史》（下册），马雍、厉以宁译，商务印书馆1985年版，第696、697页。

③ Fergus Millar, *Rome*, *the Greek World*, *and the East*, Volume Ⅱ, The University of North Carolina Press, 2004, p. 388. “兵役金”出现在3世纪后期，通过这种方式，可以支付相应的钱款满足服兵役的要求。政府则能够使用现金雇佣一些外邦人为罗马人当兵打仗。显然，将非罗马人安置在帝国境内某些特定的地区，然后在他们及其后代中间征兵的惯例始于“四帝共治”时代（Brian Campbell, *The Romans and Their World*, Yale University, 2011. p. 209.）。

④ Pat Southern, *The Roman Army*: *A Social and Institutional History*, ABC－CLIO, Inc., 2006, p. 257.

⑤ Brian Campbell, *War and Society in Imperial Rome* 31*B. C.* －*A. D.* 284, Routledge, 2002, p. 31.

队数量远远大于先前任何一个皇帝治下的军队数量[①]。军队规模扩大、军队人数增多是戴克里先军事改革最突出的特点。如前文所述，军队规模的扩大给帝国财政增添了巨大的经济负担，军队的军饷、给养成为最重要的问题之一。[②] 但蒙森的看法却与此不尽一致。蒙森认为，罗马军队规模的扩大，“为帝国提供了一支供帝国使用的强大的、有战斗力的、可随时随地扩充的军队。”[③] 按照蒙森的解说，在当时的历史条件下，军队的强大比增加财政负担更重要。

戴克里先扩充了军队，加强了骑兵，但维持骑兵军队，各项给养等费用是一笔较大的开销，军费开支必然增大。某种意义上讲，戴克里先实施经济改革，筹集军费是重要内容。但为了增强军队的战斗力，军费问题只得退居次席。戴克里先完善了邮政系统，给邮政新增了运输功能，极大地改善了边境地区军队的给养。借助这种邮政系统，边境部队可以得到所申请的食品。为了使邮政系统更好地发挥运输作用，专门征调了马匹和骡子。地方政府对信使和车夫也给予相应的关照[④]。利用邮政系统保障军队给养，应视为戴克里先的“发明创造”，当然，更得益于罗马境内发达的公路交通网。此外，戴克里先扩大了军队的规模，但却试图以实物支付形式削减开支[⑤]。因受通货膨胀的困扰，支付给士兵的军饷变成了实物（也有部分现金支付）[⑥]。然而，这种支付形式弊端重重，难以维持长久，到了 4 世纪后期，许多实物又折合现金发放[⑦]。

军事权改革是戴克里先军事改革另一项主要内容。共和国时代和帝

---

① Bill Leadbetter, *Galerius and the will of Diocletian*, Routledge, 2009, p. 11.

② Averil Cameron, *The Later Roman Empire*, *A. D.* 284–430, Fontana Press, 1993. p. 36.

③ Theodor Mommsen, *A History of Rome under the Emperors*, English translation by Clare Krojzl, Routledge, 1996, p. 300.

④ Emilija Stankovic, Diocletian's Military Reforms, ACTA UNIV. SAPIENTIAE, *Legal Studise*, 1, 1 (2012), p. 135.

⑤ Glen W. Bowersock, *From Gibbon to Auden: Essays on the Classical Tradition*, Oxford University Press, 2009, p. 208.

⑥ 戴克里先时期，军队的军饷增加了一倍，赏银也制度化。见 Averil Cameron, *The Later Roman Empire*, *A. D.* 284–430, Fontana Press, 1993. p. 33。

⑦ ［英］安德林·戈德斯沃司：《非常三百年——罗马帝国衰落记》，郭凯生、杨抒娟译，重庆出版社 2010 年版，第 128 页。

国早期，军事指挥权与国家统治权合二为一。共和国一些高级官吏，如执政官、独裁官等，都拥有某种特许的军事权力，战时带兵出征。进入帝国时代，这两项权力开始分离，但皇帝例外——集国家的最高统治者和军队的最高司令官于一身。边境地区的行省总督一般统辖两个军团的兵力，大约 1.2 万人。皇帝亲自带兵出征时，一般指挥 5 个军团。三世纪危机之前，这种体制运转基本正常。三世纪危机后，传统体制已无法应付频仍的内外战事。第一次“四帝共治”期间，戴克里先是无可争议的最高军事指挥官。或许是受传统的影响，戴克里先重新任命了两名军事指挥官：“步兵长官”（*magister peditium*）和“骑兵长官”（*magister equitum*），充任军队首脑[①]，“杜克斯”从属两个长官，负责统领“戍边部队”。“杜克斯”下辖较高级别的军官为“扈从”（*comes*），边防部队以外的一些部队由“扈从”统辖。作为军事长官，“扈从”有自己的官职（*officium*）。戴克里先的军队一般由军团组成，军团的指挥官是军团长（*praefectus legionis*），其中的骑兵分队（*vexillationes*）的司令官为骑兵队长（*praefecti alarum*），此外还包括相应数量的辅军[②]。戴克里先时期，军队各级军官与先前相比，一个非常大的变化是，元老阶层、骑士阶层不再是军官产生的主要人选，个人的军事才能往往起决定作用。但随着时间的推移，军队中的一般军官主要出自高级军官家庭，形成了与元老阶层、骑士阶层无本质差异的“新的军事权贵”阶层[③]。

治理军队亦可视为戴克里先军事改革的内容，因为如果没有听从指挥、有战斗力的军队，戴克里先其他所有改革措施都将化为乌有。戴克里先通过改革分离了军事权与民事权，加强了对军队的掌控，不再担心行省总督依恃军队对抗中央政权。戴克里先强化了军队的纪律，减轻了士兵盔甲的重量，增加了骑兵和轻装步兵在军队中的比例。正是凭借这

---

① 此时的“步兵长官”与“骑兵长官”隶属两个奥古斯都和两个恺撒，是“四帝”手下最高级军事长官。“骑兵长官”作为“四帝”手下主要军事长官，有历史的延续，但更多的是骑兵的作用和地位抬升。

② Emilija Stankovic，Diocletian's Military Reforms，ACTA UNIV. SAPIENTIAE，*Legal Studise*，1，1（2012），p. 139.

③ ［美］M. 罗斯托夫采夫：《罗马帝国社会经济史》（下册），马壅、厉以宁译，商务印书馆 1985 年版，第 697 页。

样一支军队，戴克里先把所有入侵的蛮族逐出国境①，缓解了边境危机。戴克里先军事上的各种成功，都可视为戴克里先推进军事改革的积极成效。

戴克里先军事改革突出特点在于“重构”色彩强烈：“重组、重新整治的军队不再是帝国早期的军团部队。”② 通过“重组”，军队战斗力提高，为戴克里先绥靖行省、巩固边防提供了保障。戴克里先平稳执政20年，军事改革及其成功是重要原因。

第二节　军队蛮族化趋势

罗马帝国军队蛮族化是一个渐进的过程，由来已久，呈现出由“量变”到“质变”的过程，最终结果是“罗马军队不再是罗马人的军队了”③。

帝国初年，奥古斯都和提比略在位期间，帝国军队的主要部分由意大利人构成，但即便此时，罗马军队也不是“纯而又纯”的罗马人组成的军队。帝国伊始，奥古斯都鼓励在帝国境内罗马化程度偏低的地区征召辅军。这些辅军部队提供骑兵和步兵，越来越多地按照罗马人的方式组织和部署，逐渐并入罗马正式的军事组织中④。一直以来，“为罗马人征服大片土地的军团，由公民兵和同盟者、被征服地区的兵员组成”⑤。公元5年，奥古斯都在组建近卫军时，便在外族骑兵中选拔士兵⑥。随着罗马

① J. C. L. De Sismondi, *Fall of the Roman Empire*, *Comprising A View of the Invasion and Settlement of the Barbarins*, Londun, 1834, pp. 43-44.

② P. J. Casey, *Carausius and Allectus*: *The British Usurpers*, With translations of the texts by R. S. O. Tomlin, B. T. Batsford Ltd., 1994, p. 12.

③ [美] M. 罗斯托夫采夫：《罗马帝国社会经济史》（下册），马雍、厉以宁译，商务印书馆1985年版，第645页。

④ Brian Campbell, *War and Society in Imperial Rome 31 BC - AD 284*, Routledge, 2002, p. 25.

⑤ P. J. Casey, *Carausius and Allectus*, *The British Usurpers*, With translations of the texts by R. S. O. Tomlin, London, 1994, p. 6.

⑥ *Dio's Roman History* Ⅵ, With an English Translation By Earnest Gary, Harvard University Press, 1955, p. 457.

公民权授予范围在帝国西部地区的迅速扩大，获得公民权的地区成为帝国主要的兵源地①。到公元 100 年时，以公民为主体的军团构成的帝国军队，已有大批行省士兵充斥其中。有人甚至认为，罗马帝国由罗马人征服的后裔保卫着②。恩格斯认为，蛮族大批进入罗马军队中始于图拉真时代③。自图拉真统治时期罗马军队中蛮族士兵时有增加，呈上升之势。图拉真统治时期至三世纪危机，一个比较典型的罗马军队蛮族化的事例是，塞维鲁当政后，遣散了原有的近卫军，组建了一支以日耳曼人为主体的近卫军。就发展进程而言，蛮族进入帝国军队大致顺序为：莱茵地区、多瑙河流域各个行省和潘诺尼亚等。就行省兵员而言，西部明显多于东部，东部各个行省虽然没有提供太多的兵员，却奉献了大量税金。例如，除一些舰队以外，埃及几乎没有提供过军队，却始终未停止税金的奉献④。有了税金，帝国便拥有了征召军队的条件和保障。在罗马军队发展史上，即使在以罗马-意大利人为军队主体的时代，罗马军队也绝非“纯粹”的“罗马人的军队”。比如，从共和国末年的恺撒时代起，罗马军团便对非洲、迦太基和乌提卡（Utica）等东方地区开放。此外，奥古斯都身边曾拥有一支特殊的贴身卫队——日耳曼卫队，成员均为日耳曼人。图拉真也曾拥有一支巴达维亚骑兵部队（Batavians）。罗马统治者一直用蛮族充实罗马公民为主体的军队，但军团中这些外来成分，在三世纪危机之前尚未形成规模，仅仅是蛮族化的“初级阶段”。

---

① Theodor Mommsen, *A History of Rome under the Emperors*, English translation by Clare Krojzl, Routledge, 1996, p. 201.

② *A Companion to Roman Imperialism*, edited by Dexter Hoyos, Leiden · Boston, 2013. p. 15.

③ 《马克思恩格斯全集》第 14 卷，人民出版社 1965 年版，第 362 页。在此之前的公元 1 世纪，罗马军队中也有一定数量的蛮族士兵。不过，这些士兵中的一部分是以个人身份加入罗马军队的，还谈不上“蛮族化”。在征服高卢过程中，恺撒手下也拥有一支 400 人的日耳曼骑兵（［古罗马］恺撒著，任炳湘译：《高卢战记》，商务印书馆 1982 年版，第 163 页）。这些事例反映出罗马军队蛮族化是一个漫长的历程，绝非一蹴而就。

④ Theodor Mommsen, *A History of Rome under the Emperors*, English translation by Clare Krojzl, Routledge, 1996, p. 202.

蛮族大量出现在帝国军队中，发生在三世纪危机期间[①]。甚至可以认为，三世纪危机加速了罗马军队的蛮族化步伐。进入3世纪之后，罗马人比之从前更不愿意服兵役，宁愿交纳“兵役金”。帝国则用这笔钱征募雇佣兵。这些雇佣兵来自帝国境内一些文明程度不高的部落，如在伊利里亚人、色雷斯人、阿拉伯人、摩尔人、不列颠人等中进行精选，或从日耳曼人和萨尔马提亚人中选拔[②]。罗马军队中这些蛮族兵员的比例由小到大，日积月累地改变了兵员结构，最终形成了“蛮族化”。

3世纪，罗马军队蛮族化与普劳布斯（276—282年在位）的一项举措有直接关系。普劳布斯在位期间，收复了高卢，从日耳曼蛮族手中收回了七十多座繁荣的城市。普劳布斯挟高卢胜利之威，打败了日耳曼人，9名地位最高的日耳曼诸侯来到罗马，俯伏在皇帝宝座前，表示愿意听命于征服者，心甘情愿签订和平条约。在普劳布斯强迫日耳曼人签订的和约中，其中与罗马军队蛮族化息息相关的一项内容是，每年从日耳曼人中征召1.6万身体强壮的青年，满足罗马军队所需[③]。普劳布斯的举措是对罗马军队蛮族化的巨大推动，很大程度上缓解了兵源紧缺的压力。所以，帝国军队的蛮族化与3世纪危机相辅相成，危机本身既是原因，也是“动力”。戴克里先军事改革必定涉及兵源和兵员结构，其中最直接的原因是军队人数增多，必须扩大征兵范围[④]。普劳布斯当政时间距戴克里先登基非常近，戴克里先对普劳布斯的做法不会一无所知。普劳布斯的举措对戴克里先是有借鉴意义的，正因如此，戴克里先为首的“四帝”“继续遵循惯例，在军队中正式官兵和雇佣军中征召蛮

---

① 关于罗马军队蛮族化的时间，美国学者罗斯托夫采夫认为，2世纪末，“军队就已经彻底蛮族化了”〔［美］M. 罗斯托夫采夫：《罗马帝国社会经济史》（下册），马雍、厉以宁译，商务印书馆1985年版，第675页〕。这一观点值得商榷。一般认为，2世纪时，罗马军队中的“非意大利-罗马”籍官兵比重大幅度增加，但尚未达到“彻底蛮族化”的程度。

② ［美］M. 罗斯托夫采夫：《罗马帝国社会经济史》（下册），马雍、厉以宁译，商务印书馆1985年版，第644页。

③ ［英］爱德华·吉本：《罗马帝国衰亡史》（第1册），席代岳译，吉林出版集团有限责任公司2008年版，第273页。

④ 将军队扩大至戴克里先军事改革后的人数是困难的。戴克里先一方面坚持征兵；另一方面，则要求老兵的子嗣投身军伍。但仍难以达到目的，必然把目光转向蛮族。

族。"[①] 然而，对于罗马帝国而言，征召蛮族士兵，军队吸纳蛮族兵员为不得已乃至饮鸩止渴之举。军队蛮族化的确解了兵源短缺的燃眉之急，但期待蛮族士兵具有罗马公民兵那样的爱国之心，全身心为罗马帝国卖命，实在是不可能的。

戴克里先在位期间，军队人数、规模达到空前水平。帝国历史上，绝大多数时候为一个皇帝主政，而戴克里先推行“四帝共治”，帝国由四个皇帝统治。每一个皇帝都有自己的统治系统，拥有自己的军队，所以，军队人数的增加与皇帝人数增加相辅相成。塞维鲁统治的2世纪末年3世纪初，罗马军队总兵员为35万人，到戴克里先当政时则膨胀至五六十万之巨[②]。这一数字和帝国奠基的奥古斯都时代的军队数量相比，至少扩大了一倍以上。如此巨大数量的军队，仅仅依赖罗马人当兵服役远远不够。戴克里先扩大军队规模，本身即给帝国已经不甚丰富的人力资源造成了压力[③]。几次大瘟疫袭击，加之三世纪危机的内乱、战争，罗马帝国人口锐减，兵源紧缺。一个不争的事实是，仅仅依靠罗马人，戴克里先无法大规模扩充军队，在非罗马人中乃至蛮族中征召势在必行。虽然罗马帝国从未终止公民必须服兵役的法律，但到戴克里先时期，真正落实这一法律规定已难上加难。罗马军队蛮族化无疑是一个复杂的问题，其中一个不容忽视的原因在于罗马帝国征兵制度本身。罗马公民在理论上都有服兵役的义务，公民又以农民、农夫为主体。在罗马，国家并不负责“从摇篮到武士”的养育，而且服役期漫长，一旦应征入伍，就意味着和家人长久分别，农夫与土地分离。罗马公民参军积极性不高原因较多，导致的直接后果是兵源难以维系。国家只得另寻兵源，把目光转向蛮族，逐步形成了军队蛮族趋势。

---

① William E. Dunstan, *Ancient Rome*, Rowman & Littlefield Publishers, Inc., 2011, p. 429.

② 关于戴克里先大幅度增加军队数量，除了“四帝共治”之四个皇帝各自拥有自己的军队等因素外，帝国漫长的边境线也需要大批军队，应视为戴克里先扩充军队的客观原因。见 Jill Harries, *Imperial Rome, AD 284 to 363: The New Empire*, Edinburgh University Press Ltd., 2012, p. 2。

③ *A. H. M. Jones and the Later Roman Empire*, Edited by David M. Gwynn, Boston, 2008, p. 237.

在相当长的历史时期内，罗马军队中大多数是罗马人，或意大利-罗马人。随着时间的推移，罗马军队的构成成分逐步发生了改变。到卡拉卡拉（211—217 年在位）当政时，军队中意大利人所占比例已经很小，士兵主要来自罗马化程度较高的西部行省或较为开化的东方行省。罗马军队中行省兵员大幅度增加出现在“四帝之年”的 68 年，军队中大量士兵来自非罗马化行省，尤其是来自巴尔干地区。韦伯芗主政罗马期间，军队中的意大利人只占 1/16；到了哈德良时代，意大利人仅占士兵总数的 1%，其中大部分来自巴尔干和非洲[①]。普劳布斯在位期间，曾将大约 1.5 万法兰克人、阿拉曼尼人编入罗马军队[②]。此为距戴克里先当政最近的一次“蛮族化”举措。上述史实说明，罗马军队的“非罗马化”“蛮族化”经历的是一个从无到有，由小到大的发展过程，戴克里先时代的军队蛮族化，不过是先前历史的一种继续。在蛮族中征召士兵，曾是戴克里先之前罗马皇帝安抚蛮族的一贯做法[③]，戴克里先不仅承袭了前辈的做法，而且向前迈进了一大步。最能说明戴克里先时代军队蛮族化的事例之一是，他的御林军（*protectores domestici*）便由日耳曼军事精英组成。皇帝身边的御林军都已“蛮族化”，其他军队的“蛮族化”程度不难推测。戴克里先时代的“罗马帝国按约定雇佣了大量蛮族雇佣军，蛮族得以从不同路径进入罗马军队，成为正式的士兵和军官，有些人晋升为高级军官”[④]。所以，戴克里先当政时，罗马军队中存在大量蛮族兵员已为正常现象。依据约定，定居罗马帝国境内的蛮族成为罗马军队的固定兵源，而且这些蛮族也有为罗马军队提供兵员的义务[⑤]，蛮族服兵役具备了合法性。戴克里先沿袭传统，除在辅军中大量征召蛮族外，还在军团大队和骑兵部队（*alae*）中征召蛮族，这些蛮族

---

① Emilija Stankovic, Diocletian's Military Reforms, ACTA UNIV. SAPIENTIAE, *Legal Studise*, 1, 1 (2012), p. 137.

② ［苏］科瓦略夫：《古代罗马史》，王以铸译，生活・读书・新知三联书店 1957 年版，第 916 页。

③ Jill Harries, *Imperial Rome*, *AD* 284 *to* 363: *The New Empire*, Edinburgh University Press Ltd., 2012, p. 8.

④ William E. Dunstan, *Ancient Rome*, Rowman & Littlefield Publishers, Inc., 2011, p. 459.

⑤ Adrian Goldsworthy, *How Rome Fell*, *Death of a Superpower*, Yale University Press, 2009, p. 209.

的大队以蛮族部落的名字命名①。

罗马军队的蛮族化，还与历代统治者推行罗马领土吸纳蛮族移民的政策有直接关系。蛮族通过殖民进入罗马境内，增加了帝国的劳动力，其志愿者则成为罗马军队的重要兵源。蛮族进入罗马军队大致有三种路径：其一，某些蛮族自愿到罗马军队中服役；其二，从归属罗马的蛮族中征召，这些蛮族大多数居住在北部边界和巴尔干地区；其三，在帝国境外被征服的部落中征召，这些部落是罗马军队的盟友。这些盟友通过帮助罗马军队战胜敌人，获得金钱或食物作为回报。此处的盟友，以戴克里先时代军团中的辅军为代表。辅军接受了在军队服役的协议后②，到罗马军队服役。戴克里先登基后，主要征兵方式是征召以蛮族居多的志愿者。这些志愿者是职业军人，以军饷为目的到罗马军队服役③。总之，征兵资源紧缺与戴克里先扩充军队的矛盾非常突出，从蛮族征召军队是戴克里先的必然选择，也是帝国的必然选择。然而，在蛮族中征召军队，对于帝国军队而言，可谓“喜忧参半”：虽然解决了兵员短缺问题，但这些蛮族士兵难以调教，破坏了罗马军队长久以来形成的纪律性，传统的献身精神、家国情怀无从谈起。戴克里先对这些负面影响无能为力，为完成自己组建新的军队计划，只能征召蛮族入伍。英国著名学者迈克尔·格兰特（Michael Grant）认为，戴克里先的军事改革是对帝国军队的重建④，军队蛮族化则是重建军队的主要内容之一。

罗马帝国军队蛮族化是罗马兵员逐步减少的必然结果，且与元首制发展曲线相吻合：元首制生命力比较强大时，军队的蛮族化相对比较缓慢，军中蛮族所占比例较小；而在三世纪危机期间，元首制的权威遭遇各种反叛势力的挑战，边患日趋严重，军队的蛮族化进程加快，军队中蛮族官兵的比例逐步增加。罗马军队的蛮族化既有主观因素，也有客观

---

① A. H. M. Jones, *Roman Empire* 284-602, *A Social Economic And Administrative Survey*, Volume Ⅱ, Oxford, 1964, p. 611.

② Theodor Mommsen, *A History of Rome under the Emperors*, English translation by Clare Krojzl, Routledge, 1996, p. 327.

③ Emilija Stankovic, Diocletian's Military Reforms, ACTA UNIV. SAPIENTIAE, *Legal Studise*, 1, 1 (2012), pp. 137-138.

④ Michael Grant, *The Collapse and Recovery of the Roman Empire*, Routledge, 1999, p. 36.

原因。主观因素是，意大利人、罗马人越来越不愿意当兵打仗，而国家不可能离开军队，两者之间的矛盾只能通过军队蛮族化解决。因此，军团中充斥高卢人、西班牙人、非洲土著等非罗马-意大利人，既是帝国统治者主观上不得已而为之，也是多种因素促成的必然结果。从客观层面看，三世纪危机前后，不止一场瘟疫袭击意大利，青壮年锐减，兵源紧缺已非一时一日①。如果说瘟疫属于“天灾”的话，那么三世纪危机期间连绵不断的各种战争、冲突，则是“人祸”。在天灾人祸的交替打击之下，帝国兵源严重不足，雇佣蛮族充军越来越普遍。亚历山大·塞维鲁斯当政期间，想要更新罗马军队，尝试组建了一个大多数官兵为伊利里亚人的军团，不仅如此，他治下的罗马军队中还征召了帕提亚人、埃兰人（Alans）和哥特人，为罗马军队日后的蛮族化提供了范例②。然而，所谓“蛮族”加入罗马军队在质的层面是一个潜移默化的过程，而在量的层面则一直呈现出递进趋势。戴克里先需要强大的军队，在改革扩大了征兵的范围和数量时，更多地招募和吸引多瑙河对岸、黑海北岸的许多蛮族。军队人数和雇佣兵数量的增加，增加了帝国的财政支出，戴克里先采取税收制度改革等措施，解决军费开支问题是动因之一。越来越多的蛮族跻身罗马军队，罗马军队的素质和性质随之发生了根本性改变。当军队蛮族化已为不可逆转之势时，传统的公民兵时代宣告终结。“通常参加军团的是释放了的奴隶、奴隶和各省居民，总之是各色各样的人。在意大利，只有禁卫兵才必须是罗马公民，但是后来这一规定也取消了。因此，军队中的罗马人很快地就淹没在野蛮的和半野蛮的、罗马化的和非罗马化的成分的洪流之中了……”恩格斯指出，这是一个“恶化”的过程③。蒙森则认为，蛮族加入到罗马军队中，为军队注入了新鲜的血液，“下一步则是帝国溶解在蛮族的王国里”④。“戴

① 252年，伽鲁斯统治期间，瘟疫袭击意大利，肆虐帝国15年，死亡人数甚众，许多城市、城镇遭废弃。165—189年、250—266年的两场大瘟疫中，不止一个皇帝死于瘟疫，平民百姓的死亡数量依此不难推测。

② Emilija Stankovic, Diocletian's Military Reforms, ACTA UNIV. SAPIENTIAE, *Legal Studise*, 1, 1 (2012), p. 132.

③ 《马克思恩格斯全集》第14卷，人民出版社1965年版，第25页。

④ Theodor Mommsen, *A History of Rome under the Emperors*, English translation by Clare Krojzl, Routledge, 1996, p. 327.

克里先处心积虑地提高了军队的战斗力，增强了军队的机动性，但兵员的质量每天都在下降，日益增多的蛮族雇佣军使军队改变了原来的性质。”① 军队蛮族化为罗马人不得已的选择，解决的仅仅是眼前的“量”的问题，“质”的负面效应将成为罗马人不得不吞下的一颗苦果。戴克里先当政时期，军队蛮族化似有顺应潮流之意味。军队扩大规模、用兵四方等多方面的压力，军队除征召蛮族外，已别无选择。

驻防部队是戴克里先军队中主力和有生力量，就是这样一支重要军队，也“主要从境外征召”②。所以，戴克里先军事改革的重要结果之一是加快了军队的蛮族化步伐，越来越多的蛮族成为罗马军人。此时，“外邦人加入到罗马军队中，而且以日耳曼人为主”③。因戴克里先大量征召蛮族雇佣兵，军队里充满了外族官兵。当然，戴克里先当政期间军队蛮族化步伐加快，当时的战争形势，以及蛮族较强的战斗力等都是必须关注的因素。在当时的罗马军队中，最有战斗力的部队由蛮族组成，并由蛮族军官指挥④。除了骑兵之外，这一时期新的辅军部队，清一色由日耳曼人组成⑤。罗马军队中增加骑兵比重，是战争发展的结果，也是蛮族入侵带给罗马人的启发。蛮族骑兵一天可行进 80 千米，罗马步兵无论如何也达不到这一水平⑥。罗马军队增加了骑兵的比重之后，这一问题便迎刃而解。因此，罗马军队蛮族化的一个不容忽视的因素是，蛮族在军事上的一些长处是罗马人不具备的，蛮族进入罗马军队为军队注入了新鲜的活力。

前文已经述及增加军队的数量是戴克里先军事改革的主要内容之

① Victor Chapot, *The Roman World*, Translated by E. A. Parker, Routledge, 1996, p. 50.

② Michael Grant, *The Collapse and Recovery of the Roman Empire*, . Routledge, 1999, p. 38. 萨尔马提亚人被打败之后，大批萨尔马提亚人进入到戴克里先的军队中。

③ Theodor Mommsen, *A History of Rome under the Emperors*, English translation by Clare Krojzl, Routledge, 1996, p. 317.

④ H. Stuart Jones, *The Roman Empire*, *B. C.* 29–*A. D.* 476, New York: G. P. Putnam's Sons, London: T. Fisher Unwin, 1908, p. 368.

⑤ Theodor Mommsen, *A History of Rome under the Emperors*, English translation by Clare Krojzl, Routledge, 1996, p. 327.

⑥ Stefan G. Chrissanthos, *Warfare in the Ancient World: from the Bronze Age to the fall of Rome*, Greenwood Publishing Group, Inc., 2008, p. 178.

一，蒙森认为，这种数量的扩张，原因在于戴克里先把更多的蛮族吸纳至帝国军队中。[①] 因此，有理由认为，戴克里先增加军队人数是军队蛮族化的原因之一，是蛮族化让戴克里先达到了扩充军队的目的。军队蛮族化不仅带来了军队构成成分的变化，而且导致了罗马军队在整体上发生改变："罗马和野蛮人之间在装备和武器的一切差别都消失了，而在体力和精神上都占优势的日耳曼人就跨过已丧失罗马特征的军团的遗骸而前进了。"[②] 戴克里先加快了军队蛮族化步伐，结果是："戴克里先及其继任者的士兵完全从帝国内最为落后的民族中选出，士兵们的文化素质越低，皇帝就越以此为荣。所以，最受尊敬的士兵是日耳曼人，他们压根就不是帝国的国民。"[③] 戴克里先征召蛮族入伍，弥补了兵员匮乏之不足，改变了兵员成分，令帝国军队越来越远离"罗马"的属性。这种后果是戴克里先军队改革的消极影响之一。军队蛮族化过程中，戴克里先所持有的态度是保守的，他不允许军队中的日耳曼人担任高级指挥官[④]，但这一举措丝毫没有影响军队蛮族化的速度和步伐。

从战争发展和战场需要考虑，戴克里先时代军队蛮族化趋势的加强，与骑兵地位的提高有直接关系。一直以来，罗马军队以步兵为主力，骑兵不占主导地位。三世纪危机以降，蛮族入侵频繁，以步兵应对机动性强的骑兵，困难重重。当然，对蛮族骑兵的重视远不止三世纪危机时代，早在公元前 1 世纪恺撒征服高卢时，就曾将战败的高卢骑兵编入自己的军队中。戴克里先当政后，推进军事改革，对增强军队的机动性给予较多关注，骑兵的地位由此得到提升，蛮族骑兵受到重视是戴克里先的必然选择。

戴克里先时期，帝国军队中大量的蛮族雇佣兵主要集中在欧洲边境地区。军队中的蛮族兵员"被派往整个欧洲的边境地区，以应对日耳曼背景的蛮族各个部落。作为军人居民的数量巨大，以充实荒芜的各个行

---

① Theodor Mommsen, *A History of Rome under the Emperors*, English translation by Clare Krojzl, Routledge, 1996, p. 300.

② 《马克思恩格斯全集》第 14 卷，人民出版社 1965 年版，第 26 页。

③ ［美］M. 罗斯托夫采夫：《罗马》，邹芝译，世纪出版集团 2014 年版，第 221—222 页。

④ Stephen Williams, *Diocletian and the Roman Recovery*, Routledge, 1996, p. 98.

省，协助保卫这些地区的安全。帝国依据约定雇佣大量蛮族作为雇佣兵”①。尚不清楚戴克里先是否推行“以蛮治蛮”的策略，但因兵源匮乏，戍边部队中蛮族兵员也占有相当大的比重。蛮族进入罗马军队，既有正式兵员，也有雇佣军，无论是戍边部队，抑或机动部队，蛮族的比例前所未有。因此，戴克里先的军事改革在提高军队战斗力的同时，也极大推进了军队的蛮族化。

第三节　边防体系的加强与建构

戴克里先的军事改革与加强、重构边境防御体系联系，以及绥靖边疆的一系列战事交织在一起②。“戴克里先和副手们开会商讨后，决定帝国的政策，目的是维护公众的安宁，使用的手段……为加强罗马边界的防御工事。在东方从埃及到波斯的边界，将固定的营地成一线配置，每个营地有适当数量的驻防部队，派出军官负责指挥……使漫长的防线更为坚固，成为无法飞跃的天堑。”③ 戴克里先是否将边境建成了“无法飞跃的天堑”有值得商榷之处，但加强了边防，三世纪危机以来被动局面得到扭转却是事实。

戴克里先重视加强边防，强化边境防御体系建设，不仅是出于主观愿望，而且是客观实际使然。戴克里先登基时，延绵百余年的边患，让罗马帝国“四面受敌”④，处境艰难。特别是3世纪60年代，帝国的边防能力跌入谷底，边境要么面临威胁，要么被突破⑤。罗马帝国历史上，即使边患并不凸显的时代，历代元首、皇帝重视边境者也不乏其人。然而，三世纪危机期间，军队热衷内战，边防松弛，蛮族入侵，随之而来的一个连带性负面效应是对帝国经济的巨大破坏。尤其是商业活

① William E. Dunstan, *Ancient Rome*, Rowman & Littlefield Publishers, Inc., 2011, p. 424.

② 许多时候，戴克里先一面收复失地，一面建造堡垒、要塞为核心的边防体系。为突出边防体系的重要性，将加强边防体系与戴克里先的一系列军事行动分开叙述。

③ ［英］爱德华·吉本：《罗马帝国衰亡史》（第1册），席代岳译，吉林出版集团有限责任公司2008年版，第295页。

④ ［美］M. 罗斯托夫采夫：《罗马帝国社会经济史》（下册），马雍、厉以宁译，商务印书馆1985年版，第654页。

⑤ Pat Southern, *The Roman Empire: from Severus to Constantine*, Routledge, 2001, p. i.

动遭受到致命打击："商业活动如此的萧条不振，大部分要归因于那些最先进的和最富足的外省所经常面临的外患。"① 近乎"有边无防"的边防体系，使戴克里先既面临着经过三世纪危机摧残的政治乱象，也面对着因边患造成的经济"残局"。戴克里先必须建立新的、更加牢固的边防体系，方能扭转局面。尤其是戴克里先乱世称王，深谙边境安全一定是重中之重的道理。三世纪危机已经揭示出，境外蛮族入侵和境内一些地区的反叛轻而易举地利用了帝国防御能力持续下降的弱点②，乘虚而入，危及帝国安全。因此，边防问题已经成为罗马帝国生死攸关的问题③。

戴克里先平定边防，首先是通过东征西战，陆续赶走了各种入侵者，收复了失地，而如何巩固胜利成果，确保帝国边境安宁，营建能够抵御外敌、防御能力较强的防御体系，则是戴克里先一项较为突出的业绩，使帝国的重重边患得以有效缓解④。戴克里先加强边防体系集中表现在"修"和"建"两个方面，且"修"多于"建"。戴克里先"全面地修复了边境体系……"例如，通过在希尔塞斯乌姆（Circesium）构筑防御工事，强化了罗马军队抵御波斯入侵叙利亚的能力⑤。罗马史家阿米亚努斯·马尔塞利乌斯（Ammianus Marcellinus）记载，希尔塞斯乌姆原本是一座规模很小，且没有防御的城市。戴克里先战胜波斯人之后，建设边境纵深防御体系时，在这里修建了高高的塔楼和围墙，以防

---

① ［美］M. 罗斯托夫采夫：《罗马帝国社会经济史》（下册），马雍、厉以宁译，商务印书馆1985年版，第651页。

② Emilija Stankovic, Diocletian's Military Reforms, ACTA UNIV. SAPIENTIAE, *Legal Studise*, 1, 1 (2012), p. 130.

③ ［美］M. 罗斯托夫采夫：《罗马帝国社会经济史》（下册），马雍、厉以宁译，商务印书馆1985年版，第643页。

④ 涉及罗马帝国边防体系，首先应关注边境及其定义。一般意义上讲，边境不仅有军事功能，更有其他诸多功能：关税壁垒、情报基地、行省内外的警察事务的辅助手段、交通线的设防，以及罗马领土的界线（Pat Southern, *The Roman Empire: from Severus to Constantine*, Routledge, 2001, p. 273.）。但此处所要讨论的只是边境的军事职能。

⑤ *The Cambridge Ancient History*, Second Edition, Volume XII, The Crisis of Empire, a. d. 193-337. Cambridge University Press, 2008, p. 73.

止波斯人入侵叙利亚①。希尔塞斯乌姆在戴克里先时代，成为罗马人在东方防御体系链条上的重要一环。戴克里先当政期间，对东方边境防御体系的营建比之前代皇帝毫不逊色，而且这些防御设施发挥了积极的作用，维护了帝国东部边境安全。

要塞、堡垒是罗马帝国边境防御体系的构成要件，戴克里先时期建造的要塞、堡垒比之从前更加坚固，抵御外敌的功能更强大。前几个世纪建造的要塞功能较差，往往达不到防御的目的，原因是这些要塞门的设置偏多（旧式营垒通常为 4 个城门），外敌可轻易破门而入。另外，这些几个世纪前建造的要塞围墙通常较矮，高度仅有 6 米，无法长时期抵挡进攻，往往短时间内被攻克。戴克里先建造了更坚固的要塞，面积更大，围墙更坚固，护城河宽 7.6—12 米，城墙上设置棱堡、瞭望塔、投石器、弓弩等，绵延 180 多米，只设有一个或两个城门，通过吊索桥进入。要塞建有谷仓，饲养一些畜禽，还储存一些铠甲和各种兵器，要塞里的人们据此拥有了独立坚守的条件。在东方的一些营寨、要塞，为防止敌军挖地道攻击，抬高了营寨内部地面。要塞也可以作为罗马官兵、公民的避难地，暂时躲避来犯之敌的攻击。这些要塞能够阻止入侵之敌的进攻，可以作为反攻的基地，也可以切断入侵者的交通线和补给线。因这些要塞能够抵抗侵略者的进攻，为增援军队快速开往出事地点赢得了时间②。戴克里先修筑的这些边防要塞既有战术意义，也有战略意义，克服了原有要塞的弱点与不足，使边防要塞能够名副其实地发挥戍边作用。

戴克里先重视东部边境防御体系的同时，从未放松北部边境防御体系的建设，而且是一边同蛮族交战，一边营造防御体系。在 293 年和 294 年对萨尔马提亚人（Sarmatian）战争初期，戴克里先就已经着手在潘诺尼亚修筑防御体系，在多瑙河对岸（今天匈牙利境内）萨尔马提亚人的领土上，建造了多处军事基地。这些防御设施可以保护边境，可以作为瞭望哨，也能作为沿河巡逻军队的基地；在发现敌人越境时，亦

① *The Roman Eastern Frontier and the Persian Wars*,（*AD* 226-363）: *A Documentary History*, Compiled and edited by Michael H. Dodgeon and Samuel N. C. Lieu, Routledge, 1999, p. 107.

② Stefan G. Chrissanthos, *Warfare in the Ancient World*: *from the Bronze Age to the fall of Rome*, Greenwood Publishing Group, Inc., 2008, p. 179.

能快速调动大部队迎击，可发挥多方面的作用。在295年返回尼科米底亚之前，戴克里先持续巡查从希尔米乌姆，至拉提亚里亚（Ratiaria，保加利亚西北部），以及都洛斯特鲁姆（Durostorum）一线的防御体系的重建情况①。和东部边境一样，戴克里先修建、重建了多瑙河防御体系，包括在边境线上重新设计了要塞，即3世纪末出现的扇形角楼、U形间隔塔楼②，有时也采用上锁的旧式门楼③。戴克里先时期建造的要塞的塔楼一般为4座。莱茵河上的迪维提亚（Divitia，位于今天德国科隆境内）要塞即建有4座塔楼。戴克里先对重构边防体系不仅重视，而且付诸实践，上述事例证明了边防体系在设施上有所加强。历史学家们宣称，戴克里先花费大量的时间、精力和国家资源修复现存的边防体系，并且新建了一批防御设施④，实现了“修”“建”并举。先前边境线上用泥土堆积而成的小型要塞，现在被石块砌成的堡垒取代；石砌的瞭望塔取代了木制瞭望台。此时的要塞、堡垒建筑材料发生了巨大变化，比从前更加坚固，抵抗外敌入侵的能力增强，发挥的作用更加积极。戴克里先曾和自己的恺撒加莱里乌斯共同在莱茵河地区与蛮族交战，翁婿二人最大的收获是，加强了边境防御，各种堡垒要塞、桥头堡、高等级军事公路、高厚城墙的城镇等，构成了复杂的、卓有成效的防御体系。戴克里先不仅战胜了入侵之敌，收复了领土，还使边防更加牢固。

鉴于三世纪危机造成的内乱和边防压力，戴克里先在进行军事改革

---

① Stephen Williams, *Diocletian and the Roman Recovery*, Routledge, 1996, p. 76.

② 位于今天英国境内的波尔切斯特（Portchester）营寨全部城墙遗址至今仍存，最初建造的20座U形棱堡，大部分依稀可见。戴克里先之前的军团营寨，塔楼城墙是必不可少的组成部分。这时的塔楼主要用于观察敌情，没有突出在墙外，与之相连的通道仅仅用于哨兵行走，过于狭窄低矮，无法用于战斗员作战。戴克里先时期新建的要塞、城市（镇）围墙的方形、圆形、多边形塔楼突出墙外，能够在城墙的各个位置部署弓箭手、弓弩等。在塔楼顶端，安装投石器，有效射程超过270米。在一些规模较大的营寨、要塞，部署被称为“野驴”的弩炮，发射大石块或连续发射小石块。位于今天英国约克的多边形塔楼为君士坦提乌斯修建，是这一时期塔楼的典范，旧有较窄的护城河，被距城墙27米宽的护城河取代，可以有效抵御来犯之敌架云梯发动进攻。见Stephen Williams, *Diocletian and the Roman Recovery*, Routledge, 1996, p. 99。

③ Pat Southern, *The Roman Empire: from Severus to Constantine*, Routledge, 2001, p. 276.

④ Ibid., p. 287.

的同时，加强边防体系建设，总体上卓有成效。在“四帝共治”统治模式下，依据分工，各主一方的“四帝”辖区之内，负责不同边境地区的边防事务：君士坦提乌斯负责莱茵河，马克西米安管辖莱茵河、多瑙河上游，加莱里乌斯负责多瑙河，戴克里先主管幼发拉底河。这几条重要的河流是帝国边境防御体系的重要组成部分，强化了这几条河流的防御体系，便等于加强了帝国北部、东部边境的防线。由此可知，“四帝”在“四分帝国”时，分配了各自应当把守的边境线。“四帝”将帝国一分为四，绝不意味着“画地为牢”，各自为政，但在“四帝共治”（包括“二帝共治”）的十几年中，除了对波斯战争戴克里先与加莱里乌斯并肩作战外，鲜见两个皇帝一同现身战场的事例。学术界认为，这种军事体制的弊端在于军队调动的灵活性降低，还造成军队数量大幅度增加。由于“四帝共治”短命，这种军事体制的优劣尚未充分显现，便伴随“四帝共治”一同作古。

戴克里先在“修”“建”边防设施过程中：一部分已有的防御工事、堡垒、要塞等得到修复、加固，另一部分则是新建了一批防御设施①。莱茵河、多瑙河历来是帝国防御蛮族入侵的最前沿，为帝国重点防御地段。毫无例外，戴克里先也非常重视这里的防御。“从莱茵河口一直到多瑙河口的古老营地、城镇和碉堡，全部加以整修。”② 戴克里

① 关于戴克里先对边防体系的“修复”和“建造”事例较多，其中一个有代表性的案例是“边墙”的“修”与“建”。戴克里先当政之前，罗马人修筑的“边墙”以泥沙为建筑材料修造，大部分遭损毁。戴克里先加强边防体系过程中，以石头建造的“边墙”取而代之，使“边墙”比从前坚固许多。由于三世纪危机期间边防松弛，屡遭外敌进犯，3 世纪 80 年代，新建的石头军事建筑出现在边境线上。但这种加固仅仅局限于一些重要地带，戴克里先则对整个帝国的边境防御体系进行了加固（Stephen Williams, *Diocletian and the Roman Recovery*, Routledge, 1996, p. 54.）。涉及戴克里先边防体系的“修复”和“建造”，除了边墙之外，新建的要塞堡垒也是“建”的主要内容。戴克里先所建各类要塞、堡垒、驻军营垒等，尽管外在形式上看没有特殊之处，但在规格、大小等方面已与旧有的军团、辅军驻扎的营寨差别巨大，体现了戴克里先新建的营垒、要塞的坚固性等特点。

② ［英］爱德华·吉本：《罗马帝国衰亡史》（第 1 册），席代岳译，吉林出版集团有限责任公司 2008 年版，第 295 页。莱茵河、多瑙河边境为历代罗马帝国统治者所重视。“五贤帝”统治时期加固过这里的防线，但主要建筑是壕沟和木栅栏。公元 213 年，卡拉卡拉曾将“五贤帝”修筑的防线改造成为石头、砖瓦为材料的防线。

先强化边境防御过程中，针对哥特人的防御意义重大。“在罗马人与哥特人的关系史上，最为重要的是戴克里先沿多瑙河构筑了堡垒要塞。”[①]这些要塞堡垒有的是新构筑的，有的则是在原有基础上加固扩大。戴克里先统治期间，对帝国边防体系修建、加固，体现了整体性，覆盖四面八方，形成了由边墙、堤坝、要塞和堡垒等连成一体的边境防御体系，体现出易守难攻的特长。为使防御体系发挥应有的作用，帝国专门修筑了具有战略意义的公路。在多瑙河与莱茵河沿线建造一系列新的要塞、堡垒的同时，不列颠北部的各种防御设施也得到修复或重建。在东方，戴克里先通过修筑从大马士革[②]向北至幼发拉底河岸边的素拉（Sura），以及通过从佩特拉（Petra）至波斯特拉（Bostra），东面通向埃美萨[③]，从帕尔米拉（Palmyra）[④]至希尔塞斯乌姆沿边境线修建要塞，在安提柯、大马士革这样的设防城市设置军工厂等[⑤]，帝国幼发拉底河南部的边防得到了恢复和加强[⑥]。帕尔米拉的堡垒于3世纪90年代期间彻底完成。大马士革至帕尔米拉、帕尔米拉至素拉之间堡垒、要塞，有的为新建，有的则属重建。戴克里先的这些努力的结果是，建造了公路网，从幼发拉底河至红海修筑了堡垒和要塞[⑦]，真正形成了有效的防御体系。“伴随罗马幼发拉底河控制范围的东移，罗马人建设了跨越亚洲大草原

---

① Michael Kulikowski, *Rome's Gothic Wars, from the third Century to Alaric*, Cambridge University Press, 2007, p. 31.

② 大马士革是这一地区防御体系的关键点。大马士革连接着保护北方商人、农夫免受来自阿拉伯沙漠游牧民族劫掠的边境堡垒。戴克里先还在这里建造了一座兵器工厂，用以及时解决远离帝国中心地带守军装备的供给之需。

③ 在战胜波斯之前，埃美萨便重新回到罗马人手中。戴克里先在这里建立了一座兵器工厂，以满足所收复行省的战事需要。

④ 帕尔米拉在奥莱里安统治时期因暴乱破坏严重，戴克里先向这里派驻了一个军团，建造了兵营还建造了一座浴场。尽管这座城市辉煌不再，人口也少于先前，但在五六世纪依然是一个知名的都市。见 *Frontiers in the Roman World: proceedings of the ninth Workshop of the International Network Impact of Empire* (*Durham*, 16-19 *April* 2009), edited by Olivier Hekster and Ted Kaizer. Leiden · Boston. 2011, p. 237。

⑤ 大马士革出产优质钢材，这里的军工厂为罗马军队提供高质量的兵器。

⑥ M. Cary, H. H. Scullard, *A History of Rome, Down to the Reign of Constantine* (Third Edition), The Macmilan Press Ltd., 1975, p. 533.

⑦ Bill Leadbetter, *Galerius and the will of Diocletian*, Routledge, 2009, pp. 87-88.

的军事公路。"① 这一地区的边防得到了巩固和加强，扭转了3世纪以来的被动局面。

戴克里先加强边境防御体系的建设活动分布在非洲、叙利亚和阿拉伯边界，以及莱茵河与多瑙河等地区②。戴克里先对非洲、埃及非常重视，亲临这里指挥平定叛乱。非洲、埃及的防御体系的建设也与其他边境地区同步进行。一条罗马人的公路从凯诺波利斯（Caenopolis）或马克西米安波利斯（Maximianopolis），横贯东北，通向设防的红海港口（今天的阿布沙阿——Abu Sha'ar）。这里的要塞可以追溯至托勒密时代，但今天能够看到的证据表明，要塞建于3世纪最后10年，即至少是以戴克里先当政期间的建筑为主。这条沙漠公路加强了原有沙漠地区的边境堡垒的防御能力③。

在一些容易遭受外敌进犯的边境地区，罗马人构筑了防御工事，驻扎了"戍边部队"。罗马帝国很早就建筑了类似的防御设施，至今仍存的英国境内的哈德良长城遗址，是当时为了把罗马不列颠同蛮族分离开来而建造的。这些防御工事的构筑是罗马军事史的战略转折点，标志着罗马帝国由攻势转为守势。士兵在边境地区生活，开垦这里的土地，使戍边具有了其他意义。因此，帝国防御体系的建立值得特别关注④。

一般意义上讲，戴克里先时代的军队可以分成两部分：原有的驻扎边境地区的"戍边部队"和新组建的野战部队。边防部队由军团士兵和骑兵分队组成，称为"*riparienses* or *ripenses*，*castriciani* or *pseudocomitatenses*"，驻扎在边境线的要塞内。新组建的"机动部队"主要由军团士兵和"骑兵分队"组成⑤。在边境地区驻扎骑兵分队亦非戴克里先的发明创造，早在他之前的3世纪60年代，即加列努斯在位期间，就把骑

---

① Lukas de Blois, Peter Funke, Johannes Hahn, *The Impact of the Roman Army* (200 *B. C.* – *A. D.* 476), Brill, Lieden · Boston, 2006, p. 435.

② Emilija Stankovic, Diocletian's Military Reforms, ACTA UNIV. SAPIENTIAE, *Legal Studise*, 1, 1 (2012), p. 130.

③ Bill Leadbetter, *Galerius and the will of Diocletian*, Routledge, 2009, p. 85.

④ Emilija Stankovic, Diocletian's Military Reforms, ACTA UNIV. SAPIENTIAE, *Legal Studise*, 1, 1 (2012), p. 133.

⑤ Theodor Mommsen, *A History of Rome under the Emperors*, English translation by Clare Krojzl, Routledge, 1996, p. 329.

兵分队驻扎在边境地区。这一时期的骑兵分队大约由 500 精壮组成。之所以会在这一时期出现骑兵分队，原因在于这一时期的骑兵数量大幅度增加，使骑兵得以从所在军团分离出来，组成分队。“骑兵分队——*vexillationes*——”这一名称出现在 3 世纪末。但驻扎边境的骑兵地位也有高低之分，名曰“辅军骑兵（*alares*）”“骑士阶级（*cohortales*）”的地位远在军团士兵和骑兵之下①。

戴克里先时期，帝国的“边墙”体系发生了变化，有计划地设置了要塞和军营。“边墙”实际上是边境公路——四通八达的公路网②，出于防御之需要，构筑了壕沟和堡垒。其中，最有代表性的是在亚洲沙漠边缘修筑的公路——“戴克里先大道”（*Strata Diocletiana*）的主干道，指的是从阿拉伯东北至大马士革、帕尔米拉和幼发拉底河的一条高等级公路，从波斯特拉（Bostra）延伸至幼发拉底河，包括修建和重建两部

① Pat Southern, *The Roman Army: A Social and Institutional History*, ABC-CLIO, Inc. 2006, p. 250.

② 罗马人堪称古代世界筑路专家，所修建的公路网在当时独一无二。公路因罗马人的军事用途而修筑，也对罗马的军事、经济发展发挥了重要作用。据统计，到戴克里先当政时期，罗马的公路里程长达 30 万千米。其中著名的是东方边境线上的“戴克里先大道”。“大道”实际上是一条军事公路。“戴克里先大道”作为叙利亚防御的主要防线，由堡垒、要塞构成的防御体系。这些要塞、堡垒间隔为 32.2 千米（20 英里），驻扎着步兵大队或部分骑兵，彼此之间以军事公路连接，军团基地则部署在邻近地区。这条大道保证了罗马帝国对这一地区的控制，确保了从南部的叙利亚至幼发拉底河交通的畅通（Brain Campbell, *The Roman Army*, 31 *BC-AD*337, *A Source Book*. London and New York, 1994, p. 232.）。在拉丁语中，边界为 *limes*，原意为小路、小径等，后指连接边境要塞的军事公路。戴克里先强化公路为连接纽带的防御体系，是对帝国传统防御体系的继承和发扬。总之，公路对戴克里先边防体系的构筑举足轻重，是防御体系的主要内容。需要进一步说明的是，罗马帝国对亚洲地区边防的重视由来已久，弗拉维王朝对这一地区公路体系的自然状况给予了较多的关注。最著名的证据是一块出土的公元 75 年的幼发拉底河沿岸从帕尔米拉至素拉公路的里程碑。里程碑记述了公元 69 年，M. 乌尔皮乌斯·特拉亚努斯（M. Ulpius Traianus，图拉真皇帝之父，著名元老）作为军团司令官对从恺撒利亚（Caesarea，位于今天以色列境内）至希西伯利斯（Scythopolis，今以色列北部城市）公路修筑负责。另一块公元 75—76 年里程碑立于阿帕米亚（Apamea，今叙利亚境内）至帕尔米拉与卡尔基斯（Chalcis，希腊南部港口城市）至艾米撒（Emesa，今天的叙利亚霍姆斯市）两条公路的交会处。还有一块公元 72 年的里程碑，立于阿帕米亚至拉法纳亚（Raphanaea，叙利亚）公路旁（Benjamin Isaac, *The Limits of Empire*, *The Roman Army in the East*, Oxford University Press, 2009, pp. 34-35.）。这些实物证据没有面世之前，一般认为，该地区的公路营建及其成效都记在了戴克里先名下。

分。“大道”远不止一条公路，由一系列支线组成，沿途设置了观察哨、大小要塞，这些要塞之间是隐约可见的堡垒。每个堡垒要塞间32千米（20英里），驻扎步兵大队和部分骑兵，军团基地在这些要塞附近[①]，依靠公路连接。“戴克里先大道”是边防体隔系的经典之作，罗马帝国在东方防御体系就是围绕这条“大道”建构的[②]。叙利亚荒漠边缘的延伸的、加强的防御阵地是由这条大道连接的[③]。除“戴克里先大道”之外，还有一条与之平行的公路，从大马士革至帕尔米拉，但知名度不及“戴克里先大道”[④]。两条大路的功能作用相同，相互支撑，有利于对东部地区边境的防控。昔日罗马的东方行省地区出土了大量“四帝共治”时代的公路里程碑，足以说明这一地区军事公路之发达，亦说明了公路对罗马军事、边境防御的重要意义。这些四通八达的公路保证了军队的调动与机动，也让戴克里先边境防御成为名副其实的体系。这一体系确保了罗马人在该地区的控制权，维护了叙利亚至幼发拉底河地区之间交通的通畅，这一地区从此免遭外来侵略之困扰。“和帝国早期的前辈一样，大道的驿站管理公路，提供了安全保障。那些要塞吸引着商旅，最终成为常住人口。”[⑤] 所以，大道的修筑不仅具有重要的军事意义，而且经济意义不容小觑。

借助公路的连接，罗马军队增强了在东部地区的机动性，军队的运送速度、行进速度加快，方便了军队的调动，紧急和危机时刻能够发挥作用。驻防军团在这些重要的公路沿线建立基地，许多沿公路的城市、

---

① Brain Campbell, *The Roman Army, 31BC--AD337, A Source Book*, Routledge, 1994, p. 232.

② 除了这条大道之外，戴克里先还修复、新建较多的公路，形成了具有战略意义的公路网络。在这些公路沿线，罗马人建有公路堡垒，为公路提供保护。公路可以保护内部联络畅通，在外敌入侵时，能够发挥御敌作用。见 Stephen Williams, *Diocletian and the Roman Recovery*, Routledge, 1996, p. 94。

③ 与此相对应，军团驻扎在北部上幼发拉底河东岸的梅利泰内（Melitene）、萨塔拉（Satala），以及黑海地区的特拉布宗（Trabzon，今土耳其境内）。见 A. D. Lee, *Information and Frontiers: Roman Foreign Relations in Late Antiquity*, Cambridge University Press 1993, p. 53。

④ Benjamin Isaac, *The Limits of Empire, The Roman Army in the East*, Oxford University Press, 2009, p. 163.

⑤ *Economy and Exchange in the East Mediterranean during Late Antiquity*, Edited by Sean Kingsley and Michael Decker, Oxbow, 2015, p. 9.

城镇都驻扎军队，如素拉、波斯特拉、大马士革与帕尔米拉之间的达那巴（Danaba）、幼发拉底河上希尔塞斯乌姆等[①]。与公路相接的营垒、要塞一般为坚固的独立建筑，是每边6—12米高的方形瞭望塔。机动性、战斗力较强。骑兵部署在边境后方的战略要地，以加强御敌力量。各个要塞之间的距离是彼此可以观察到的距离，在外敌入侵时可相互支援。要塞规模较小，通常只能驻扎60—100人。位于今天约旦莱郡（Lejjun）[②]与乌鲁赫（Udruh）境内的要塞面积近4.5万平方米，足以容纳1000—1500人，是叙利亚北部军团较大规模的要塞。鉴于这一地区战略地位的重要性，戴克里先在此地建构的防御体系前所未有。戴克里先这种防御体系的设计不仅为了应对外敌入侵，而且可以平息游牧民族与定居农民之间的冲突，还保护两者免遭匪盗袭扰[③]。戴克里先时代，边境上的矩形要塞常常建立在战略要地[④]。要塞的城墙用石块垒砌，至少3米厚，建有瞭望塔和严密把守的城门。2世纪初年的图拉真纪功柱上的浮雕显示，军人是这些要塞的建造者[⑤]。在冷兵器时代，这种要塞堪称坚固，易守难攻，军事意义重大。

帝国东部边境麻烦较多，层出不穷，时间长达几个世纪。罗马人在东部边境建造了由公路连接的各种要塞、堡垒、驿站等，远远超出了自然屏障的保障作用。戴克里先修复、重建、加强了东部边境从黑海至红海，长达2250多千米的防御体系（但未彻底完工）。在过去的

---

① Benjamin Isaac, *The Limits of Empire*, *The Roman Army in the East*, Oxford University Press, 2009, p. 165.

② 2世纪初，哈德良在不列颠修筑的哈德良长城沿线，每一个要塞容纳60人左右。同样在2世纪，军团驻扎的边境要塞、营垒则按容纳5000人设计建造。这种差异反映出，帝国的边境地区的防御任务远比不列颠更加繁重。

③ Lukas de Blois, Peter Funke, Johannes Hahn, *The Impact of the Roman Army* (200 *B. C.* - *A. D.* 476), Brill, Lieden · Boston, 2006, pp. 421-422.

④ 一直到3世纪，罗马人的要塞都是长方形的，由四角、一定间隔的塔楼和并不高厚的城墙构成，没有宽阔的护墙和壕沟。戴克里先改变要塞的结构，要塞外形变为正方形，设有突出的四角、间隔塔楼，以及宽阔护墙的城墙更加厚实，城门也严密防守。军营建造在面对城墙的要塞内部。见 Benjamin Jsaac, *Limits of Empire*, *The Roman Army in the East* (Revised Edition), Oxford University Press, 2000, p. 187。

⑤ Lesley Adkins and Roy A. Adkins, *Handbook to life in ancient Rome*, Facts On File, 1983, p. 100.

许多年里，这一重要防线的大部分已彻底损毁①。帝国早期依赖附属国及其军队为缓冲地带，但效果不佳，无法抵御强大的外族入侵。戴克里先重新建构了东方边境的防御体系，建造和重建沿线许多要塞、堡垒②，形成了有效的新边境防御体系，“修”与“建”的成果值得肯定。尤其需要提及的是，“戴克里先大道”的修筑划定了沿亚洲沙漠罗马帝国领土的东部界线，阻止了萨拉森人的进犯③，成果堪称显著。

戴克里先时代罗马帝国公路网的完善、建造，与戴克里先的行省改革关系密切。戴克里先“缩小”了原有行省的规模，行省数量增加，军队的给养及其供应方式也需要相应改革，于是，改善原有的公路网十分必要。特别是连接设置在各个战略要道上设防城市，原有的公路网亟待改进与完善④。“四帝共治”期间修筑的边墙，一部分是前代修筑边墙要塞的继续，其中以高卢为代表。高卢的边墙凸显高厚特征，厚度通常为4—5米，间壁墙常常高达9米，所用建筑材料为石块⑤。现存于英国波切斯特境内的城堡，是罗马人修筑要塞另一个比较好的典型。要塞城墙3米厚，6米高，建有20座棱堡，两条壕沟环绕。如此众多的堡垒，在帝国早期的要塞中是少见的⑥。

戴克里先差不多在每一个行省都修筑了公路，构筑了防御工事，说明修复边防体系的任务之艰巨，反映出戴克里先边防体系的修复具有全面性特征。在东方，一些地区公路沿线修筑的据点、要塞等，间隔为32千米，主要原因是这些地区居民稀少，属于贫瘠荒芜的空旷地带。

---

① Stephen Williams, *Diocletian and the Roman Recovery*, Routledge, 1996, p. 51.

② Lesley Adkins and Roy A. Adkins, *Handbook to life in ancient Rome*, Facts On File, 1983, p. 104.

③ Michael P. Speidel, *Riding for Caesar: The Roman Emperors' Horse Guards*, B. T. Batsford Ltd., 1994, pp. 202-203.

④ Hendrik W. Dey, *The Aurelian Wall and the Refashioning of Imperial Rome, AD 271-855*, Cambridge University Press, 2011, p. 129.

⑤ Ibid., p. 125.

⑥ Charles Freeman, *Egypt, Greece and Rome, Civilizations of the Ancient Mediterranean*, third edition, Oxford University Press, 2014, p. 571.

这些公路为帝国面临外来威胁时，快速调动军队创造了条件①。戴克里先将幼发拉底河畔的希尔塞斯乌姆建造成为坚固的要塞，从那时起，这里便成为边防的根据地，帕提卡第四军团（IV Parthica）即驻扎此地。同波斯战争结束若干年之后，罗马人在上底格里斯河地区的阿米达（Amida）修筑了坚固的堡垒，此后，阿米达成为罗马帝国在该地区主要的军事据点；同时，亚美尼亚与米底之间的防线也经常更新、加强②。上文所提“机动部队”和“戍边部队”都担负着保卫帝国边境的任务。由边境居民构成的“戍边部队”负责保卫边境地区，肩负着抵御外敌入侵的任务。尽管这支部队不存在调动的可能，但这支部队的士兵清楚，他们的土地和所有财富都在驻扎地区。每逢外敌入侵，这支部队可以在边境地区阻击来犯者，直至坚持到战斗力强大的“机动部队”抵达。这一军事体系的优势是多方面的：首先，把大片未开垦的边境地区变成了可耕种的土地，安抚了驻扎官兵；其次，减轻了帝国财政压力。帝国财力捉襟见肘，没有足够的金钱支付庞大的官僚机构和越来越多的军队开支，戴克里先为“戍边部队”提供土地，土地的使用与服兵役联系在一起，解决了支付这支部队军饷问题。通过这些措施，戴克里先改善了帝国的军事处境，强化了边防③。除了“戍边部队”外，规模缩小的辅军部队也沿“戴克里先大道”等地和亚洲荒漠地区驻扎④，协助驻扎边境的军团守卫边防。“戴克里先在亚洲地区边防体系的建构前所未有，不仅是为了抗击大规模入侵……而且驻扎在军队有能力平息游牧部落与当地农民之间矛盾关系引发的冲突，同时也保护双方免遭团伙劫掠的袭扰。”⑤ 由于东方行省为帝国提供了较多的税收，戴克里先

---

① Jill Harries, *Imperial Rome, AD 284 to 363: The New Empire*, Edinburgh University Press Ltd., 2012, p. 56.

② Theodor Mommsen, *A History of Rome under the Emperors*, English translation by Clare Krojzl, Routledge, 1996, p. 95, p. 115.

③ Emilija Stankovic, Diocletian's Military Reforms, ACTA UNIV. SAPIENTIAE, *Legal Studise*, 1, 1 (2012), pp. 133-134.

④ Benjamin Jsaac, *Limits of Empire, The Roman Army in the East* (Revised Edition), Oxford University Press, 2000, p. 169.

⑤ *Impact of Empire* Volume 6, Edited by Lukas de Blois & Elio Lo Cascio, Leiden · Boston, 2007, p. 422.

对东方行省比较重视，在东方行省驻扎了大约28个军团[①]，接近军团总数的一半。

在构建、强化边境防御体系过程中，戴克里先有改革、创新，也在许多方面承袭了前人做法。戴克里先试图重建传统的边境防御体系。在莱茵河、多瑙河对岸领土上，戴克里先继续了加列努斯的政策，以防止这些领土不再落入蛮族之手，莱茵河、多瑙河由此成为罗马领土与日耳曼人和萨尔马提亚人的分界线。但在继续前人的某些做法时，戴克里先通过在莱茵河、多瑙河左岸蛮族领土上一些重要的枢纽地区驻扎军队等手段，凸显了帝国军队的实力，强化了防御能力。戴克里先的边境防御体系中，在建造新的堡垒的同时，修复了许多原有的要塞，加固了栅栏，至少在叙利亚境内新建了一道栅栏。原有的防御体系中，较大的漏洞是，入侵者一旦在某场边境战役中获得胜利，那么邻近的地区在援军抵达之前，等于对入侵者敞开了大门，因为驻扎较远的援军可能在几天、几个星期，甚至是几个月后方能到达[②]。在抽调其他军团支援前线时，有时是一个军团，有时可能是军团的一部分。由于原来的军团主要驻扎边境行省，抽调边境的军团，也等于使军团原来的驻防地区产生空间或防务上的漏洞，可能会给入侵之敌留下进犯之机。总之，原有的军团体制、边防体制整体上存在"顾此失彼"的弊端。为克服这些弊端，戴克里先建构的新的边境防御体系，弥补了原有边防体系的不足，减缓了当时所面临的种种防御压力，然而，这一体系并不是帝国可以长久依赖的体系。戴克里先还将一个军团分成几个部分，分别驻扎在几个地区。这样做虽然分散了压力，但却使小规模的独立部队面临着更大的危险。例如，第三戴克里先军团（Legio Diocletiana）在埃及有四个基地，其中三个在底比斯[③]。将一个军团分散驻扎最大弊端是分散了整体的实力，降低了军团的整体作战能力，因此，戴克里先"缩小"军团，分散驻军的做法多有不可取之处。

---

① Brian Campbell, *The Romans and Their World*, Yale University, 2011, p. 208.

② Antonio Santosuosso, *Storming the Heavens: Soldiers, Emperors, and Civilians in the Roman Empire*, Westview Press, 2001, pp. 181-182.

③ Jill Harries, *Imperial Rome, AD 284 to 363: The New Empire*, Edinburgh University Press Ltd., 2012, p. 58.

戴克里先攻克亚历山大里亚后，同样在埃及建筑、修复、重建了一系列要塞和军事基地，并驻扎了 8 个军团[①]。埃及军事基地规模较大，而通往红海公路沿线修筑的要塞规模相对较小。但埃及所有要塞的建筑都给人印象深刻。大约建于 301 年的卢克索要塞遗址显示，要塞内有一座宏伟的神庙，或许是要塞中最突出的建筑物。要塞或军事基地都建有瞭望塔和菱形堡垒，瞭望塔在外观上显示了要塞、军事基地的性质。卢克索要塞与埃及其他地区的各种要塞大体相似，比之从前，数量上大幅增加，1948—1950 年，法国和瑞士考古学家对埃及迪奥尼西亚斯（Dionysias，今天埃及首都开罗以南 90 千米）要塞遗址进行了发掘。结果显示，要塞的面积为 94.4×80 米，建筑材料为砖。要塞四角设有方形塔楼，四边建有半圆形塔楼。西面居中的塔楼为方形，单扇闸门由圆形塔楼拱卫。要塞内部有通往中心规模较大的建筑物的柱廊街道，建筑物拥有在其他要塞中也能见到的神龛[②]。卢克索要塞反映出戴克里先平定埃及之后，对埃及和非洲地区边境防御的重视，以及帝国军事实力的增强。卢克索要塞体现了罗马人的军事理念，一座要塞、基地不仅具有突出的军事功能，更兼有其他社会功能[③]。总之，戴克里先时期新建的军事基地规模较小（与军团单位缩小相呼应），但城墙却比从前的要塞、堡垒更高、更厚[④]，坚固性明显增强，戴克里先的边防理念由此可窥一斑。但非洲的边防体系，直至戴克里先死后才彻底完成[⑤]。

---

① Brian Campbell, *The Romans and Their World*, Yale University, 2011. p. 208.

② Richard Alston, *Soldier and Society in Roman Egypt, A Social History*, Routledge, 1995, pp. 147-148, p. 204.

③ 不仅在埃及，在欧洲地区，依据罗马人的一贯传统，所建筑各种要塞、营垒、军事基地等内部基础设施“一应俱全”：街道、各种军队用房、生活区等。久而久之，这些罗马军队的驻地变成了城市或城镇。类似城市（镇）非常多，与戴克里先相关的、一个典型城市是塞尔西乌姆。戴克里先曾在这里建造一座规模巨大的要塞，用以保卫查波拉斯（Chaboras）河口的塞尔西乌姆，后被查士丁尼扩大，变为城市。见 Jones, A. H. M., *Cities of the Eastern Roman Provinces*, Oxford University Press, 1998, p. 223。

④ Adrian Goldsworthy, *How Rome Fell, Death of a Superpower*, Yale University Press, 2009, p. 172.

⑤ H. M. D. Parker, The Legions of Diocletian and Constantine, *The Journal of Roman Studies*, Vol. 23 (1933), p. 180.

戴克里先治下修筑的各种要塞、堡垒总体规模依据需要与此前相比大小不一。2 世纪的军事营寨大约 120 平方米，戴克里先时期沿公路建造的要塞营垒则仅为 20 多平方米，但萨克森沿岸的战略要塞却大于从前，达到了 180 多平方米。新建（包括部分重建）各种要塞、营垒的地点及其选择也不是随意性的，往往坐落在高地、河畔、水源等利于防御的地点建造①。这些地点新建的坚固要塞、营垒，有地利可依，易守难攻，能够充分发挥边境防御的作用。比如，不列颠建造的 10 座要塞全部建造在自然港口与河口，其中佩文西（Pevensey）、波尔切斯特在中世纪仍作为城堡使用，威廉一世曾将佩文西用作桥头堡，亨利五世出征时，也曾把波尔切斯特作为基地。

戴克里先之前的帝国军队在应对蛮族入侵浪潮方面，无论是数量，还是机动性等方面，都存在不足之处。据此，戴克里先的军队改革，以及对军队的改组，旨在克服这些不足。关于边防体系的固定性，距戴克里先 200 年前的哈德良便已经发现了其中的不足之处。和戴克里先新的军事体系相比，旧有的军队越来越像地方部队。尤其是 296 年加莱里乌斯惨败给波斯军队，让戴克里先认识到了加强军队的进攻能力的必要性。戴克里先加固边防和加强军队机动性相辅相成，离开了机动性较强的军队，边防巩固无从谈起。

城防体系是罗马帝国军事防御体系的重要组成部分。戴克里先时代的美索不达米亚和叙利亚，设防的各种城市连同公路体系是防御体系的组成部分②。但许多旧有的城镇防御工事年久失修③，已经无法发挥抵御外敌入侵的作用，尤其边境城镇更需要强化城防建设。因此，戴克里先在加强边防体系建设的同时，也斥巨资修复、重建了城市、城镇的防御工事，以增强城市（镇）自身的防御能力。

三世纪危机之后，帝国境内城防之软弱已是非常严峻的问题。城

---

① Stephen Williams, *Diocletian and the Roman Recovery*, Routledge, 1996, p. 98.

② Benjamin Jsaac, *Limits of Empire*, *The Roman Army in the East* (Revised Edition), Oxford University Press, 2000, p. 255.

③ James S. Reid, *The Municipalities of the Roman Empire*, Cambridge University Press, 1913, p. 462.

市、城镇分布在帝国边境线后方，往往是受到入侵威胁的地区[1]，也是入侵重点侵略的对象，重新加强城防建设势在必行。其中最典型的是首都罗马城城墙的建造。奥莱里安统治时期，大大小小的战事络绎不绝。日耳曼人入侵意大利，威胁到首都的安全。日耳曼人虽然被击退，但首都大规模建设防御城墙则是王政时代以来的第一次[2]。与都城罗马修筑城墙相一致，帝国境内各种城镇一般通过修筑环形城墙，确保自身安全。这些城墙大多高厚，形状不甚规则，以圆形居多[3]。戴克里先建构边防体系的同时，没有放松城防建设，甚至可以认为，城市防御体系及其加强是戴克里先防御体系的重要组成部分。虽然戴克里先和恺撒、奥古斯都、图拉真一样重视公共建筑，但戴克里先在城市防御体系方面的主要贡献之一在于城墙的修复[4]。戴克里先修复、重建了帝国东西部许多主要城市的城墙，这些城市包括米兰、迦太基，以及其他数以百计帝国境内的城市。过去的几个世纪里，这些城市的城墙损毁严重，防御能力大大降低，甚至“有城无防”。蛮族入侵时期，城墙发挥着无可替代的御敌作用[5]，城墙遭到损坏或破坏，城市（镇）抵御入侵能力大打折扣。当然，戴克里先刻意加强城防，还与三世纪危机造成的破坏性后果有直接关系。三世纪危机期间，帝国不仅边患重重，而且帝国境内盗匪横行，各种敌对势力动辄在自己的国土上展开厮杀，许多民众为躲避战

---

① 罗马帝国从未有过统一的城防政策，城防及其设施的建构由城市居民自己完成（罗马城除外）。从加列努斯统治时代开始，罗马带有城墙的城市数量持续增加。城墙主要应付三种威胁：蛮族入侵、盗匪，以及罗马人自己的军队偶尔劫掠等（Pat Southern, *The Roman Empire: from Severus to Constantine*, Routledge, 2001, p. 155.）。除了加列努斯之外，普劳布斯当政期间也修筑一批城市的城墙，据说，普劳布斯修复了60座高卢城市的城墙，其中包括高卢一些主要城市。见 Pat Southern, *The Roman Empire: from Severus to Constantine*, Routledge, 2001, p. 363。

② P. J. Casey, *Carausius and Allectus, The British Usurpers*, With translations of the texts by R. S. O. Tomlin, London, 1994, p. 10.

③ M. Cary, H. H. Scullard, *A History of Rome, Down to the Reign of Constantine* (Third Edition), The Macmilan Press Ltd., 1975, p. 533, p. 534.

④ 帝国境内，规模较大的城市城墙建筑相对完善，一些规模较小的城市城墙建设规模、防御功能等却相差许多。

⑤ Theodor Mommsen, *A History of Rome under the Emperors*, English translation by Clare Krojzl, Routledge, 1996, p. 352.

乱，纷纷涌向城市，城市成为人口集中地，城市设防与城防能力显得尤为重要。戴克里先在自己统治区域的迪奥克莱诺波利斯（Diocletianopolis，位于今天保加利亚境内）建造了砖结构城墙、拱门，各种遗址至今仍可见到。从这里的城墙遗址可知，砖墙夹碎石是罗马帝国后期城墙的主要建筑材料[①]。论及城防，“四帝”的所在都城均具有重要的战略意义。戴克里先的都城尼科米底亚，另一位奥古斯都马克西米安，以及其他两个恺撒的都城要么地处战略要冲，要么交通发达便利，利于军队出动。比如，戴克里先的恺撒加莱里乌斯的都城希尔米乌姆即靠近多瑙河边境；马克西米安的都城米兰，交通发达，便于军队翻越阿尔卑斯山抵达莱茵河与多瑙河边境。不仅如此，面对阿拉曼尼人卷土重来，马克西米安加强了米兰城的防御，米兰成为边境要塞般的城市。所以，“四帝”都城的地点选择也突出了战略价值，支持了整体意义上的防御体系。“这一时期，几个皇帝驻扎、活动在环绕罗马世界的边境地区，几乎从不光顾地中海为中心的各个行省。”[②] 加强城市的防御，在抵御外敌入侵方面的作用比较特殊，防御坚固的城市不仅可以抵御外敌，而且可以为城市、城镇居民，以及周围的乡村居民提供避难之地[③]，所以，加强城市防御的意义并不逊于加强边境防御体系的建设。城墙建设是一笔巨额花销，远非地方当局所能承受。鉴此，帝国中央政权对地方修筑城墙予以财政支持。修筑、修复城市城镇城墙虽然给地方当局增加了财政负担，但出于安全与防范等方面的考虑，地方当局仍坚持城墙的建筑。城墙修复、建造遍及帝国各地，例如，不列颠并不面临外敌侵略的直接威胁，但一些城市也环绕城市修筑了城墙。不列颠的事例说明，戴克里先时代加强城市防御已为各个地区所认同。在多瑙河、莱茵河流域，罗马人驱逐了入侵的日耳曼人之后，加固、重建、修葺了原有城市城镇的城墙，不过没有沿用原来的筑墙模式，新修建的城墙墙体高厚，但比从前缩短，护城河严密保护着入城通道，成为中世纪城堡

---

① Michael Whitby, *Rome at War AD* 293-696, Osprey Publishing Limited, 2002, p. 45.

② Raymond Van Dam, *The Roman Revolution of Comstantine*, Cambridge University Press, 2007, p. 35.

③ Michael Whitby, *Rome at War AD* 293-696, Osprey Publishing Limited, 2002, p. 68.

的先驱。所有这些都预示着军事建筑新时期的到来[①]。有学者认为，戴克里先时代大规模城墙的修筑，是效仿奥莱里安修筑罗马城墙的结果。[②] 然而，奥莱里安在位时间短暂，加之随后的战乱，所建各种城墙及其效应远不及戴克里先的筑墙活动。

拜占庭时代编年史家马拉拉斯（John Malalas）指出，在从埃及至波斯广阔的边境地区，戴克里先建构了驻扎边防部队的堡垒要塞[③]，并指派每一个行省的“杜克斯”在这些营垒要塞背后驻扎大批军队，以确保边境安全[④]。尽管当代学者认为马拉拉斯言过其实，但经营如此巨大空间跨度的边防体系，的确让戴克里先颇费心思[⑤]。戴克里先苦心经营的边防体系，历来受到重视，但也评说不一。佐西莫斯指出：“由于戴克里先的高瞻远瞩，罗马帝国在边境上到处都修筑有供整支军队驻扎的城寨、营地和堡垒。因此，只要在各个据点都布满充足的军队，阻挡蛮族的入侵，他们就不可能逾越上述防线。”[⑥] 也有人把由驻扎军队的城市、要塞、堡垒构成的防御体系，称为戴克里先的“先见之明”[⑦]。“先见之明”不免有些夸大其词，由来已久的重重边患，以及戴克里先登基时承受的外族入侵压力，迫使戴克里先强化边防应是事实。就当时

---

① Stephen Williams, *Diocletian and the Roman Recovery*, Routledge, 1996, p. 93. 许多戴克里先新建的各种驻军要塞、堡垒遗址，今天仍可见到。其中许多后来成为中世纪的城堡、城镇。

② Hendrik W. Dey, *The Aurelian Wall and the Refashioning of Imperial Rome*, *AD* 271–855, Cambridge University Press, 2011, p. 127.

③ “边防部队”或“戍边部队”主要驻扎在边境沿线加强的要塞、基地中。见 Michael Grant, *Collapse and Recovery of the Roman Empire*, Routledge, 1999. p. 38。

④ *The Chronicle of John Malalas*, *A Tranlation*, by Elizabeth Jeffreys, Michael Jeffreys, Roger Scott, Melbourne 1986. p. 168.

⑤ 值得注意的是，在东方边防体系建筑、加强过程中，不仅是戴克里先的贡献，而且也包括他的恺撒加莱里乌斯的构思。见 *Frontiers in the Roman World*: *Proceedings of the ninth Workshop of the International Network Impact of Empire*（*Durham*, 16–19 *April* 2009）, edited by Olivier Hekster and Ted Kaizer. Leiden · Boston. 2011. p. 254.

⑥ ［古罗马］左西莫斯：《罗马新史》，谢品巍译，世纪出版集团、上海人民出版社 2013 年版，第 57 页。

⑦ *The Cambridge History of Greek and Roman Warfare*, Volume II, Rome from the late Republic to the late Empire, 2008, p. 413.

实际情况而论，戴克里先营造的防御体系收到了显著成效，至少在他当政20年中，无论是北方强悍蛮族，抑或是东方老大帝国波斯，都未对帝国造成实质性威胁，也未曾像三世纪危机时期那样，屡屡突破帝国防线，侵犯帝国内地。这些事实证实了戴克里先修建边防体系的积极意义，以及为帝国带来了几十年安定的结果。埃及、非洲是帝国南部边境的重要组成部分，戴克里先平定非洲之后，稳定了这里的边防，成为“帝国最高枕无忧的地方；除了一些半野蛮部落——他们的入侵只需要适当努力即可轻易击退，边境上只有漫漫黄沙……这里相对薄弱的驻军，只要合理布防，就足够应付了。”① 但埃及边境的现实从另一个角度揭示出，帝国边境的最大隐患乃至后患仍是欧陆强大的蛮族。

罗马帝国漫长的边境及其防御体系始终没有独立的规划，因为各个地区自然条件差异较大，如气候、地形等，但首要之处是，关注边境及其职能时，正视各种来自境外的威胁是重中之重。戴克里先重视边防体系建设，一面驱逐外敌，一面“修”“建”边境防御体系。至于戴克里先本人是否对边境、边防有近期或长远的规划，尚不得知。讨论戴克里先重构、建构边境防御体系的价值意义，三世纪危机造成的种种危害，可视为一个反面的例证：三世纪危机瓦解了边境行省的防御体系，罗马帝国边患日益加重。戴克里先击退了外敌，着力恢复、重建、修建了边境防御体系，帝国结束了3世纪以来边防羸弱的被动局面。诚然，完善的边防体系并不意味着终止了外敌入侵，但这一防御体系极少被外敌攻克②，亦能说明戴克里先修建的边防体系发挥了积极作用。戴克里先身后，边境保持数十年安全，从另一方面证实了戴克里先边防体系建设的积极意义。

和从前相比，戴克里先的边境防御体系大多数地区呈“回缩”“缩短”趋势，即比之前代边境后撤了一定的距离，根据防御需要，安置一些归附居民。在埃及，戴克里先将边境设在了第一瀑布，将诺巴德人

---

① ［瑞士］雅各布·布克哈特：《君士坦丁大帝时代》，宋立宏等译，上海三联书店2006年版，第95页。

② Adrian Goldsworthy, *How Rome Fell*, *Death of a Superpower*, Yale University Press, 2009, p. 171.

(Nobades) 安置在南部的缓冲地区，以对付布伦米人 (Blemmyes)[①]。尽管马克西米安清楚应在缩短的边境地区重建大批防御工事，但仍把法兰克人和其他部落安置在莱茵河与瓦尔河 (Waal) 之间。在幼发拉底河地区，罗马人扩大了领土，依据防御需要，在这一地区建立了新的边境线[②]。至于戴克里先缘何"缩短"边境线，除了戴克里先的保守观念外，边境线过于漫长，帝国疆域过于广大，或许是其中需要关注的原因。

戴克里先的"防御概念是保守的，他并未扩充3世纪末期组建的精英部队——'机动部队'，甚至没有在这方面做更多的努力。但是，大规模修建、重建的边防在各个边境地区展开……"[③] 戴克里先营造的防御体系总体上体现出防御体系的纵深。在具体实践中，戴克里先的边防建设以"修""建"为主要内容，空间辐射到帝国的南北东西，结束了三世纪危机以来边境防御的被动局面，恢复了帝国边境安全，缓解了重重危机。

第四节　近卫军与近卫军长官

戴克里先远离罗马缘故较多，与"软弱无力"的元老院和罗马是近卫军老巢，以及元老院和近卫军长时间影响皇帝人选是其中重要原因之一[④]。无论"四帝共治"的帝都选择，还是宫廷结构设置，近卫军一定是"构成要件"。然而，鉴于二百余年来近卫军好事无多，恶行累累，戴克里先在建立"多米那提"制和推行"四帝共治"过程中，对近卫军进行了大刀阔斧的改革。瑞士学者布克哈特指出："引入东方礼仪、贬低元老

---

① 有人把布伦米人称为"无头人"，不知依据何在。显然，没有头的人是不存在的，有违一般常识。吉本认为，布伦米人长相丑陋，人们看到他们都会大吃一惊〔［英］爱德华·吉本：《罗马帝国衰亡史》（第1册），席代岳译，吉林出版集团有限责任公司2008年版，第298页〕。这或许是所谓"无头人"的由来。

② Stephen Williams, *Diocletian and the Roman Recovery*, Routledge, 1996, p. 96

③ *The Oxford Cpmpanion to Classical Civilization*, Second Edition, edited by Simon Hornblower and Antony Spawforth, Oxford University Press, 2014, p. 241.

④ *The Cambridge Companion to the Age of Constantine*, edited by Noel Lenski, Cambridge University Press, 2006, p. 44.

院和缩减近卫军人数而从外部证实罗马首要地位之丧失……”① 虽然布克哈特强调的是罗马城地位的削弱，但贬低元老院、裁减近卫军应视为戴克里先当政后的重大施政举措。戴克里先清楚近卫军在罗马城发生动荡时扮演的角色，但削减近卫军的决定却是在303年庆祝戴克里先登基20周年时实施的。拉克坦提乌斯记载，10年之后，加莱里乌斯拆毁了近卫军军营。而实际上加莱里乌斯并未将此项任务进行到底②。

近卫军在帝国历史上作恶多端，在三世纪危机期间嚣张至极，戴克里先对此一清二楚。登基后，戴克里先汲取了从前的教训，将奥古斯都组建的近卫军“孤立”在罗马城，取而代之的是一支规模缩小的6000人的部队。依据两位皇帝分别称为“约维安”（Jovians）军团与“赫尔库里安”（Herculians）军团，且成员全部来自伊利里亚军团的精英③。这两支部队分属戴克里先和马克西米安两个宫廷。从人数上看，6000人和从前（近）万人近卫军相比规模小了许多。两支部队显著的区别是：颜色鲜艳的同心环和鹰位于士兵持有的大椭圆形盾牌中央，红色的为“约维安”军团，黑色的为“赫尔库里安”军团。这两支部队已不是原有的近卫军，成为新帝制的政治部队④。作为近卫军，这支新组建的部队与此前的近卫军有较大差别。其中之一是：不永久驻扎皇帝身边⑤。戴克里先的近卫军不仅在人员、功能等方面与此前的近卫军大有改变，在结构上也脱胎换骨。“戴克里先创建几支精锐马军——宫廷卫队（*scholae* 或 *scholae palatinae*）、前锋马军（*equites promoti*）和扈从马军（*equites comites*）。”⑥ “*scholae palatinae*”——号称“王宫柱廊”，因

---

① ［瑞士］雅各布·布克哈特：《君士坦丁大帝时代》，宋立宏等译，上海三联书店2006年版，第40页。

② John R. Curran, *Pagan City and Christian Capital*: *Rome in the fourth Century*: *Rome in the fourth century*, Oxford, 2000, p. 46.

③ Emilija Stankovic, Diocletian's Military Reforms, ACTA UNIV. SAPIENTIAE, *Legal Studise*, 1, 1 (2012), p. 135.

④ Stephen Williams, *Diocletian and the Roman Recovery*, Routledge, 1996, p. 59

⑤ ［瑞士］雅各布·布克哈特：《君士坦丁大帝时代》，宋立宏等译，上海三联书店2006年版，第40页。

⑥ ［英］莱斯莉·阿德金斯、罗伊·阿德金斯：《探寻古罗马文明》，张楠等译，商务印书馆2008年版，第107页。

等候皇帝发布命令之地的“柱廊”而得名[①]。戴克里先的近卫军——御林军（*protectores domestici*）是一支由老兵和新兵组成的特殊部队[②]。驻扎罗马城的近卫军军营规模依然较大，但在戴克里先改革后的新的军队结构中，已显得“多余”。最耐人寻味的是，戴克里先缩减了近卫军的人数，而他的恺撒加莱里乌斯甚至提议，把剩余的部分近卫军遣散，因为“没有皇帝居住罗马城，皇家卫队理所当然没有存在的必要”[③]。最重要的是，戴克里先清楚近卫军在罗马城发生各种骚乱中所扮演的角色[④]，对近卫军没有好感。戴克里先对近卫军的改造前所未有，既是脱胎换骨式的改革，也是依据自己的实际需要的重构。依然驻扎罗马城的近卫军与戴克里先自己组建的新的近卫军截然两回事。原有近卫军地位及其作用的丧失，一个不容忽视的客观原因是，几个皇帝无一人居住罗马城，从这一意义上讲，近卫军地位的衰微与罗马城的“边缘化”相辅相成，戴克里先削减近卫军的规模与他远离罗马城有直接关系。帝国历史上，动辄将皇帝玩弄于股掌之间，不止一次在易代之际将皇帝送上断头台的近卫军，主要活动空间在罗马城。近卫军凭借驻扎皇帝身边的地利之便，获得了诸多特权，备受宠幸，每每横行不法，祸患帝国。但此时的“四帝”无一驻跸罗马城，近卫军失去了所依恃的皇帝，要挟皇帝、兴风作浪的空间亦随之消逝。孤悬罗马城的近卫军正在走向“终点”。

戴克里先并未像从前某些的皇帝那样，采取强硬手段对待近卫军，没有马上裁汰遣散近卫军。与此前的皇帝相比，“戴克里先采取了精明的措施，近卫军的数量在不知不觉中减少，近卫军的各种特权被剥夺殆尽。”[⑤] 但真正将近卫军彻底解散，一劳永逸地剪除了帝国肌体上的毒

---

① ［英］迈克尔·格兰特：《罗马史》，王乃新、郝际陶译，上海人民出版社 2008 年版，第 299 页。

② Theodor Mommsen, *A History of Rome under the Emperors*, English translation by Clare Krojzl, Routledge, 1996, p. 328.

③ John R. Curran, *Pagan City and Christian Capital: Rome in the fourth Century*, Oxford University Press, 2000, p. 52.

④ Ibid., p. 46.

⑤ Jaroslav Pelikan, *The Fall of Rome and the Triumph of the Church*, Harper & Row, Publishers, 1987, p. 84.

瘤，是由君士坦丁大帝完成的。戴克里先“将这项工作的最后完成留给了君士坦丁”①。戴克里先对待近卫军的态度可视为君士坦丁大帝最后遣散近卫军的预演。但缩减规模、剥夺特权，“孤立”在罗马城内，也真实地表达了戴克里先对近卫军的厌恶。戴克里先既然抛弃了元首制，抛弃与元首制同生共长的近卫军，亦为理所当然。

戴克里先的有效措施降低了近卫军在帝国政治舞台上的地位和作用，标志着横行几个世纪的近卫军开始走向衰落。虽然戴克里先并没有彻底遣散、废除这支特殊军队，但却使近卫军遭到有史以来最大的重创，终于抑制了近卫军的作恶势头，嚣张气焰不复存在，从此失去了政治舞台上“呼风唤雨”的地位。考察几个世纪以来近卫军作恶多端的事实，戴克里先抛弃这支军队的措施无疑是积极的。身居强势地位的戴克里先以冷落、“孤立”、废弃为手段，对待近卫军，令这支骄横一时的特殊军队无可奈何，亦无人有胆量与强势的戴克里先抗争。与被废弃的近卫军相比，“戴克里先的御林军不是塞弗茹斯（塞维鲁）所废除的禁卫军的替代，而是一支人数少、训练精良的骑士队伍……它采用一切早期的战术，而以个人的勇敢自豪”②。与遭废弃的近卫军不同，戴克里先以自己的嫡系精英部队取代了早已质变的近卫军，为自己及其宫廷平添了安全感，对三世纪危机过后的帝国稳定起到了积极作用。

早在“二帝共治”期间，戴克里先便将帝国分为拉丁西部和希腊东部两大部分，分别交由新设置的两名近卫军长官管理。后来，两个奥古斯都各设一名恺撒，近卫军长官由此增加到四人，“级别仅次于恺撒”③，扮演“副皇帝”（*vice sacra*）角色，在一些庆典仪式上拥有帝王般的身份，亦为宫廷最高官员④，负责监督皇帝手下的文职官员，拥有任命、薪酬、惩罚、解雇等方面的权力⑤。与遭冷落的罗马近卫军长官

---

① Bill Leadbetter, *Galerius and the will of Diocletian*, Routledge, 2009, p. 180.

② ［德］奥斯瓦尔德·斯宾格勒：《西方的没落》（上册），齐世荣等译，商务印书馆1995年版，第346页。

③ ［英］约翰·瓦歇尔：《罗马帝国》，袁波、薄海昆译，青海人民出版社2010年版，第226页。

④ 同上书，第227页。

⑤ Theodor Mommsen, *A History of Rome under the Emperors*, English translation by Clare Krojzl, Routledge, 1996, p. 340.

相比，戴克里先的近卫军长官的权限范围还延伸至帝国的财政预算、道路管理、邮政、税收①、各个城市的粮食采购等领域②。近卫军长官行政化（文职化）的趋势，造成了行政权限、职能逐步扩大的现实，与之总伴随的则是军事职能的弱化。戴克里先治下的近卫军长官还兼任"帝国邮政总局局长"，掌管整个帝国的邮政系统，而且逾越了行省之间的种种障碍③。

戴克里先统治时期，原属于军事官吏的近卫军长官逐步变成了负有更多重要民事责任的官吏。近卫军长官远离军事权力，掌管司法和行政事务，这种权力的消长，近卫军长官成为帝国最主要的民事官吏，但没有军事权力④。近卫军长官指挥军队的军事权势逐步减少，行政权力日渐增多，这种此消彼长的过程，使昔日依仗近卫军兴风作浪的近卫军长官失去了军事意义，直至君士坦丁彻底解除了近卫军长官的军权⑤。

与戴克里先"共治"帝国的几个皇帝，每人都有一名近卫军长官协助自己管理军事、财政、司法等事务⑥，等于帝国设置了 4 名近卫军长

---

① 共治"四帝"所在各自首都的税收不归近卫军长官管辖，也不可以增加这些都城的税额。

② *Beyond Dogmatics*：*Law and Society in the Roman World*，Edited by J. W. Cairns and P. J. du Plessis，Edinburgh University Press，2007，p. 43.

③ Theodor Mommsen，*A History of Rome under the Emperors*，English translation by Clare Krojzl，Routledge，1996，p. 340.

④ Ibid.，p. 308，313.

⑤ Ibid.，p. 313.

⑥ Olga Tellegen-Couperus，*A Short History of Roman Law*，Published in the Taylor & Francis，2003. pp. 118-119. 关于戴克里先"四帝共治"时代近卫军长官的人数，学术界存在两种观点，一种观点认为，四个皇帝每人都有一名近卫军长官，应是四名近卫军长官；另一种观点则认为，近卫军长官依然保持两人〔Howe，Laurence Lee，*The Pretorian Prefect from Commodus to Diocletian*（*AD* 180-305），The University of Chicago Press，1942. p. 7. 〕。关于戴克里先时代的近卫军长官人数，佐西莫斯则记载为 2 人，且说明两人权力等同。但未说明担任这两个官职者为何人（Zosimus，*New History*，London：Green and Chaplin，1814. p. 53. ）。学术界普遍认为，戴克里先当政后，他任命的第一个近卫军长官是阿里斯托布鲁斯，即曾在卡卢斯手下任职的近卫军长官。296 年，戴克里先任命阿非利卡努斯・汉尼拔里亚努斯（Africanus Hannibalianus）为近卫军长官。但戴克里先手下最著名的近卫军长官是朱利乌斯・阿司克莱皮奥都图斯（Julius Asclepiodotus），285—297 年一直担任近卫军长官，曾指挥军队进军不列颠，平息了那里的叛乱。朱利乌斯・阿司克莱皮奥都图斯不仅指挥步兵，还是罗马舰队的总指挥。朱利乌斯・阿司克莱皮奥都图斯率军在不列颠登陆后，烧毁了所有船只，不准备再返回（Robert F. Evans，*Soldiers of Rome*，*Praetorian and Legionnaires*，Washington，1986. p. 64. ）。此乃帝国历史上近卫军长官最后一次率兵远征。

官。“皇帝身边的近卫军长官主要负责帝国境内行政管理事务……也负责指挥隶属皇帝的部分军队，偶尔也率军队在前线作战。”① 戴克里先把近卫军的下级军官作为帝国宫廷公务人员的负责人，通过这种做法削减近卫军长官的各种权力。戴克里先将原来的行省重新划分为 12 个行政区域，其中部分由近卫军长官负责监管，部分由副近卫军长官（*vicarii praefectorum praetorio* or *vice agens praefectorum praetorio*）管辖，12 个大行政区域中的 4 个由近卫军长官负责，其余则是副近卫军长官管辖。属于帝国中心地带的行政区域由近卫军长官管理，边远地区则由副近卫军长官负责②。副近卫军长官是戴克里先行政管理改革的产物，职能已与“近卫”毫无关系，仅仅是一种新设置官职的符号代码。“严格说来，副近卫军长官不是近卫军长官的下属，但级别低于近卫军长官。”③ 因此，副近卫军长官并非近卫军长官的下属，只是一个戴克里先新设置的官职。近卫军长官与此前帝国的行省总督相似，但又不完全等同于先前的行省总督。原来的行省总督掌管军队，主持司法，监督税收（但不涉及支出）等。新任副近卫军长官则主要负责司法和税收④，军事权力荡然无存。戴克里先侧重削减近卫军长官的军事权力，赋予其较多的行政权限，在帝国官僚体系的金字塔结构中，近卫军长官居于顶端⑤。尽管如此，近卫军长官作为管理帝国的行政官吏，权势仍然重大，只是军权弱化，无法像从前那样依仗近卫军，一人之下万人之上。

戴克里先重新组建的皇家卫队置于执事官之下。元首制时代那种权力无限，近乎无所不能的近卫军长官一去不复返。由于帝国分成了两部分，两名近卫军长官的活动空间是地理意义的，而非职权概念。分派到帝国西部的近卫军长官的管辖权限定在高卢、西班牙、不列颠，而近卫

---

① Charles Matson Odahl, *Constantine and the Christian Empire*, Routledge, 2004, p. 43.

② Theodor Mommsen, *A History of Rome under The Emperors*, English translation by Clare Krojzl, Routledge, 1996. p. 339.

③ Ibid., p. 341.

④ T. D. Barnes, *Constantine and Eusebius*, Harvard U. Press, 1981, p. 9.

⑤ John R. Love, *Antiquity and Capitalism: Max Weber and the Sociological Foundations of Roman Civilization*, Routledge, 1991, p. 436.

军长官的副手则拥有意大利、非洲和伊利里亚的司法权[①]。东方的近卫军长官驻扎拜占庭[②]，与往日骄横不羁、权倾朝野相比，戴克里先治下的近卫军长官权力、地位大为削弱，近卫军长官已经逐步远离军事和军队，正在变成一个普通的行政官职。英国著名史家伯里认为，此时的近卫军长官权力范围更加宽泛，拥有行政、财经、司法乃至立法等领域的权力，而且意大利的近卫军长官仍是帝国最高官职之一[③]。尤其在司法方面的权力日渐突出，各种上诉都由近卫军长官和副近卫军长官审理。各种从前由皇帝审理的上诉案件，均交由近卫军长官组成的上诉法庭审理[④]。这种看似比从前更加宽泛的权力，实际上否定了近卫军长官作为军事长官存在的依据。此前的近卫军长官因把控近卫军而骄横，远离了军事权，自然无所凭借，失去了滋生是非的资本。戴克里先通过权力的转移，重新确立了近卫军长官的定位，消除了来自近卫军长官的隐患。

自塞维鲁王朝任命法学家出任近卫军长官之后，近卫军长官的司法权力和军事权力同时得以加强。戴克里先剥夺了近卫军长官军事权力，尤其在行省没有任何军事权力，近卫军长官变成行政官吏。戴克里先的做法为君士坦丁大帝所承袭[⑤]，近卫军长官彻底“非军事化”。戴克里先治下的近卫军长官，各种权限似乎不比从前更小，负责事务多于从前，但唯独缺少指挥军队的权力，这一点可视为戴克里先对近卫军长官采取的最有效的制裁措施。比之从前，近卫军长官已经成为行政官吏。“曾经权力无限的副皇帝身份遭废弃”[⑥]。近卫军长官指挥近卫军的权力被剥夺的同时，曾经在帝国历史上上演过一幕幕拥废皇帝闹剧的近卫军营地，因戴克里先根本不在罗马城变得无足轻重，此后再无皇帝登基后

① Theodor Mommsen, *A History of Rome under the Emperors*, English translation by Clare Krojzl, Routledge, 1996, p. 308.

② J. B. Bury, *History of The Later Roman Empire*, Macmillan & Co, Ltd, 1923, p. 28.

③ Ibid..

④ Theodor Mommsen, *A History of Rome under the Emperors*, English translation by Clare Krojzl, Routledge, 1996, p. 344.

⑤ Howe, Laurence Lee. *The Pretorian Prefect from Commodus to Diocletian* (*AD* 180 - 305), The University of Chicago Press. 1942, p. 62.

⑥ Theodor Mommsen, *A History of Rome under The Emperors*, English translation by Clare Krojzl, Routledge, 1996. p. 340.

到此“拜访”，或屈尊到这里争得近卫军的好感与认同。305 年，戴克里先退隐田园后，近卫军营地只不过是罗马城内一个普通的要塞而已①。近卫军营地因近卫军“被边缘化”彻底失去了昔日的重要性。

第五节　军事改革的意义

军事改革是戴克里先各项改革的主要内容之一，是实现巩固边防、稳定帝国的基础和保障条件。戴克里先的军事改革帮助罗马帝国度过了内部各种反叛、外族入侵的困境，罗马帝国迎来了近 20 年和平，人口增长，经济复苏②。然而，戴克里先没有创建新的征兵制度，没有改变一直以来的军事制度③，仅仅是原有基础上推进各项改革，带有“旧瓶装新酒”之意味。戴克里先认识到了军队机动性的重要性，以及驻防的边防军与野战军的重要意义，所建构的边防体系有效抵御了外族入侵。所以，作为军事改革的直接成果，帝国军队战斗力得以提升，平定了内部叛乱，长时期的边患得以缓解。这些客观事实，从不同层面反映出戴克里先军事改革的积极成效。涉及戴克里先军事改革取得成就的原因，英国著名学者布莱恩·坎佩尔（Brain Campbell）认为，戴克里先利用了前辈皇帝治下军队的变化，实施了军事改革④。也就是说，戴克里先的军事改革是建立在前朝皇帝改革基础之上的，一些内容是先前各种改革的继续。这种观点有合理之处，但却忽视了戴克里先各项军事改革、军队改革的创新之处。

军队改革是戴克里先军事改革的核心内容，但是，“戴克里先军队改革的主旨是巩固，而非重建。在他退位的 305 年，元首制时代的边防

① Matthew Bunson, *Encyclopedia of the Roman Empire* (revised edition), Facts On File, Inc. New York NY 10001, 2002. p. 447.

② Stefan G. Chrissanthos, *Warfare in the Ancient World: from the Bronze Age to the fall of Rome*, Greenwood Publishing Group, Inc., 2008, p. 180.

③ ［美］M. 罗斯托夫采夫：《罗马帝国社会经济史》（下册），马雍、厉以宁译，商务印书馆 1985 年版，第 698 页。

④ Brain Campbell, *The Roman Army, 31BC-AD337, A Source Book*, London and New York, 1994, p. 232.

体系依稀可辨，并得到了巩固和加强，但并没有实质改变”①。戴克里先的军队改革，是对原有相关制度的完善与创新，使之更能够适应他的“多米那提”制，及早摆脱军事上的不利局面。戴克里先通过军队改革，“军队规模的扩大与重组提高了效率”②，巩固了边防，战胜了内外强敌，对军队的控制进一步强化，三世纪危机期间，军队视杀戮皇帝为儿戏的现象得到了根本性遏止，“戴克里先确保了军事将领不使用军队，按照自己的意志发动叛乱”③。无疑，这既是历史性的“突破”，也是历史性的进步，皇帝和军队之间颠倒了的关系，在戴克里先那里得以修正。军队的纪律得到了加强，继他之后的帝国虽然不能和“五贤帝”时代的强大相媲美，至少比3世纪军队的堕落与腐败有了很大改观。然而，戴克里先加强对军队控制、进行军事改革并没有真正解决军队的关键性问题——保证士兵的忠诚。“这个问题实际上是历史上的老问题……（戴克里先）自封为神，以此来保证士兵的顺从。”④ 戴克里先在位期间，军队尚能保持忠诚，但在戴克里先退位后，“士兵的顺从”化为乌有，新一轮的王位争夺战以事实证明了这一点。所以，戴克里先的军队改革不可能触动奴隶制帝国军事制度，所进行的某些完善措施，亦无法解决士兵忠诚这种深层次问题。

蒙森认为，通过戴克里先的军事改革，“军事机器运转增加了机动性，提高了效率”⑤。论及提升军队的机动性，似乎需要简单重复一下前文提到的戴克里先军队中骑兵地位和力量的加强。“骑兵地位的突出能够说明，为应对边境各种威胁需要机动性更强大的骑兵。”⑥ 戴克里

① Benjamin Isaac, *The Limits of Empire*, *The Roman Army in the East*, Oxford University Press, 2009, p. 170.

② John R. Love, *Antiquity and Capitalism*: *Max Weber and the Sociological Foundations of Roman Civilization*, Routledge, 1991, p. 176.

③ Pat Southern, *The Roman Empire*: *from Severus to Constantine*, Routledge, 2001, p. 155.

④ ［美］威廉·哈迪·麦克尼尔：《西方文明史纲》，张卫平等译，新华出版社1992年版，第165页。

⑤ Theodor Mommsen, *A History of Rome under the Emperors*, English translation by Clare Krojzl, Routledge, 1996, p. 317.

⑥ *A Companion to the Roman Empire*, edited by David Potter, Blackwell Publishing Ltd., 2006, p. 226.

先登基后面临的主要问题之一是平定边患，加强边防，帝国的确需要机动性更强的骑兵。所以，戴克里先加强骑兵建设，提升骑兵的地位，反映出了当时帝国的实际需要，顺应了军事、军队发展的一般规律。

戴克里先的军事改革主要集中在三个方面：加强驻防军队的要塞；一支拥有强大骑兵和步兵的机动部队；士兵总人数大幅度增加。应当说，戴克里先达到了目的，实现这三项军事改革目标，达到了强军的目的，军队规模扩大，增强了战斗力，边防体系得到巩固，绥靖了行省，平定了内乱，这一切都与戴克里先军队改革、治军卓有成效密切相关。

在军队的构成方面，戴克里先重建、重构的最突出的内容是，在运行数百年的军团建制中，分离出机动性较强的野战（机动）部队和戍边部队：*comitatenses* 和 *limitanei*①。戴克里先军事改革后的军队的机动性及其提高，军队在平定边防、绥靖行省过程中的表现，是事实上的证明。涉及军队改革，戴克里先对近卫军采取的严厉措施，值得关注。戴克里先从根本上治理了那支给罗马帝国带来诸多祸患的近卫军，逐步将其“边缘化”，为帝国铲除了一个动荡的祸根。

戴克里先的诸项军事改革，是建立在前朝皇帝各种改革基础之上的，但创新内容不可否定。戴克里先通过军事改革扩大了军队的规模，通过“修”“建”完善了帝国边境防御体系，增强了帝国的防御能力。戴克里先的军事改革有值得肯定的成功之处，也有失败之处。由于戴克里先扩大了军队规模，推行新的征兵政策势在必行，尤其军队接纳蛮族已呈无可逆转之势。然而，戴克里先的征兵政策无法保证优秀的人员进入军队，在军队数量大幅度增加的同时，军队兵员的质量却呈下降之势，以蛮族雇佣军为主体的军队，就献身精神而论，无法与共和国早期的军队同日而语。比如，戴克里先在解决征兵问题时，只满足了“量”

---

① 拜占庭学者认为，帝国历史上，第一个建立骑兵机动部队的皇帝是加列努斯。加列努斯把各个部队的骑兵集中在一起，组建成为一支部队，由一个指挥官指挥（Pat Southern，*The Roman Empire*：*from Severus to Constantine*，Routledge，2001，p. 271.）。这种说法只是一家之言，真正将野战机动部队和戍边部队从传统的军团体制中分离出来，使之长期存在的皇帝却是戴克里先。但加列努斯早于戴克里先 20 年，即已有了重建机动部队之举动，无疑为戴克里先提供了效仿的蓝本。对此，西方学者的议论一语中的：“总而言之，戴克里先不是 4 世纪这支机动部队的发明创造者……”见 Pat Southern，*The Roman Empire*：*from Severus to Constantine*，Routledge，2001，p. 271。

的需求，并未对“质”有明确要求。在罗马军队发展历史上，戴克里先极大地推进了军队蛮族化步伐。

戴克里先的军事改革带来的军队变化可归结为一句话：“戴克里先和君士坦丁的军事改革给军队带来的变化，几乎使繁盛时代的军队面目全非。”① 在罗马军事史上，讨论军队的变化，一般都会把目光集中在戴克里先身上②。这种变化，通过对戴克里先军事改革的叙述，似可总结为：军队数量达到了空前水平；传统的军团规模缩小，兵员来自“四面八方”，蛮族化进一步发展；军队包括野战（机动）部队和戍边部队，骑兵地位提升；军队机动性提高，作战能力增强；那支曾经祸国殃民的近卫军得到根本性治理……这些内容，承袭与创新并存，消极与积极同在。结合史实，可以发现，戴克里先军事改革、军队改革的创新之处取得了积极成效，延缓了帝国衰亡的速度，暂时避免了罗马帝国的崩溃。

戴克里先统治时期，罗马帝国收复了 3 世纪中期因外敌入侵所失去的土地③。这一点似乎可以视为戴克里先军事改革最直接的成果。戴克里先的军事改革不外乎两个目的：其一，将军队置于中央政权的掌控之下；其二，军队有能力确保帝国的安全④。结合史实，可以看出戴克里先达到了目的。戴克里先通过重建强有力的帝国政府，“成功地组建了一支有能力保持帝国领土完整的军队”⑤，也正是利用这支军队，戴克

① Pat Southern, *The Roman Army: a Social and Institutional History*, ABC-CLIO, Inc. 2006, p. 30. 戴克里先的许多改革是由君士坦丁最后完成的。尤其需要关注的是，“3 世纪晚期和 4 世初，尽职的军人皇帝（soldier-emperors）有能力推进重大的军事改革。戴克里先和君士坦丁提供了一套能够使帝国边界保持安宁的扩充的、重建的军事体制”（Richard S. Cromwell, *The Rise and Decline of the Late Roman Field Army*, White Mane Publishing Company, Inc., 1998, p. 2.）。这一评论既指出了戴克里先改革的意义，亦暗含了日后君士坦丁军事改革与戴克里先之间的关系。

② *A Companion to the Roman Empire*, edited by David Potter, Blackwell Publishing Ltd., 2006, p. 225.

③ M. Cary, H. H. Scullard, *A History of Rome, Down to the Reign of Constantine* (Third Edition), The Macmilan Press Ltd., 1975, p. 533.

④ Averil Cameron, *The Later Roman Empire, A. D. 284-430*, Fontana Press, 1993. p. 33.

⑤ Brian Campbell, *War and Society in Imperial Rome 31B. C. -A. D. 284*, Routledge, 2002, p. 154.

里先让罗马帝国渡过分崩离析的危机。

戴克里先的军事改革具有前无古人的独特性——两个奥古斯都、两个恺撒各有军队，各有自己的军队管理体制，各有自己的官兵，因此，“罗马的军事组织模式因帝国的区域划分，变得相当复杂”①。如果简单总结戴克里先军事改革的特点，不妨认为，戴克里先四帝共治“分权”的统治模式独出心裁，军事结构前所未有，复杂性也是空前的。

中外史学界从未将戴克里先视为“军事家”予以评说。然而，戴克里先的一系列军事行动，东征西讨取得的战果，以及为帝国带来的稳定和边防安宁，却足以与罗马历史上任何一个军事家比肩。

① Mitchell Stephen, *A History of the later Roman Empire*, *A. D.* 284 - 641. Second edition, Blackwell, 2007. p. 176.

第六章　绥靖行省与平定边境

戴克里先践位之时，重重边患在三世纪危机期间登峰造极。“在北欧和中欧，日耳曼诸民族，尤其是下莱茵的法兰克人和上莱茵的阿拉曼尼人，以及萨尔马提亚人和哥特人等，联合起来，持续给帝国边境制造压力。”不仅如此，多瑙河地区还发生了一系列的军事哗变①；巴尔干地区、小亚海岸等地战事频仍②。戴克里先要建立“新帝国”，不仅要稳定国内，更要绥靖行省，平定边防，驱逐外敌。因此，登基后的一段时间内，戴克里先和他的另一个奥古斯都双双忙于战事，两人的恺撒同样也在连绵不绝的战争中奔走沙场③。298 年，君士坦提乌斯在莱茵河与法兰克人交战，马克西米安则同时在非洲战场上作战，加莱里乌斯在叙利亚迎战波斯人，戴克里先在埃及镇压奥莱利乌斯·阿奇里乌斯（Aurelius Achilleus）的反叛④。“四面出击”是“四帝”当时处境比较真实的写照，反映出罗马帝国长期内外交困、“四面受敌”的窘境⑤。吉本论述了蛮族入侵罗马帝国的逻辑：“只要蛮族停止内部的争斗，守备部队的警戒稍有松弛，蛮族就会运用实力和技巧，在防线上打开一条通道。”⑥ 吉本的论述揭示的是罗

---

① Jill Harries, *Imperial Rome, AD 284 to 363: The New Empire*, Edinburgh University Press Ltd., 2012, pp. 6, 7.

② Olivier Hekster with Nicholas Zair, *Rome and Its Empire, AD193-284*, Edinburgh University Press, 2008, p. 5.

③ 戴克里先在位 20 年，绝大多数时间忙于战事，颇能说明当时罗马帝国的处境。

④ *The Cambridge companion to the Age of Constantine*, edited by Noel Lenski, Cambridge University Press, 2006, p. 326.

⑤ ［美］M. 罗斯托夫采夫：《罗马帝国社会经济史》（下册），马雍、厉以宁译，商务印书馆 1985 年版，第 654 页。

⑥ ［英］爱德华·吉本：《罗马帝国衰亡史》（第 1 册），席代岳译，吉林出版集团有限责任公司 2008 年版，第 296 页。

马与蛮族之间，在防御与进攻方面此消彼长的事实，进一步揭示了“哲学家帝王”马尔库斯·奥莱利乌斯以降，罗马帝国边境危机“常态化”的事实。许多学者在著述中论及边患带给帝国的压力。然而，重重边患不能完全归咎于蛮族的勇猛与剽悍，还应看到，三世纪危机主要是帝国的奴隶制危机，帝国内部首尾相继的纷争、兵变（以杀死推翻皇帝，另立君主为主要内容）、斗争等，从内部削弱了帝国抵御外敌入侵的能力，等于为外族入侵创造了条件。

“稳定”是戴克里先登基后面临的主要任务之一。“稳定”无外乎两项内容：对内消除内乱，绥靖行省；对外平定蛮族的各种反叛，修复帝国边防体系①，而且内外战交织在一起。戴克里先“内战”“外战”的终极目的是巩固自己的统治。戴克里先是通过一系列战争实现“稳定”的。在绥靖行省、平定边境过程中，经历了哪些战争，获得了哪些胜利，通过他获得的一连串名号可知大概：*Sarmaticus maximus quater*，*Carpicus maximus*，*Germanicus maximus sexies*，*Britannicus maximus*。这些名号告诉我们，戴克里先两次战胜波斯人，一次战胜亚美尼亚人，一次战胜了亚迪亚伯尼（Adiabene）。名号中的卡尔皮库斯（*Carpicus*）指的是戴克里先298—301年多次同卡尔皮人（*Carpi*）②进行战争，日耳曼尼库斯主要指戴克里先同多瑙河的哥特人、马克罗曼尼人和哥特人进行的一系列战争③。戴克里先东征西讨，先后亲临多瑙河、亚美尼亚、美索不达米亚和埃及等地战场指挥军队，这些军事行动本质上是大规模军事反攻，且多以获得胜利告终，不仅收复了失地，而且恢复了秩序和罗马人的权威。

3世纪80年代，戴克里先和马克西米安就已经显示出通过武力维护边境安全、恢复帝国的决心④。为了维护边境安全，常常是“四

① Beate Dignas and Engelbert Winter, *Rome and Persia in Late Antiquity: Neighbours and Rivals*, Cambridge University Press, 2007, p. 26.

② 卡尔皮人系达契亚人中的一个族团。3世纪，卡尔皮人领导了蛮族袭扰罗马行省的浪潮。

③ Theodor Mommsen, *A History of Rome under the Emperors*, English translation by Clare Krojzl, Routledge, 1996, p. 284.

④ Michael Kulikowski, *Rome's Gothic Wars, from the third century to Alaric*, Cambridge University Press, 2007, p. 31.

帝”各自将兵[①]，多线作战。一个非常有说服力的例证是，戴克里先的部下亦即后来的恺撒加莱里乌斯所进行的一系列战争，将战火燃至埃及、巴勒斯坦、叙利亚、亚美尼亚、波斯、莫西亚和潘诺尼亚等国内外地区[②]。如果再加上另外“两帝”的军事行踪，为实现国内稳定，边境安全所进行一系列以反攻为主的战争，时间可谓漫长，空间堪称宽泛。

第一节　绥靖高卢和不列颠

戴克里先称帝之时，边境危机重重，各个行省陆续出现各种起义、反抗，动摇了帝国的权威。为使帝国恢复秩序，尤其是恢复罗马在行省的权威，戴克里先与马克西米安分头行动，前往出事行省，平定反叛。其中“高卢受到内部和外部问题的同时困扰，而内部问题又受到外部问题的刺激和推动”[③]。

马克西米安以恺撒身份[④]，前往高卢地区平定巴高达（Baugaudae，意为战士）起义[⑤]。关于巴高达起义的细节和具体原因未见史家详细记载，只知道起义者一直生活在高卢地区[⑥]。吉本则比较深刻地论述了巴高达起义的原因：这些农民由忍无可忍陷入绝望之境，在暴怒之下拿起农具当武器。受压迫民众揭竿而起，农夫和牧人变成步卒和骑兵，放火

① 马克西米安 286—290 年连续五年在多瑙河与东方边境前线度过。见 Chris Scarre, *Chronicle of the Roman Emperors: the Reign - by - Reign Record of the Rulers of Imperial Rome*, Thames and Hudson, 1995, p. 198。

② Bill Leadbetter, *Galerius and the will of Diocletian*, Routledge, 2009, p. 114.

③ Pat Southern, *The Roman Empire: from Severus to Constantine*, Routledge, 2001, p. 137.

④ ［古罗马］尤特罗庇乌斯：《罗马国史大纲》，谢品巍译，世纪出版集团、上海人民出版社 2011 年版，第 103 页。

⑤ 在高卢和西班牙地区兴起巴高达运动的同时，罗马人统治的小亚和非洲地区的被压迫者也举行了反抗斗争（J. C. L. De Sismondi, *Fall of the Roman Empire, Comprising A View of the Invasion and Settlement of the Barbarins*, Londun, 1834, p. 23.）。这些反抗斗争反映出罗马统治的重重危机。

⑥ ［英］安德林·戈德斯沃司：《非常三百年——罗马帝国衰落记》，郭凯生、杨抒娟译，重庆出版社 2010 年版，第 120 页。

将荒凉的村庄和没有防备的城市付之一炬[①]。涉及高卢农民起义的原因，英国历史学家H. 斯图亚特·琼斯指出，起义是无法忍受沉重的赋税所导致的。[②] 无论何种原因所致，根本原因在于罗马奴隶主阶级的压迫。巴高达运动风起云涌，起义的首领铸造了自己的货币，宣称建立自己的帝国。帝国在高卢的统治已经解体。巴高达起义和外敌入侵摧毁了高卢的农业生产，大土地所有者趁乱获益，小土地所有者则变得一无所有。“到了3世纪80年代，失业者甚至也变成了巴高达战士。”[③] 巴高达运动的领导者为自己称王的阿曼杜斯（Amandus）和埃里亚努斯（Aelianus）。关于这两个人的信息，除了名字之外，其他一无所知[④]，但可以肯定的是，巴高达运动让罗马在高卢的权威荡然无存。自恺撒征服高卢以来，高卢一直是罗马的北方屏障。如今，屏障遭破坏，失去了抵御外敌入侵的作用，戴克里先自然非常重视。因此，戴克里先不是命令手下某个将领，而是派他的老友、已经被他加封为恺撒的马克西米安前往高卢镇压起义。

马克西米安在非常复杂的环境中，于285年，对高卢巴高达的军事行动获得了成功。关于马克西米安在高卢的军事行动，各种记载非常简略，几乎众口一词地形容他“不费吹灰之力就迅速完成了任务，他通过直接进攻粉碎了几股势力，又在一场瘟疫的帮助下，靠断绝粮草迫使其他人投降”[⑤]。马克西米安镇压了高达起义，重新确立了罗马在高卢的权威。吉本宣称，这是马克西米安“第一件历史功绩”[⑥]。毫无军事素

① ［英］爱德华·吉本：《罗马帝国衰亡史》（第1册），席代岳译，吉林出版集团有限责任公司2008年版，第292页。除了失地农民，还有退伍士兵和其他贫苦农民。见 *A Chronology of the Roman Empire*, Edited by Timothy Venning, New York: Continuum, 2011, p. 287.

② H. Stuart Jones, *The Roman Empire, B. C. 29–A. D. 476*, New York, G. P. Putnam's Sons, London: T. Fisher Unwin, 1908, p. 355.

③ Bill Leadbetter, *Galerius and the will of Diocletian*, Routledge, 2009, p. 52.

④ Pat Southern, *The Roman Empire: from Severus to Constantine*, Routledge, 2001, p. 137.

⑤ ［瑞士］雅各布·布克哈特：《君士坦丁大帝时代》，宋立宏等译，上海三联书店2006年版，第52页。

⑥ ［英］爱德华·吉本：《罗马帝国衰亡史》（第1册），席代岳译，吉林出版集团有限责任公司2008年版，第291页。

养的起义农民，毕竟不是训练有素的罗马军团的对手，双方实力悬殊是马克西米安速战速决的前提条件。马克西米安授予手下一个来自下莱茵地区，名曰茅塞乌斯·卡劳西乌斯（Mausaeus Carausius）[1] 的军官，负责指挥高卢沿海地区的海军，指挥军队清剿撒克逊和法兰克海盗。马克西米安则于 285 年冬返回米兰。卡劳西乌斯很快完成了马克西米安交给的任务，通过战胜海盗，获得了大量的战利品，壮大了自己的力量[2]。整个事件发生的前因后果，一如拜占庭史家尤特罗庇乌斯的评论："他常常俘获到人数众多的蛮族，可全部战利品却既不返还给行省居民，也不上交皇帝。那时，对他的猜疑开始显现出来，他被怀疑：他故意放蛮族入境，然后将这群扫荡而过的人俘获住，而由他们抢夺来的战利品则收入本人的囊中，以这样的方式他让自己富裕起来。于是，马克西米安下令处死他，而他则披上紫袍，还占据了不列颠。"[3] 虽然马克西米安平定了高卢，但却节外生枝，其部将卡劳西乌斯公开举兵反叛罗马，另立山头。也正是由于卡劳西乌斯的反叛，才使戴克里先将马克西米安由恺撒提升为奥古斯都[4]。

大约 286 年秋天(也有学者认为是 287 年)，卡劳西乌斯在北高卢称帝，高卢和不列颠宣布承认卡劳西乌斯的帝位。卡劳西乌斯的反叛并不孤立，高卢西北部海岸的大部分地区，因仇视罗马站到了卡劳西乌斯一边，为数有限的忠于帝国的军队也被他打败。卡劳西乌斯轻而易举地控制了大片高卢沿海地区，并于 286 年前往不列颠，堂而皇之地当上了不

---

① 卡劳西乌斯是出身低微麦纳皮亚人（Messapian）。在马克西米安麾下服役时，于 286 年，同法兰克和巴高达的战役中获得功名。在马克西米安选择驱逐法兰克、撒克逊海盗人选时，授予卡劳西乌斯军事指挥权。卡劳西乌斯不仅从此登上了历史舞台，而且给戴克里先制造了很大的麻烦〔Matthew Bunson, *Encyclopedia of the Roman Empire*（revised edition）, New York, Facts On File, Inc., 2002, p. 96.〕。卡劳西乌斯与法兰克诸部落关系密切，长于造船，这些都成为他与罗马帝国中央政权分庭抗礼的资本。此外，关于卡劳西乌斯的出身、具体作为细节资料稀缺，模糊不清。

② *The Cambridge Ancient History*, Second Edition, Volume XII, The Crisis of Empire, a. d. 193-337. Cambridge University Press, 2008, p. 71.

③ ［古罗马］尤特罗庇乌斯：《罗马国史大纲》，谢品巍译，世纪出版集团、上海人民出版社 2011 年版，第 104 页。

④ Charles Matson Odahl, *Constantine and the Christian Empire*, Routledge, 2004, p. 38.

列颠皇帝，与罗马帝国中央政权分庭抗礼①。卡劳西乌斯的反叛，不仅使马克西米安收复高卢的行动前功尽弃，而且还失去了不列颠。289年春，马克西米安征讨卡劳西乌斯，结果惨遭失败。290年，卡劳西乌斯建立了一个“法兰克-罗马”（Franko-Roman）帝国，把自己称为“不列颠的修复者”（*Resitutor Britanniae*），宣布自己是和戴克里先、马克西米安地位相等的统治者，在所发行的钱币上刻有母狼双婴图案，这一罗马独有的、最古老的标志。② 不仅如此，卡劳西乌斯还在所发行的货币上刻下了如此胆大妄为的语句：“卡劳西乌斯和他的两个哥哥”（CARAVSIVS ET FRATRES SVI）。这一货币的画面是戴克里先、马克西米安和卡劳西乌斯三人的肖像，戴克里先在中间，马克西米安和卡劳西乌斯分列两侧③。卡劳西乌斯还把自己的名字改为：Marcus Aurelius Mausaeus Carausius，以示自己的门第与马克西米安有联系，俨然成为罗马帝国“第三奥古斯都”。为了和戴克里先、马克西米安对抗，卡劳西乌斯扩充陆军的同时，还建造了一支实力雄厚的舰队，加固了哈德良长城。卡劳西乌斯的舰队尤其强大，在海峡畅行无阻④。为了确保军队的忠诚，也为了赢得伦敦等地商人的信任，卡劳西乌斯发行了贵金属含量较高的银币⑤（这一点

---

① 卡劳西乌斯还得到了一些商人、土地所有者的支持。这些人长时间遭受海盗袭扰，罗马政府也对他们毫不重视。卡劳西乌斯到来后，这些人将其视为“拯救者”（Stephen Williams, *Diocletian and the Roman Recovery*, Routledge, 1996, p. 47.）。因此，卡劳西乌斯在不列颠的行动并不孤立。

② Brain Campbell, *The Roman Army*, 31*BC*-*AD*337, *A Source Book*. London and New York, 1994, p. 242.

③ 此货币在不列颠铸造，地点不详。见 Pat Southern, *The Roman Empire*: *from Severus to Constantine*, Routledge, 2001, p. 138。

④ 3世纪晚期，罗马帝国的海军逐渐衰落。在卡劳西乌斯有效地使用他的海军时，戴克里先手下只有从前意大利舰队遗留的三支小规模舰队。卡劳西乌斯甚至在他所发行的钱币上刻有大型海船的图案（Pat Southern, *The Roman Army*: *a Social and Institutional History*, ABC-CLIO, Inc., 2006, p. 207.）戴克里先当政时，曾经强大一时的罗马海军只有两支意大利舰队。行省舰队已不见踪迹，北部边境精心营造的舰队让位于新型的小型舰队。这些舰队以一个单独的港口为基地，只在一个较小的区域内巡逻。见 Lesley Adkins and Roy A. Adkins, *Handbook to Life in Ancient Rome*, Facts On File, 1983, p. 72。

⑤ Jill Harries, *Imperial Rome*, *AD* 284 *to* 363: *The New Empire*, Edinburgh University Press Ltd., 2012, p. 29. 卡劳西乌斯在自己的统治区域内发行的货币包括金币、银币、铜币和几种金属的混合钱币，种类堪称齐全。

是戴克里先无法做到的），同罗马帝国大干一场的用意毫无掩饰。毋庸置疑，卡劳西乌斯所做的一切不仅是登基不久的戴克里先不能忍受的[①]，而且是罗马人不能接受的。按照吉本的说法，不列颠分离出去后，罗马人才觉得它很重要，尤其为失去大笔税收感到懊恼[②]。卡劳西乌斯另立山头，称王不列颠，不仅从内部分裂帝国，而且与这一时期其他动乱形成了一种“呼应”：在两河地区，战败的柏柏尔人再次入侵，大肆劫掠城镇和农场；遥远的埃及，红海贸易航线被努比亚入侵者打断。这些帝国境内的反叛对中央政权提出了挑战，帝国统治者无法任其存在。

野心勃勃的卡劳西乌斯希望戴克里先、马克西米安接纳他为帝国的“共治”者。戴克里先、马克西米安当然不可能理会叛将的无理要求。由于马克西米安忙于对付莱茵河畔的蛮族部落，暂时没有大举出兵剿灭卡劳西乌斯。289 年，马克西米安做好了攻打卡劳西乌斯的准备。不列颠四面环海，不经过海战，无法在不列颠任何一个地点登陆。风大浪高的北海，成为卡劳西乌斯抵抗罗马军队的天然屏障。种种困难预示着马克西米安的军事行动凶多吉少，他手下的军队缺乏海战经验，指挥官也不擅长海战。因此，马克西米安指挥的罗马舰队被卡劳西乌斯训练有素的舰队打得落花流水[③]。卡劳西乌斯舰队的水手经验丰富，且不失时机地与法兰克人结盟，使卡劳西乌斯在与马克西米安交手过程中占了上风。[④] 在没有建造新的舰队，以及集结更多军队之前，罗马人对卡劳西乌斯暂时毫无办法。打败罗马军队的卡劳西乌斯在不列颠的统治得到进一步巩固。卡劳西乌斯不失时机地加强了不列颠的北部边境和英吉利海峡的防御，不列颠与欧洲大陆的贸易也为卡劳西乌斯带来了收益。因为战胜马克西米安，卡劳西乌斯在不列颠的统治又持续了 4 年，也为一个

---

① Matthew Bunson, *Encyclopedia of the Roman Empire* (revised edition), Facts On File, Inc. New York, 2002, p. 96.

② ［英］爱德华·吉本：《罗马帝国衰亡史》（第 1 册），席代岳译，吉林出版集团有限责任公司 2008 年版，第 293 页。

③ 马克西米安此时没有实力强大的舰队，是因为罗马人在莱茵河上的舰队，几年前已被日耳曼人消灭（Stephen Williams, *Diocletian and the Roman Recovery*, Routledge, 1996, p. 47.）。因此，水面作战，卡劳西乌斯优势明显。

④ Pat Southern, *The Roman Empire: from Severus to Constantine*, Routledge, 2001, p. 140.

军事将领——君士坦提乌斯的崛起提供了机会①。马克西米安平定卡劳西乌斯的反叛面临诸多困难。290 年年末或 291 年年初，同卡劳西乌斯的战争中失利的马克西米安，与戴克里先在米兰会面，公开集会庆祝二人联手执掌皇权。也正是在这次会面过程中，两人决定任命两名恺撒②。293 年 3 月 1 日，戴克里先分别任命了两个恺撒，“四帝共治”正式形成。按照“四帝”的分工，君士坦提乌斯是马克西米安的恺撒，马克西米安坐镇莱茵河前线③，平定不列颠的战事交由君士坦提乌斯负责。翁婿二人在“四帝共治”时代并肩对付叛将，实在是一个耐人寻味的现象。军事经验丰富的君士坦提乌斯首先切断了卡劳西乌斯与欧洲大陆的联系，卡劳西乌斯失去了欧陆的基地，随之也失去了来自欧陆的各种援助，处于孤立状态。君士坦提乌斯首先进军高卢，围攻卡劳西乌斯控制的波隆内（Boulogne，今天法国北部布伦——Boulogn）。君士坦提乌斯在这里建筑了一道堤坝，以防止卡劳西乌斯的军队从海上逃走，阻止了卡劳西乌斯的海上增援④，封锁了港口。内无粮草外无救兵的波隆内守军，坚持几天之后，被迫投降⑤。卡劳西乌斯相当一部分海军及舰船成为君士坦提乌斯的战利品。卡劳西乌斯在高卢的势力遭君士坦提乌斯清剿，罗马人重新恢复了在高卢的统治，重新拥有了高卢海岸，并出兵法兰克人的领土，卡劳西乌斯失去了原来的盟友⑥。君士坦提乌斯

① Jill Harries, *Imperial Rome, AD 284 to 363: The New Empire*, Edinburgh University Press Ltd., 2012, p. 29.

② *A Companion to the Roman Empire*, edited by David Potter, Blackwell Publishing Ltd., 2006, p. 167.

③ 马克西米安战胜了进犯莱茵河的蛮族，帝国铸币以示庆祝。钱币上刻有“HERCULI VICTORI”。见 Mark Hebblewhite, *The Emperor and the Army in the Later Roman Empire, AD 235-395*, Routledge, 2016. p. 57。

④ *The Cambridge Ancient History*, Second Edition, Volume XII, The Crisis of Empire, a. d. 193-337. Cambridge University Press, 2008, p. 78.

⑤ ［英］安德林·戈德斯沃司：《非常三百年——罗马帝国衰落记》，郭凯生、杨抒娟译，重庆出版社 2010 年版，第 121 页。在围攻过程中，罗马军队使用了攻城塔等传统兵器，守军确信无法坚持到底，提出投降。因君士坦提乌斯需要兵员，没有对投降守军大开杀戒。见 Stephen Williams, *Diocletian and the Roman Recovery*, Routledge, 1996, p. 72。

⑥ ［英］爱德华·吉本：《罗马帝国衰亡史》（第 1 册），席代岳译，吉林出版集团有限责任公司 2008 年版，第 294 页。

在高卢的军事行动，为下一步进军不列颠免除了后顾之忧。同时，莱茵河、高卢的安全，也为君士坦提乌斯在不列颠的战事创造了有利条件，因为“这些部落对高卢诸行省带来的直接危险甚至超过了卡劳西乌斯造成的危险……”①

君士坦提乌斯汲取了从前失败的教训，用三年的时间建造了一支征服不列颠的舰队。君士坦提乌斯第一次进攻不列颠的尝试发生在294年。但英吉利海峡恶劣的天气，阻止了这次行动。正是在这次尝试过程中，卡劳西乌斯被自己的副将、宫廷的首席大臣（另说为卫队长）阿莱克图斯（Allectus）杀死②。阿莱克图斯继续称王称帝，并效仿卡劳西乌斯，发行了带有自己形象的货币。与罗马人分庭抗礼的阿莱克图斯把握着制海权，联合法兰克人，依然对罗马构成巨大威胁③。阿莱克图斯继卡劳西乌斯之后，称王不列颠3年。然而，阿莱克图斯全无卡劳西乌斯的才能，全然不是君士坦提乌斯的对手。君士坦提乌斯建立新的造船厂，建造了两支舰队，征募和训练水手，积极准备对阿莱克图斯的最后决战。至296年春，一切准备就绪，君士坦提乌斯和手下近卫军长官尤里乌斯·阿斯科勒庇德图斯（Julius Asclepiodotus）各指挥一支舰队，分别从波隆内和塞恩（Seine）河口出发，进军不列颠。阿斯科勒庇德图斯指挥的舰队，借助浓雾保护，避开了阿莱克图斯部署在怀特岛（Wight）外的舰队，在西部海岸安全登陆。阿斯科勒庇德图斯的舰队登陆后，将自己的舰船付之一炬，证明自己的行动得到了神明保佑，吉本甚至称赞为“置于死地而后生的英雄行径”④。随之而来的一场决定性

① Pat Southern, *The Roman Empire: from Severus to Constantine*, Routledge, 2001, p. 141.

② 关于卡劳西乌斯之死，凯西（P. J. Casey）认为迷雾重重，死亡时间没有确定，死亡地点未详，被杀原因模糊不清。一般认为，卡劳西乌斯之死是失去波隆内的结果，但不知道到底谁是凶手。阿克莱图斯身上同样存在很多历史谜团，人们不知此人出身何地、个人生涯怎样，甚至不知道他名字的全称。此人曾在卡劳西乌斯手下掌管财政、税收，以及军饷和赏银分发等。见 P. J. Casey, *Carausius and Allectus*, *The British Usurpers*, With translations of the texts by R. S. O. Tomlin, London, 1994, pp. 103, 116-117。

③ Theodor Mommsen, *A History of Rome under the Emperors*, English translation by Clare Krojzl, Routledge, 1996, p. 358.

④ ［英］爱德华·吉本：《罗马帝国衰亡史》（第1册），席代岳译，吉林出版集团有限责任公司2008年版，第294页。

战役发生在英格兰南部某地，阿莱克图斯在战役中身亡，君士坦提乌斯则在自己的近卫军长官支援下，对卡劳西乌斯的法兰克雇佣兵大开杀戒。那些皇室颂词作家夸大了君士坦提乌斯在这次胜利中的作用，但实际上，君士坦提乌斯在征服不列颠过程中的作用与贡献远不及阿斯科勒庇德图斯[1]。为庆祝收复不列颠的胜利，君士坦提乌斯专门在特里尔铸币厂铸造了纪念章，宣称自己为不列颠带来了永远的光明[2]。

君士坦提乌斯战胜了不列颠的篡位者，卡劳西乌斯和阿莱克图斯建立的不列颠帝国（*Imperium Britanniarum*）随之烟消云散[3]。时隔 10 年后，不列颠重新回到罗马人手中，恢复了罗马人在哈德良长城以南领土上的权威。君士坦提乌斯挥师欧陆，于 298 年彻底击败阿拉曼尼人，给高卢带来了长时间的和平与安宁。戴克里先也因为罗马人战胜卡劳西乌斯，收复不列颠，在 301 年之前，获得了“征服不列颠之伟人”（*Britannicus Maximus*）名号。

不列颠对于罗马人而言，不仅有政治意义，而且经济意义也不容忽视。罗马人对不列颠的自然资源早就一清二楚。1 世纪时，斯特拉波记载说：“（不列颠）出产谷物、牲畜、金银和铁。不列颠一直出口兽皮、奴隶和专门用于狩猎的驯化犬。”[4] 因此，不列颠对于罗马帝国的经济意义至关重要。君士坦提乌斯收复不列颠，平定高卢，对此后戴克里先发动的各项军事行动是巨大鼓舞，提供了成功的范例，军事价值意义亦不可低估。

收复不列颠之后，君士坦提乌斯返回欧洲大陆，驱逐了入侵高卢的日耳曼人，有力地支援了戴克里先对内平定反叛、对外保卫边境的军事行动。与入侵的各个蛮族诸部落相比，马克西米安、君士坦提乌斯收复不列颠的行动堪称帝国“内部”事务，对境外蛮族的战争则是对外战

---

① *The Cambridge Ancient History*, Second Edition, Volume XII, The Crisis of Empire, a. d. 193–337. Cambridge University Press, 2008, p. 79.

② Pat Southern, *The Roman Empire: from Severus to Constantine*, Routledge, 2001, p. 150. 结束不列颠战争后，君士坦提乌斯转战莱茵河，马克西米安得以全力以赴平定美索不达米亚。

③ Jill Harries, *Imperial Rome, AD 284 to 363: The New Empire*, Edinburgh University Press Ltd., 2012, p. 30.

④ Bill Leadbetter, *Galerius and the will of Diocletian*, Routledge, 2009, p. 57.

争。在收复不列颠过程中，马克西米安采取了罗马人早在共和国大征服时代所采取的策略——“分而治之”，且成效显著。为了拆散卡劳西乌斯与法兰克诸部落的联盟，马克西米安与遭废黜的法兰克国王根诺包迪思（Gennobaudes）修好，帮助他恢复被对手夺走的领土[①]。马克西米安这一策略非常奏效，极大削弱了卡劳西乌斯的实力，为彻底平息反叛创造了条件。总之，罗马人收复不列颠远不止是一场战争的胜利，对正在进行的各种军事行动产生了积极的影响。

第二节 平定非洲与埃及

戴克里先登基后，四面出击，不仅持续用兵东部、西部、北部，帝国南部的非洲和埃及也发生反叛，帝国南部边境频频告急。同帝国最北端不列颠发生卡劳西乌斯分裂帝国相呼应的是，地中海南岸、帝国最南端的非洲和埃及不仅起义暴动，而且外敌不断进犯边境[②]。非洲（此处的非洲指的是非洲北部狭长的沿海地带）、埃及的形势远比高卢、不列颠更严峻。帝国最南端边界位于非洲，大约4000千米长。和帝国东方的边境一样，非洲的边境防御除依赖天然屏障外，还建有一些军事设施。鉴于非洲特殊的地理状况，这里的军事防御主要集中在对水源控制方面。罗马人对非洲的经营历史悠久，哈德良时代，这里的边境防御以一系列的公路和布防堡垒为核心，分布在东部沙漠和南部尼罗河一带。北非沿海地区则设置了大量的要塞[③]。三世纪危机期间，帝国内外交困，国力衰退，疏于边防，非洲的边境失去应有的作用，为外族入侵创造了条件，“有边无防”的问题更加突出。

进入帝国时代，埃及一直颇受历代统治者重视。由于埃及是罗马的

① Stephen Williams, *Diocletian and the Roman Recovery*, Routledge, 1996, p. 51.

② 非洲的外敌入侵主要指，联合在一起的柏柏尔人——著名的“五民族”（*Quinquegentiani*）突破了罗马帝国在北非的边境，入侵北非，劫掠罗马人的庄园和城镇。见 Chris Scarre, *Chronicle of the Roman Emperors: the Reign-by-Reign Record of the Rulers of Imperial Rome*, Thames and Hudson, 1995, p. 199。

③ Lesley Adkins and Roy A. Adkins, *Handbook to Life in Ancient Rome*, Facts On File, 1983, p. 106.

“谷仓”和重要的财源，埃及总督——埃及行政长官——也是奥古斯都称帝后新增设的几个重要官职之一。埃及、北非物产富饶，罗马-意大利与埃及、北非之间的关系，远比同在欧洲大陆的西班牙之间的关系更为密切。尽管不止一位皇帝采取不同手段经营埃及，但埃及并未始终如一保持帝国统治者期待的安宁。3 世纪 90 年代，戴克里先同加莱里乌斯率远征军抵达埃及①。戴克里先在多瑙河获得胜利时，他的恺撒加莱里乌斯前往埃及南部，成功地进行了同努比亚部落布伦米人的战役。但由于波斯人的再次入侵，加莱里乌斯返回叙利亚②。

297 年 8 月中旬，自称阿奇里乌斯的多米提乌斯·多米提亚努斯领导当地人发动了叛乱，持续了三四年时间后，在反叛者的支持和拥戴下，阿奇里乌斯自称奥古斯都，建立了与帝国中央政权分庭抗礼的政权，帝国实际上失去了对埃及的控制权。戴克里先当政后，帝国内部的大规模反叛只发生两次：埃及的多米提乌斯·多米提亚努斯和不列颠的卡劳西乌斯。无独有偶，阿奇里乌斯和卡劳西乌斯一样，不仅建立了自己的政权，发行了货币，而且也像卡劳西乌斯那样，在货币上宣示自己是帝国两个奥古斯都的伙伴③。阿奇里乌斯称王 10 年后，戴克里先方才出兵埃及④，镇压这次反叛。尼罗河三角洲的布斯里斯（Busiris，位于尼罗河三角洲中心地带），以及距底比斯不远处的考普托斯（Coptos）两座城镇被罗马军队摧毁⑤。

297 年，马克西米安则在毛里塔尼亚平定了反叛。298 年 3 月，马

---

① Christopher Kelly, *Ruling the later Roman Empire*, The Belknap Press of Harvard University Press, 2004, p. 22.

② Charles Matson Odahl, *Constantine and the Christian Empire*, Routledge, 2004, p. 50.

③ Stephen Williams, *Diocletian and the Roman Recovery*, Routledge, 1996, p. 81.

④ 埃及一直是罗马的“谷仓”，对罗马和罗马人非常重要。然而，进入帝国时代，现身埃及的皇帝只有如下 6 人：韦伯芗、哈德良、（出身北非的）塞维鲁、卡拉卡拉、奥莱里安和戴克里先。奥莱里安和戴克里先抵达埃及与前四位皇帝不同，到达埃及的目的是平定这里的起义和反叛（*A companion to the Roman Empire*, edited by David Potter, Blackwell Publishing Ltd., 2006, p. 64.）。自戴克里先之后，帝国晚期再未有皇帝驻足埃及。

⑤ Theodor Mommsen, *A History of Rome under the Emperors*, English translation by Clare Krojzl, Routledge, 1996, p. 251. 考普托斯位于上埃及，戴克里先摧毁了这座城市后，在考普托斯附近另建了一座新的城市，并以他的“共治”皇帝马克西米安的名字命名为“马克西米安波利斯”。

克西米安举行了进入迦太基城的凯旋式。诸多铭文显示，许多城市感谢马克西米安和“共治”四帝恢复了和平①。但整个非洲形势仍处于动荡之中。298年春，戴克里先从东方返回埃及，陆续攻陷了多座反叛者占领的城市，最后只剩下亚历山大里亚一座城市。围攻亚历山大里亚成为戴克里先在非洲的重要战事。亚历山大里亚系罗马帝人统治的地盘上第二大城市，规模仅次于罗马。戴克里先亲自指挥帝国军队包围了亚历山大里亚城②。长达8个月围城过程中，城内居民像当年的迦太基人一样，用各种材料制造武器，拼死抵抗罗马军队的围攻。阿奇里乌斯尝试突围，但没有成功，亦无援军到来。戴克里先切断输水渠，城内无法得到尼罗河水③。杀死阿奇里乌斯之后，戴克里先让城内反叛罗马的50万居民付出了血的代价，对所有支持阿奇里乌斯的人格杀勿论。按照戴克里先的指令，军队杀人要杀到街道上的鲜血没及戴克里先坐骑的膝盖。但进城时，戴克里先的坐骑被绊倒，杀戮的命令方告取消，亚历山大里亚居民由此躲过一场浩劫。为此，城内居民在广场上专门为戴克里先的战马竖立了一尊青铜雕像，以示对这匹战马的感激④。尽管如此，亚历山大里亚数以千计的居民遭到屠杀，在埃及只有少数罪魁祸首躲过了死刑或流放的判决⑤。“趁着胜利，戴克里先通过颁布无情的公敌宣判，以及进行血腥的屠杀让整个埃及陷入了苦难。”⑥“沉浸在悲哀和消沉的亚历山大里亚至少获得些许安慰；因为戴克里先再度将定量粮食配给这座城市……作为回报，亚历山大里亚人现在按照戴克里先的在位时间纪

① Stephen Williams, *Diocletian and the Roman Recovery*, Routledge, 1996, p. 75.

② 4世纪罗马史家维克多（Sextus Aurelius Victor）记载，在戴克里先前往亚历山大里亚城时，命手下恺撒加莱里乌斯越过边界，进军美索不达米亚，以阻止波斯人的入侵。见 *The Roman Eastern Frontier and the Persian Wars,（AD 226-363）: A Documentary History*, Compiled and edited by Michael H. Dodgeon and Samuel N. C. Lieu, Routledge, 1999, p. 110。

③ ［英］爱德华·吉本:《罗马帝国衰亡史》（第1册），席代岳译，吉林出版集团有限责任公司2008年版，第297页。

④ *The Chronicle of John Malalas, A Tranlation*, by Elizabeth Jeffreys, Michael Jeffreys, Roger Scott, Melbourne 1986. p. 168. 拜占庭编年史家的生动记载无从可考。

⑤ ［英］爱德华·吉本:《罗马帝国衰亡史》（第1册），席代岳译，吉林出版集团有限责任公司2008年版，第297页。

⑥ ［古罗马］尤特罗庇乌斯:《罗马国史大纲》，谢品巍译，世纪出版集团、上海人民出版社2011年版，第104页。

年，而总督庞培乌斯在302年出于他的敬意而造了纪念柱，它被误称为庞培的纪念柱。"[①] 戴克里先用软硬兼施的手段，收复了亚历山大里亚。亚历山大里亚为自己的抵抗付出了沉重的代价：失去了特殊的地位，独立发行货币的权利亦被剥夺[②]。在埃及其他地区，戴克里先用铁腕恢复了罗马的权威。曾是埃及反抗罗马起义者的聚集地的考普托斯和布斯里斯，实际上已被罗马军队夷为平地。在戴克里先统治的后半个时段内，埃及相安无事，直至戴克里先大规模迫害基督教，较大规模的骚乱再次出现在埃及[③]。

298年年初，恢复了亚历山大里亚的秩序之后，戴克里先转战撒哈拉北部，第一次进攻库施人（Kushites）和布伦米人。在这次军事行动结束时，戴克里先从 Dodekaschoenus 撤出全部罗马军队。戴克里先加强了菲莱（Philae）[④] 和尼罗河第一瀑布地区的边境守备，重新部署了在埃及的罗马军队，巩固了赛伊尼（Syene，亚历山大里亚南部）的边境。古代历史学家普罗索皮乌斯（Procopius）记载说，罗马军队从努比亚（Nubia）撤离后，戴克里先曾邀请诺巴泰人（Nobatai）进驻罗马军队撤离的地区，目的是在布伦米人与罗马在赛伊尼的驻军之间建立一个缓冲地带[⑤]。

在戴克里先亲自率兵平定非洲和在埃及开展各项军事行动的同时，另一个奥古斯都马克西米安则在结束了同卡尔皮人的战争之后，赶往非洲。据史料记载，马克西米安在毛里塔尼亚先后进行了两次战役：一次发生在席尔塔（Sirta）城附近，另一场发生在山区，以及其他一些规模较小的战斗[⑥]。这些战斗、战役是戴克里先平定非洲、埃及的重要组成

---

① ［瑞士］雅各布·布克哈特：《君士坦丁大帝时代》，宋立宏等译，上海三联书店2006年版，第93页。这座纪念柱高20余米，由整块花岗岩凿成，总重量超过500吨，至今仍矗立在埃及亚历山大里亚，成为该城市的城徽。

② Pat Southern, *The Roman Empire: from Severus to Constantine*, Routledge, 2001, p. 150.

③ J. Grafton Milne, *A History of Egypt under Roman Rule*, Vol. V., Second Edition, London, 1913. p. 87.

④ 此地至今仍有戴克里先修建的拱门遗迹。

⑤ Robert B. Jackson, *At Empire's edge: exploring Rome's Egyptian frontier*, Yale University Press, 2002, p. 152.

⑥ Pat Southern, *The Roman Empire: from Severus to Constantine*, Routledge, 2001, p. 150.

部分。戴克里先和马克西米安先后出兵埃及，镇压起义，最终结果通过两座城市的建立可以得到印证，这两座城市分别以两人的名字命名：马克西米安诺波利斯（Maximianopolis）和戴克里先诺波利斯（Diocletianopolis）[①]。两名奥古斯都一同用兵埃及，反映出埃及对于罗马帝国的重要性，以及戴克里先对埃及和非洲的重视程度。通过一系列军事行动，罗马人重构了从毛里塔尼亚至的黎波里塔尼亚（Tripolitania，今天为利比亚北部一个地区）沙漠边境防线。298 年，马克西米安进入迦太基，以胜利结束了非洲战役。

结束非洲战事后，戴克里先加强了埃及的守卫力量，驻扎军团从一个增加至 6 个或 8 个，另有相当数量的骑兵，目的是保卫帝国南部边境[②]。埃及、非洲的防御体系空前强化，边境地区修筑了要塞堡垒，而且罗马人把要塞建筑与重建城镇结合在一起，使新建构的防御体系发挥了更大的作用。戴克里先在非洲、埃及的军事行动获得了成功，用血与火恢复了帝国在非洲的统治和权威，一直到君士坦丁大帝时代，埃及没有发生分裂帝国的暴动或起义。

戴克里先统治时代，埃及实现了彻底自治。戴克里先战胜阿奇莱乌斯之后，重组了整个埃及，把埃及分割为规模较小的行省，利比亚成为一个独立的行省。忒拜（Thebaid）三个行省之一的伊辟斯特拉吉亚（*epistrategia*）变成了一个行省，其余部分划分为两个行省：赫拉库里亚埃及（Aegyptus Herculia）和约维亚埃及（Aegyptus Iovia）[③]。赫拉库里亚埃及包括西普塔诺米亚（Heptanomia）与尼罗河三角洲东部地区；约维亚埃及的范围则是三角洲其余部分[④]。戴克里先平定埃及之后，和帝

---

① Jones, A. H. M., *Cities of the Eastern Roman Provinces*, Oxford University Press, 1998, p. 345. 其中之一或许是先前的科普托斯。另外，以戴克里先、马克西米安命名的城市不止埃及这两处，欧洲的保加利亚（马克西米安诺波利斯）、希腊（马克西米安诺波利斯）境内各有一座。这些地名成为戴克里先、马克西米安当年征战四方的具体记录。

② Theodor Mommsen, *A History of Rome under the Emperors*, English translation by Clare Krojzl, Routledge, 1996, p. 361.

③ 这两个埃及行省乃戴克里先行省改革后的两个行省。从名字可以看出，与戴克里先、马克西米安有直接关系。

④ Jones, A. H. M., *Cities of the Eastern Roman Provinces*, Oxford University Press, 1998, p. 338.

国其他地区一样，对埃及进行了重组（3 世纪末之前，埃及的行省管理体制与其他行省存在些许差异），使埃及与帝国保持一致，行省设置与结构上体现了戴克里先行省改革的思路。

第三节 降服波斯

在罗马帝国与波斯的关系史上，双方从未有过长时间的和睦相处，充满了恩怨情仇，各种战事延绵不绝。自共和国时代起，罗马人与波斯之间的战争从未真正停息，属于名副其实的旷日持久。罗马与波斯各自的军事实力决定着彼此之间关系的存在状态。“罗马作为入侵者的时间多于波斯入侵罗马的时间……两个帝国之间的争斗从未停止，谁也未取得击败另一方的决定性胜利……”① 罗马与波斯之间，经常性兵戎相见，互有胜负，交恶多于交好。罗马帝国历史上，作为存在于罗马帝国以外的真正帝国，帕提亚一直是罗马人最惧怕的敌人。公元 226 年，帕提亚被“新波斯帝国”萨珊波斯（*Sassanid Empire*）取代②。“好战的波斯帝国取代了帕提亚帝国，也带来了战争。”③ 三世纪危机期间，萨珊波斯帝国与罗马为敌，同罗马人恩怨纠葛不断，各种冲突首尾相接。这一时期，三世纪危机导致罗马帝国国力下降，抵御外敌能力降低，罗马与波斯之间的各种战事，败多胜少④，大片领土落入波斯人之手。戴克里先之前，先后两个皇帝高尔迪安三世（Gordian III）和努米里亚努斯殒命于同波斯的战争，两度占领罗马的叙利亚都城安条克⑤。此时同波

---

① Pat Southern, *The Roman Empire: from Severus to Constantine*, Routledge, 2001, p. 277.

② 萨珊波斯也被称为“第二波斯帝国”，651 年灭亡。萨珊波斯试图重现居鲁士大帝之下波斯帝国的版图，但始终未能如愿。

③ ［美］朱迪斯·本内特、沃伦·霍利斯特：《欧洲中世纪史》，杨宁、李韵译，上海社会科学院出版社 2007 年版，第 9 页。

④ Olivier Hekster with Nicholas Zair, *Rome and Its Empire, AD193–284*, Edinburgh University Press, 2008, p. 6. 公元 260 年，罗马皇帝奥莱里安在同波斯战争中被擒。今天帕赛波利斯附近的一个摩崖石刻，描绘了波斯皇帝沙普尔一世脚踏奥莱里安的脖颈上马的场景。皇帝成为阶下囚，并遭受百般羞辱的事实说明，当时罗马人对波斯的战争没有任何优势可言。

⑤ Jill Harries, *Imperial Rome, AD 284 to 363: The New Empire*, Edinburgh University Press Ltd., 2012, p. 6.

斯的战争，罗马处于劣势。“罗马无法利用有影响的胜利征服巴赫拉姆二世（Bahram II），从长远看，也无法获得任何领土。漫长边境线上潜在的战争和不稳定的局面，在卡鲁斯继续进行战争之前即已存在”；“许多问题悬而未决成为签订边境和平协议的障碍……”[①] 问题远不止如此，罗马人不仅没有战胜波斯，而且波斯利用三世纪危机造成的罗马国力衰微之际，不断蚕食罗马帝国领土，奥斯罗尼（Osroene，叙利亚北部）行省的许多地区落入波斯手中[②]。面对步步紧逼的波斯帝国，无论是守疆护国，还是重建罗马的区域霸权，都是戴克里先登基后必须正视的现实。

戴克里先在位期间，波斯依然是罗马人东方边境最主要的敌人。戴克里先面临的最现实的问题是，只有降服波斯，方能稳定帝国东部边境。戴克里先分两个阶段达到了目的。前一阶段，戴克里先采取和平方式，暂时稳定了边境，为平定其他地区叛乱赢得了时机；后一阶段，戴克里先战胜了波斯国王，强迫其签订了和约，解决了边境问题。287年，巴赫拉姆二世派使者赴戴克里先处，就和平协议问题进行磋商。在领土没有易手的前提下，达成了和约。这是戴克里先当政期间，罗马与波斯签订的第一次和约。戴克里先对萨珊波斯国王承认现存的东部边界表示满意。第二年（288年），戴克里先从东方返回，同阿拉曼尼人作战[③]。之所以乐于同罗马和平解决边界问题，是因为巴赫拉姆二世要腾出精力，全力以赴处理国内事务。巴赫拉姆二世胞弟在东方一些民族帮助下，反抗巴赫拉姆二世的合法统治。巴赫拉姆二世则得到了在波斯帝国颇有影响力的琐罗亚斯德教祭司卡特尔（Karter）的支持。但琐罗亚斯德教祭司阶层势力强大，卡特尔获得了越来越多的独立性。与之相反，国王却处于弱势地位。国内形势的压力，促成巴赫拉姆二世与戴克

---

① Beate Dignas and Engelbert Winter, *Rome and Persia in Late Antiquity: Neighbours and Rivals*, Cambridge University Press, 2007, p. 26.

② Bill Leadbetter, *Galerius and the will of Diocletian*, Routledge, 2009, p. 88.

③ Beate Dignas and Engelbert Winter, *Rome and Persia in Late Antiquity: Neighbours and Rivals*, Cambridge University Press, 2007, pp. 26-27.

里先和约的签署[①]。同时，戴克里先之所以非常痛快地与巴赫拉姆二世签署和约，也是因为当时困难重重的周边形势，许多冲突、反叛有待平息。所以，和约的签订，对于双方而言都只是缓兵之计。罗马人旧有的某些霸权在这一地区得以恢复，但并未收复全部失去的领土，意味着罗马与波斯之间的战争尚未真正结束。或许波斯人对罗马人威胁已久，和约签署意义重大，罗马人感到满意，将“降服波斯之伟人”（*Persicus maximus*）称号授予戴克里先[②]，以表彰他缓解了罗马与波斯边境紧张局面。

290年，戴克里先在与波斯签署和约之后，再度挥师进入东方。随后一段时间内，戴克里先采取了多种措施，加强罗马对东方边境的影响。戴克里先所做的第一件事是，介入亚美尼亚事务，将国王提里达特斯三世（Tiridates III）重新扶上王位，扩大了罗马在这一重要战略地区的影响。美国密西根大学教授戴维·S. 波特（David S. Potter）认为：“戴克里先有能力利用波斯中央政权的软弱，签订了和约，恢复了亚美尼亚统治者阿萨希德（Arsacid）后代的王位。”[③] 尽管提里达特斯三世的影响局限于西部亚美尼亚，但戴克里先利用这一机会，为即将临近的与波斯人的战争，赢得了一个重要盟友。

提里达特斯在襁褓中继承王位，在罗马皇帝的保护下接受教育和训练，成长为罗马军队的勇敢的战士。戴克里先登基后，恢复了提里达特斯的王位。提里达特斯受到了亚美尼亚人忠诚的拥戴，一些亚美尼亚贵族纷纷投奔提里达特斯。恢复王位后的提里达特斯在同波斯帝国交战中失败，第二次被赶下王位，不得不再度向罗马求助[④]。

提里达特斯同波斯的战争由波斯挑起。293年，波斯国王沙普尔一世（Sapur I）之子、好战的纳尔斯（Narse or Narseh）在泰西封夺取王

---

① Beate Dignas and Engelbert Winter, *Rome and Persia in Late Antiquity: Neighbours and Rivals*, Cambridge University Press, 2007, pp. 26-27.

② 戴克里先时代，罗马帝国皇帝获得的这些带有炫耀性、表彰性的称号，有时是共享的。例如，君士坦提乌斯虽然没有在东方战场上与波斯人交战，却也获得了“降服波斯之伟人”（*Persicus maximus*）之称号。

③ David S. Potter, *The Roman Empire at Bay, AD185-395*, Routledge, 2004, p. 292.

④ ［英］爱德华·吉本：《罗马帝国衰亡史》（第1册），席代岳译，吉林出版集团有限责任公司2008年版，第300—302页。

位，于296年撕毁和约[1]，对罗马宣战，占领了美索不达米亚和亚美尼亚，进军至共和国末年克拉苏惨遭败绩的卡尔莱（Carrhae）[2]。其时，戴克里先远在欧洲的潘诺尼亚战场，罗马军队毫无准备。然而，罗马帝国不会让自己的盟友惨遭波斯人蹂躏，不可能放弃刚刚恢复的地区霸权。由于加莱里乌斯已在这一地区，所以，很容易尽快掌控这里的事务。但归加莱里乌斯支配的军队有限，尤特罗庇乌斯《罗马国史大纲》记载说：（加莱里乌斯）“以如此之少的部队同敌人的大军交战”[3]。战争的直接原因很简单，即这一年波斯国王纳尔斯借机入侵亚美尼亚，驱逐了国王提里达特斯。但作为这次战争的深层次背景，则是260年，罗马帝国皇帝瓦莱里安被波斯国王沙普尔一世俘虏，罗马帝国遭遇前所未有的奇耻大辱，几乎丧失了与波斯帝国抗衡的能力，听任波斯人为所欲为。戴克里先当政后的各项改革，目的是使帝国度过重重危机，必然影响到与东方邻国的关系。在波斯国内部，王位之争以纳尔斯的胜利而告终。纳尔斯夺得王位后，恢复了从前萨珊波斯诸王对东方的扩张政策。与波斯对峙的“四帝”之一加莱里乌斯兵力匮乏，所能指挥的兵力只有4个军团，不得不以亚美尼亚的皇家军队充实罗马人的军队[4]。296—297年冬天，为解决兵员不足问题，加莱里乌斯前往多瑙河地区征兵。得到安抚的哥特人向罗马人提供了军队。296年，在加莱里乌斯前往多瑙河地区征兵时，戴克里先仍留在叙利亚。297年，戴克里先不得不率领在叙利亚的军队，赶往埃及的亚历山大里亚，平息那里的起义，留下加莱里乌斯一人对付来势汹汹的波斯人。在戴克里先奔赴非洲之际，波斯人大举入侵美索不达米亚。

加莱里乌斯曾是戴克里先麾下战功卓著的军事将领，但由于准备欠充分，兵力有限，决定了在与波斯对阵中凶多吉少。前两次会战，双方

---

① 296年是一个非常特殊的年份，这一年，四位皇帝四面出击，奔赴各个战场：君士坦提乌斯进军不列颠，戴克里先在多瑙河作战，马克西米安则在莱茵河战场。

② Theodor Mommsen, *A History of Rome under the Emperors*, English translation by Clare Krojzl, Routledge, 1996, pp. 113-114.

③ ［古罗马］尤特罗庇乌斯：《罗马国史大纲》，谢品巍译，世纪出版集团、上海人民出版社2011年版，第105页。

④ Bill Leadbetter, *Galerius and the will of Diocletian*, Routledge, 2009, p. 91.

难分胜负。第三次会战，罗马军队大败。“位于卡里和幼发拉底河之间的荒凉平原上浸透了罗马人的鲜血，以前克拉苏曾在这里断送了 10 个军团。”① 历史学家将此次失败与公元前 53 年克拉苏的惨败相提并论，足以说明罗马军队此次失败损失之严重。尤其重要的是，纳尔斯获胜后，罗马东方边境的安全系数大幅度降低。吉本认为，罗马军队的惨败是加莱里乌斯轻敌所致。此次会战中，加莱里乌斯历尽艰辛逃得性命。罗马军队如此惨烈的失败，令戴克里先恼怒万分，全然不顾加莱里乌斯身为恺撒和自己的同僚，让这位身着黄袍的前线指挥官，在皇帝座车后面步行了 1 英里②。“戴克里先以这样的方式羞辱加莱里乌斯，表达的是复仇的渴望。”③ 同时，也告诫他人：“军事上的失利是不能容忍的，任何借口都没有用。”④ 戴克里先对自己的女婿——共治皇帝的惩罚达到了杀一儆百的目的。

遭受戴克里先羞辱的加莱里乌斯没有因此退缩，他向从埃及返回的戴克里先提出的唯一要求是，允许他用胜利洗刷耻辱。加莱里乌斯以战斗力强大的伊利里亚人取代了亚细亚人，以“一流的战士”哥特雇佣军为协防军。加莱里乌斯进行了比前次战争更充分的准备，动员了更多的战争资源。戴克里先对即将发生的战争也非常重视，在全帝国范围内征兵⑤。297 年，戴克里先率主力进军美索不达米亚。加莱里乌斯率 2.5 万精兵再次渡过幼发拉底河（这支部队的核心是伊利里安人组成的部队，由加莱里乌斯亲自指挥）⑥，转移至亚美尼亚山区，目的是避开长

① ［瑞士］雅各布·布克哈特：《君士坦丁大帝时代》，宋立宏等译，上海三联书店 2006 年版，第 75 页。

② Ammianus Marcllinus, *The Later Roman Empire* (*A. D.* 354-378), Selected and translated by Walter Hamilton with an Introduction and Notes by Andrew Wallace-Hadrill, Penguin Books, 1986, p. 60. 关于这件事的记载，被不同时期的历史学家一再引用。至于这件事的真实性，似乎无人提出异议。

③ Beate Dignas and Engelbert Winter, *Rome and Persia in Late Antiquity: Neighbours and Rivals*, Cambridge University Press, 2007, pp. 28-29.

④ David S. Potter, *The Roman Empire at Bay*, *AD*185-395, Routledge, 2004, p. 293.

⑤ Theodor Mommsen, *A History of Rome under the Emperors*, English translation by Clare Krojzl, Routledge, 1996, p. 114.

⑥ 罗马与波斯的交战地区虽然同在美索不达米亚，但前一次是在底格里斯河，而这一次则是幼发拉底河。

于平原作战的波斯骑兵，让自己的步兵发挥优势。加莱里乌斯“只要两位骑士护送，亲自秘密侦察敌军营地的位置和状况”[①]。加莱里乌斯指挥军队，在亚美尼亚的萨塔拉（Satala）发动突然袭击，罗马军队大获全胜[②]。“一场大屠杀之后，纳尔萨负伤逃往米底；他和他的显贵的堆满丰富战利品的营帐落入胜利者手中，妻妾和许多亲属也成为俘虏。”加莱里乌斯对待波斯宫廷的妻妾、家眷的做法，仿佛再现了当年伊苏斯（Issus）战役后，亚历山大对待大流士三世（Darius III）宫廷眷属的做法。[③] 但不同的是，戴克里先和马克西米安在罗马城举行了盛况空前的凯旋式，波斯国王的后妃、姐妹、儿女，以及一大批高官显宦作为“战利品”在凯旋式上展示，他们的身后是装在马车上的罗马军队全部战争虏获物[④]。战败的纳尔斯逃出了亚美尼亚，进入波斯腹地，企图重整旗鼓，再战罗马军队，夺回自己帝国的核心地区。加莱里乌斯穷追不舍，298 年 9 月，从波斯人手中收复了尼斯比斯（Nisibis，位于今天土耳其东部），随后跨过底格里斯河，直抵波斯帝国首都泰西封。据载，加莱里乌斯于 298 年 1 月 28 日率军胜利进入泰西封。这一天是加莱里乌斯精心选择的日子——100 年前塞维鲁攻占泰西封的日子，还是图拉真 200 年前登基，并于公元 115 年进入泰西封城的日子。加莱里乌斯在泰西封城内逗留一年[⑤]。是为罗马人第二次占领波斯帝国都城。罗马军队进入泰西封后，大肆劫掠，各种金银财宝，彰显帝王华贵的奢侈品等，悉数落入罗马士兵的腰包；宫殿等各种建筑遭到践踏和毁坏，繁华的泰西封古城一片狼藉。为庆祝战胜波斯，加莱里乌斯在帖撒罗尼卡建立了一座凯旋门，一块中心装饰板上描绘了两个奥古斯都坐在象征天地的图案之上的王座上，两个恺撒站立两侧。这一场景的北面、四周站立着保

---

① ［英］爱德华·吉本：《罗马帝国衰亡史》（第 1 册），席代岳译，吉林出版集团有限责任公司 2008 年版，第 303 页。

② 此次战役即著名的萨塔拉战役（The Battle of Satala）。

③ ［瑞士］雅各布·布克哈特：《君士坦丁大帝时代》，宋立宏等译，上海三联书店 2006 年版，第 75—76 页。多位古典史家记载了纳尔斯妻妾及家小被俘获的史实。

④ *The Roman Eastern Frontier and the Persian Wars,* (*AD* 226-363): *A Documentary History*, Compiled and edited by Michael H. Dodgeon and Samuel N. C. Lieu, Routledge, 1999, p. 111.

⑤ Timothy Barnes, *Constantine: Dynasty, Religion, and Power in the later Roman Empire*, Blackwell, 2014, p. 52.

护、支持罗马统治者的诸神[①]。类似带有宣传性质的纪念性建筑传递出许多信息：张扬胜利、宣传皇帝的伟大与杰出，表明了罗马人传统的宗教价值观，强调了戴克里先中心地位不可动摇等等。298 年，为表彰战胜波斯帝国之伟绩，罗马城内的元老院在 288 年做出决议，再次将“征服波斯之伟人”的头衔授予戴克里先[②]。

一败涂地的波斯帝国无条件投降。加莱里乌斯的胜利不仅一雪前耻，将波斯人赶过了底格里斯河，而且彻底熄灭了波斯人战胜罗马人的希望，确立了罗马帝国对波斯的绝对优势和主动权。战败君主纳尔斯此时也不得不以谋求和平，结束自己的灾难。加莱里乌斯对波斯开展军事行动时，戴克里先并未远离战场，而是驻扎在叙利亚。加莱里乌斯穿过亚美尼亚，进入米底时，戴克里先为加莱里乌斯的侧翼提供保护[③]，加莱里乌斯得以全力以赴与波斯人作战。至此，罗马人收复了塞维鲁王朝建立的各个行省，结束了对波斯的战争，消除了持续时间最长、最大的边境隐患。

加莱里乌斯以对波斯战争的辉煌胜利为自己赢得了荣誉和尊重，成为多年以来屈指可数的对波斯战争得胜回朝的皇帝（尽管是“四帝”中的恺撒），戴克里先给予加莱里乌斯最高礼遇。“但他再次表现出对戴克里先至高决断的忘我服从，谢绝原本轻而易举的对于波斯的征服，后来只兼并了那里更具价值的边境地区。”[④] 加莱里乌斯之所以这样做，原因在于秉承了戴克里先的旨意。加莱里乌斯雄心勃勃，“想掌握战机征服东方，最后目的是使波斯成为帝国的一个行省”[⑤]。然而，“戴克里先认为，萨塔拉的胜利已经让他达到了目的，他不想再采取新的、无法

---

① Mitchell Stephen, *A History of the later Roman Empire, A. D.* 284 - 641. Second edition, Blackwell, 2007. p. 62.

② 在此之前，三世纪危机期间罗马帝国皇帝普劳布斯于 280 年也曾获此殊荣。

③ Pat Southern, *The Roman Empire: from Severus to Constantine*, Routledge, 2001, p. 151.

④ ［瑞士］雅各布·布克哈特：《君士坦丁大帝时代》，宋立宏等译，上海三联书店 2006 年版，第 75—76 页。

⑤ ［英］爱德华·吉本：《罗马帝国衰亡史》（第 1 册），席代岳译，吉林出版集团有限责任公司 2008 年版，第 305 页。

确定的、可能危及眼下胜利的军事行动。”① 吉本认为，戴克里先这样做与他本人极为谨慎的性格有关②。

结束对波斯的战争后，299 年，加莱里乌斯与戴克里先在尼斯比斯会合，共同参与签署同波斯的和约。战争的胜利使戴克里先对罗马人的老敌手拥有了绝对的话语权，他的要求是温和的，但却是坚定的，根本没有给波斯人留下讨价还价的空间③。作为战败国的君主，纳尔斯当年的狂妄不复存在，愿以整个帝国为代价，赎回自己被俘的妻小④。戴克里先主持了和约的签订。在并不平等的条件下，双方在美索不达米亚的尼斯比斯签订了和约。和约主要内容如下：

第一，罗马帝国与波斯以阿博拉斯河为界。美索不达米亚曾是双方多次战争争夺的目标，依据和约割让给罗马帝国，波斯放弃对这一地区的所有权利⑤。

第二，波斯将跨越底格里斯河的五个行省割让给罗马帝国。和约将波斯此前早就占有的上幼发拉底河给予罗马人。底格里斯河成为罗马人的新边界，全部上底格里斯河领域全部归属罗马帝国⑥。

第三，罗马人的忠实盟友提里达特斯重新登上王位。亚美尼亚的国界延伸至米底境内。作为对罗马人获得的曾经是亚美尼亚的四个行省的补偿，将阿特罗帕提尼（Atropatene）这一广袤肥沃地区让给亚美尼亚。亚美尼亚由此结束了波斯人长达半个多世纪的统治。

第四，伊利里亚国王自此成为罗马帝国的附庸，有利于巩固罗马人

① Beate Dignas and Engelbert Winter, *Rome and Persia in Late Antiquity: Neighbours and Rivals*, Cambridge University Press, 2007, pp. 29–30.

② ［英］爱德华·吉本：《罗马帝国衰亡史》（第 1 册），席代岳译，吉林出版集团有限责任公司 2008 年版，第 305 页。

③ 纳尔斯为了赎回自己的妻儿老小，专门派出一个使团，到加莱里乌斯处谈判，遭到加莱里乌斯严厉斥责。

④ Theodor Mommsen, *A History of Rome under the Emperors*, English translation by Clare Krojzl, Routledge, 1996, p. 300.

⑤ 在几年前罗马与波斯签订的条约中，仅仅“承认”了罗马的东部边界，此次则明确“割让”给罗马，词语的不同，结果大相径庭，性质迥然有别。

⑥ Theodor Mommsen, *A History of Rome under the Emperors*, English translation by Clare Krojzl, Routledge, 1996, p. 115.

在亚洲地区的统治[①]。

和约签订标志着戴克里先罗马帝国与波斯数十年战争的结束，和平持续了40年，罗马人的影响就此远抵美索不达米亚和亚美尼亚；该地区一些重要的城市并入罗马领土范围[②]。国外学界几乎众口一词地评价此次和约签订的积极意义：为东方地区带来了40年的和平与安定。和平不仅给罗马人带来了被征服的领土，而且有利于罗马边防体系的构筑[③]，为罗马帝国经济发展赢得了时间。罗马人对波斯的胜利，洗刷了半个世纪前奥莱里安皇帝受辱被杀的耻辱，结束了多年以来的被动局面。对于罗马人而言，通过该条约接受了对方的“割地”；对于波斯帝国而言，该条约无疑是一个“丧权辱国”的条约。“从这时起，罗马对东方邻国的策略以防御为主……”[④]“在戴克里先统治下，298年，罗马人占领了幼发拉底河和底格里斯河。罗马人对这一地区的占领持续至364年。”[⑤]

298年和约令罗马东部边境“安全系数”大为增加。第一次“四帝共治”期间，从大马士革途经帕尔米拉至素拉，罗马人建造了为数众多的要塞，要塞和军队驻扎地以军事公路连接。在南叙利亚的浩苏和西奈之间，罗马人修建了数量可观的瞭望塔和堡垒[⑥]，边境防御能力极大改观。40年的和平得来不易，是戴克里先对边境苦心经营、强化边防的突出成果。罗马人在东方边境构筑的防御体系，有效抵御了波斯的入侵，使军队无法快速穿越设防坚固的各个城市，同时，罗马人保留了泰

---

① ［英］爱德华·吉本：《罗马帝国衰亡史》（第1册），席代岳译，吉林出版集团有限责任公司2008年版，第306—397页；［瑞士］雅各布·布克哈特：《君士坦丁大帝时代》，宋立宏等译，上海三联书店2006年版，第76页。

② 这些城市包括：提格拉诺塞尔塔（Tigranocerta）、塞尔德（Saird，今天土耳其境内的锡尔特，Siirt）、马提罗波利斯（Martyropolis，亦即“烈士之城”）、巴拉里萨（Balalesa）、莫科索斯（Moxos）、多迪亚（Daudia）、阿尔赞（Arzan）等。

③ Theodor Mommsen, *A History of Rome under the Emperors*, English translation by Clare Krojzl, Routledge, 1996, p. 115.

④ *A Companion to Late Antiquity*, Edited by Philip Rousseau, Blackwell Publishing Ltd., 2009, p. 447.

⑤ Hugh Elton, *Frontiers of the Roman Empire*, London: B. T. Batsford Ltd, 1996, p. 97.

⑥ Beate Dignas and Engelbert Winter, *Rome and Persia in Late Antiquity: Neighbours and Rivals*, Cambridge University Press, 2007, p. 31.

西封北部的军事基地①。罗马人新获得的底格里斯河北部地区，成为罗马人抵御波斯的第一道比较巩固的防线。美索不达米亚北部一些城市，如阿米达、尼斯比斯、辛加拉（Singara）和比札德（Bezabde）等充当了新的拱卫帝国的角色②。

和约的签订有重要的军事意义，对急于扭转帝国经济形势的戴克里先，经济意义不可忽视。鉴于波斯之于罗马对外贸易的重要性，戴克里先认识到贸易活动对双方有益。“戴克里先对东方贸易的安全非常重视”③，他的目标是通过控制东方的贸易解决安全问题。和约确立了美索不达米亚城市尼斯比斯两大帝国之间贸易中心的地位，一直持续到未来。“重新落入罗马之手的尼斯比斯被确定为商贩跨越邻国边境的唯一合法通道，这有利于两国对大量交往的控制，并对两国间的贸易征税。”④ 不仅如此，尼斯比斯从这时起成为罗马帝国在东美索不达米亚守备边境的基地⑤。除了贸易活动的经济意义之外，罗马人没有忘记军事战略意义，在尼斯比斯修筑了营寨、堡垒，以加强防御。尼斯比斯集军事、贸易重镇于一身，说明经济和战略要素在两个帝国之间的外交关系中同等重要⑥。罗马人通过签订和约，掌控了所有途经尼斯比斯的贸易活动。因此，戴克里先不仅通过战胜波斯帝国平定了东方边患，也重新为罗马打通了前往东方的贸易通道，经济意义不亚于军事意义。此外，罗马与波斯之间的战争及其和约的签订，还产生了另一个后果：“罗马人的统治在此时从西方转移到了东方”⑦。尼斯比斯经济贸易上的

---

① David S. Potter, *The Roman Empire at Bay*, *AD*185-395, Routledge, 2004, p. 293.

② *The Roman Eastern Frontier and the Persian Wars*,（*AD* 226±363）: *A Documentary History*, Compiled and edited byMichael H. Dodgeon and Samuel N. C. Lieu, Routledge, 1999, p. 5.

③ Bill Leadbetter, *Galerius and the will of Diocletian*, Routledge, 2009, p. 84.

④［英］安德林·戈德斯沃司：《非常三百年——罗马帝国衰落记》，郭凯生、杨抒娟译，重庆出版社 2010 年版，第 131 页。

⑤ Theodor Mommsen, *A History of Rome under the Emperors*, English translation by Clare Krojzl, Routledge, 1996, p. 114.

⑥ Beate Dignas and Engelbert Winter, *Rome and Persia in Late Antiquity*: *Neighbours and Rivals*, Cambridge University Press, 2007, p. 32.

⑦ Theodor Mommsen, *A History of Rome under the Emperors*, English translation by Clare Krojzl, Routledge, 1996, p. 115.

战略地位凸显，填补了帕尔米拉被毁灭后的一个空白，尼斯比斯从此成为东西方两大帝国间贸易的枢纽[①]。因此，罗马战胜波斯，不仅是军事上的成功，而且是经济贸易层面的胜利。

戴克里先战胜波斯结束了 3 世纪中期以来罗马对波斯的被动局面，军事意义值得肯定。通过战争的胜利，罗马人巩固了帝国东部边防，赢得了长时间的和平。但戴克里先只是战胜了波斯帝国，远未彻底征服波斯。从这一层面考量，罗马战胜波斯仍是边境危机的缓解，而非真正根除了隐患。罗马人通过战争扩大了领土，帝国新的东北疆界穿过了美索不达米亚，从辛加拉[②]跨过底格里斯河，顶端接近凡湖（Lake Van，位于今天土耳其境内，为中东地区第二大湖泊）；正北方则是美尼亚北方山脉边缘和南部的叙利亚沙漠。戴克里先通过在蛮族领土上驻扎罗马军队的形式，削减了波斯入侵罗马的机会，使波斯无法再像从前那样进犯罗马。

在同波斯人的战争过程中，戴克里先陆续平定了叙利亚、阿拉伯等地区，重振了帝国在东方诸行省的权威。罗马帝国东部边境的最大威胁是波斯，东方边境的修复是同波斯战争为中心进行的。东部地区，除了波斯人之外，不断给帝国制造麻烦的还有阿拉伯人等一些部落。这些部落不断骚扰帝国边境，虽然损害程度远不及波斯人制造的入侵和危机，但对边境安宁的破坏往往和波斯、北方蛮族遥相呼应，消极作用不可低估。戴克里先战胜波斯过程中，在解决了东部边境最大难题的同时，采取各种手段对付这些部落，使帝国东部边境危机极大缓解。

第四节　莱茵河、多瑙河边防的修复与重构

自奥古斯都时代起，多瑙河、莱茵河即为帝国北部边境，亦是帝国麻烦不断的边境地区，不止一位皇帝为解除北部边患率兵出征。三世纪危机期间，瓦莱里安与加列努斯统治时期，因忙于同波斯的战争，帝国军队主要集中在东方，较少顾及的西部边境威胁进一步加剧。边防守备

---

① Pat Southern, *The Roman Empire: from Severus to Constantine*, Routledge, 2001, p. 244.

② 美索不达米亚最北端一处设防坚固的堡垒，帕提亚第一军团（*Legio I Parthica*）的营地。该军团系塞维鲁于 197 年对帕提亚人战争中建立。

空虚，无力抵抗日耳曼人的入侵[①]。除了东方边境、北部边境吃紧外，帝国的南方非洲、埃及等地也频频告急，无疑为北方蛮族的入侵创造了客观条件。

莱茵河、多瑙河是今天欧洲境内流经多个国家的国际性河流。罗马帝国时代，莱茵河、多瑙河是罗马人的界河，构成了帝国欧洲诸行省的边界，长达4000多千米。戴克里先修复、重构莱茵河和多瑙河边防体系是稳定帝国、稳定边防的重要内容，也是维持、稳固自己统治的基本前提。为了维护国境，帝国时代，罗马人一直在莱茵河与多瑙河地区驻扎重兵，以防北部蛮族入侵。比如，罗马军队在多瑙河驻扎10—12个军团的兵力，超过军团总数的1/3。但在三世纪危机期间，如此重兵也未能保证边境安全。为了解除北部边界危机，按照戴克里先与马克西米安的分工，马克西米安作为“西帝”，在7年时间里（286—293年），忙于同进犯的蛮族交战。镇压高卢起义、反叛后，马克西米安在随后四五年时间里，不得不断断续续地面对越过上莱茵河的阿拉曼尼人和勃艮第人的进攻，阻击法兰克人的入侵。288年，法兰克人的首领以法兰克人的国王称号为条件，接受了和约[②]。正是在这一年，马克西米安对法兰克人、阿拉曼尼人、勃艮第人的战争获得了多次胜利，率军进入日耳曼[③]。

戴克里先登基时，帝国正在经历欧洲北部边境“非罗马”民族的威胁，即北方蛮族的进犯。如果对蛮族入侵听之任之，不仅会给当地的经济活动造成巨大损害，而且会削弱罗马在行省、边境地区的权威。284年后，戴克里先同时面临多瑙河、莱茵河边境地区蛮族的威胁和进犯。在战胜卡里努斯的285年，戴克里先便在多瑙河同萨尔马提亚人[④]作战，

---

① Theodor Mommsen, *A History of Rome under the Emperors*, English translation by Clare Krojzl, Routledge, 1996, p. 237.

② M. Cary, H. H. Scullard, *A History of Rome*, *Down to the Reign of Constantine* (Third Edition), The Macmilan Press Ltd, 1975, p. 517.

③ H. Stuart Jones, *The Roman Empire*, *B. C. 29-A. D. 476*, New York, G. P. Putnam's Sons, London: T. Fisher Unwin, 1908, p. 354.

④ 萨尔马提亚人是一个古老的草原民族，希罗多德《历史》对萨尔马提亚人有过记载。一般认为，是斯基泰人的一支，以骑兵的战斗力强悍而闻名。69年春，萨尔马提亚人便留下了与罗马军队交战的记录。

他的战友马克西米安则在莱茵河迎击蛮族。莱茵河地区，多个蛮族挑战罗马，阿拉曼尼人、勃艮第人、柴波人与赫鲁利人联手；多瑙河地区为萨尔玛提亚人；撒克逊海岸制造麻烦的则是法兰克人和撒克逊人。戴克里先和马克西米安不得不分头行动，在不同的战线作战。285 年，在多瑙河同萨尔马提亚人进行战争。“戴克里先拒绝了萨尔马提亚人的任何要求，对他们发动了战争。和前辈一样，戴克里先虽然赢得了战争，却未能彻底解决问题。无论他在战争结束时有什么样的安排，这些部落的土地或生存压力没有减缓。四年之后，戴克里先不得不对萨尔马提亚人重新宣战。”① 286 年，罗马人依次打败上述诸民族。截至 286 年年初，登基不足两年的戴克里先，有 14 个月的时间在多瑙河前线度过。286 年，结束多瑙河战役后，戴克里先获得了“降服日耳曼之伟人”（*Germanicus Maximus*）称号。在戴克里先取得胜利后的 287 年冬季，马克西米安对阿拉曼尼人开战，所进行的“战役是血腥的、毁灭性的，但也获得了胜利”②，将好战勇猛的阿拉曼尼人赶出了莱茵河西岸。正是这时，马克西米安同在上多瑙地区作战的戴克里先进行会晤，探讨了战争局势，计划在下一年二人联手进入日耳曼人领土作战。地点选择在莱茵最南端某地，时间选定在莱茵河水位最低、便于渡河的某个时段。与戴克里先会晤后，马克西米安开赴不列颠，镇压卡劳西乌斯的反叛③。

288 年，戴克里先从东方返回，以莱提亚为根据地，同阿拉曼尼人作战，进攻莱提亚对面的日耳曼部分领土④，莱茵河东岸大片领土重新由罗马掌控。这一地区旧有的要塞、城镇，要么遭废弃，或毁于战火，要么重新建造。这里历来是罗马人看重的边境地区，通过各种要塞、营垒的“修”与“建”，边防得到了加强和巩固。戴克里先的恺撒加莱里乌斯 293—299 年多数时间也在东方诸行省度过，同戴克里先一起多次战胜萨尔马提亚人。结束与波斯的战争，双方签订和约之后，加莱里乌

① Pat Southern, *The Roman Empire: from Severus to Constantine*, Routledge, 2001, p. 143.

② John F. Drinkwater, *The Alamanni and Rome* 213 - 496 (*Caracalla to Clovis*), Oxford University Press Inc., 2007, p. 181.

③ Stephen Williams, *Diocletian and the Roman Recovery*, Routledge, 1996, p. 50.

④ John F. Drinkwater, *The Alamanni and Rome* 213 - 496 (*Caracalla to Clovis*), Oxford University Press Inc., 2007, p. 182.

斯便率军开往多瑙河地区。罗马人与入侵的萨尔马提亚人、马克罗曼尼人之间爆发了新的战争。在战争尚未结束的背景下，确保多瑙河的安全，是加莱里乌斯一项重要任务。293—296 年，加莱里乌斯在多瑙河边境击败多个日耳曼部落。由于大屠杀令潘诺尼亚人口锐减，加莱里乌斯便把俘获的蛮族安置在潘诺尼亚①。

在马克西米安忙于平定高卢、应付另立山头的卡劳西乌斯时，戴克里先则以尼科米底亚为根据地，在多瑙河地区战胜了萨尔马提亚人，继而又赶赴叙利亚击溃了萨拉森人（Saracens）或阿拉伯部落的入侵②。288 年，戴克里先支援身在日耳曼的马克西米安（马克西米安在日耳曼赢得了“日耳曼尼库斯”称号）③。还是在这一年，戴克里先联合马克西米安进攻阿拉曼尼人。马克西米安越过莱茵河，戴克里先跨过上多瑙河④。在马克西米安从美因兹出发时，戴克里先以莱提亚为根据地，进入阿拉曼尼人的领土。两个奥古斯都为警示蛮族，采取“焦土”战略，所到之处，农作物和粮食等尽遭焚烧，留下一片废墟，彻底断绝了日耳曼人的生路。289 年，萨尔马提亚人重新集结，再次逼近。关于这次战争的细节不可得知，但罗马人很快便获得了胜利。铭文显示，戴克里先获得了“降服萨尔马提亚之伟人”（*Sarmaticus maximus*）称号——为戴克里先四次获得此称号中的第二次。但萨尔马提亚人的问题依然悬而未决，战争仅仅是暂时告一段落。290 年，戴克里先前往叙利亚和巴勒斯坦，迎战来自西奈半岛的阿拉伯入侵者。285—290 年，戴克里先战胜了多瑙河地区的入侵者，一定程度上解除了后顾之忧，确保了重新发动对波斯人的战争。

然而，萨尔马提亚人的问题仍未真正解决。与来自南方的汪达尔人（Vandals），以及北方和东北方的哥特人和格比德人（Gepids）各种反抗

① William E. Dunstan, *Ancient Rome*, Rowman & Littlefield Publishers, Inc., 2011, p. 243.

② M. Cary, H. H. Scullard, *A History of Rome*, *Down to the Reign of Constantine* (Third Edition), The Macmilan Press Ltd, 1975, p. 518.

③ Jill Harries, *Imperial Rome*, *AD* 284 *to* 363: *The New Empire*, Edinburgh University Press Ltd., 2012, p. 35.

④ Chris Scarre, *Chronicle of the Roman Emperors*: *the Reign-by-Reign Record of the Rulers of Imperial Rome*, Thames and Hudson, 1995, p. 198.

罗马人的行动遥相呼应，萨尔马提亚人等民族在匈牙利平原的反叛此起彼伏。故此，293 年和 294 年，戴克里先重新在多瑙河发动战争。大约 294 年秋，戴克里先在匈牙利平原战胜了萨尔马提亚人，大批萨尔马提亚武士加入罗马军队，结束了对罗马多年的威胁。正是为了消除萨尔马提亚人的威胁，戴克里先整个夏天都在希尔米乌姆度过①。在此期间，戴克里先与萨尔马提亚人的厮杀首尾相继，战斗激烈。尽管如此，戴克里先还是获得了四次辉煌的胜利，保持着对萨尔马提亚人的优势和威慑力。战争在提撒河（Tisza）畔拉开序幕，无论原因如何，战争都与萨尔马提亚人联系在一起。从斯瓦比亚（Swabia）到匈牙利的全部领土充满动荡，狼烟四起。莱提亚再度被征服，长时间无人提及的夸提人（Quadi）又一次现身。戴克里先战胜了对手，在这一地区恢复了罗马人的权威②。296 年（一说为 294—295 年），戴克里先对卡尔皮人（Carpi）发动战争，消灭了日耳曼部落的一支巴斯塔纳人（Bastarnae）③，降服了卡尔皮人，将许多巴斯塔纳人和卡尔皮人安置在罗马领土上④。戴克里先在多瑙河两岸构筑了坚固的防线，以抵御蛮族入侵⑤。战败的萨尔马提亚人被逐出多瑙河地区，戴克里先在多瑙河北部（包括今天的保加利亚、匈牙利、塞尔维亚等地）建造一系列要塞，这些要塞成为新建防线"萨尔马提亚河岸"（*Ripa Sarmatica*）的组成部分。

297—298 年，马克西米安和君士坦提乌斯共同击溃了入侵高卢的阿拉曼尼人；加莱里乌斯平定了多瑙河边境⑥。正是因为战胜萨尔马提亚人四次胜利的辉煌战绩，299 年或 300 年，戴克里先赢得了"降服萨

---

① *The Cambridge Ancient History*, Second Edition, Volume XII, The Crisis of Empire, a. d. 193-337. Cambridge University Press, 2008, p. 80.

② Theodor Mommsen, *A History of Rome under the Emperors*, English translation by Clare Krojzl, Routledge, 1996, p. 360.

③ 巴斯塔纳人为居住在多瑙河下游的一个民族。

④ *The Oxford Cpmpanion to Classical Civilization*, Second Edition, edited by Simon Hornblower and Antony Spawforth, Oxford University Press, 2014, p. 241.

⑤ Charles Matson Odahl, *Constantine and the Christian Empire*, Routledge, 2004, p. 50.

⑥ M. Cary, H. H. Scullard, *A History of Rome*, *Down to the Reign of Constantine* (Third Edition), The Macmilan Press Ltd, 1975, p. 519.

尔马提亚之第四伟人”（*Sarmaticus maximus IV*）称号①。298 年时，戴克里先及其“共治”皇帝基本上平息了大规模的内乱，结束了战争，“四帝共治”的权威得以保障。三四世纪之交，长久以来的边患得到缓解，帝国大部分北部边境实现了安宁②。到戴克里先统治末期，多瑙河沿线构成了一道由要塞、桥头堡、高墙护卫的城镇组成的防线，驻扎 15 个军团，另有一些军团巡逻，确保了这一地区的安全。经过一系列的反攻，罗马人最终将入侵的日耳曼各个部落赶回到莱茵河与多瑙河对岸。

多瑙河地区的军事行动，是戴克里先平定非洲之后进行的。从地理空间而言，戴克里先从阳光灼热的非洲，抵达了气候、自然条件迥异的帝国东部、北部边境作战。罗马帝国历代君主中，哈德良通过巡幸，让自己的足迹遍及帝国，但背景是和平年代、帝国的鼎盛时期。戴克里先的足迹没有遍及帝国，三世纪危机后的帝国，危机四伏，戴克里先东奔西走，南北征战，为边境安全的压力所迫。戴克里先劳师远征，取得了积极的成效，成为稳定帝国的重要内容，显示出帝国具备了同任何入侵外敌作战的能力。

一直以来，罗马人在外族中权威的确立依仗的是强大的军队。戴克里先亦是如此，打败外敌是必要的，确保自己的权威更重要。戴克里先深谙其中道理，在多瑙河、莱茵河沿岸大规模增兵，在两条河沿岸合理地部署了军队，与大量堡垒、要塞一同构成了比从前更强大的防御体系。君士坦丁时代军队人数有所减少，但考古学提供的资料显示，整个 4 世纪，这一地区都保持着强大的军力③。有规模的驻军既维护了边境安宁，也对外敌形成了威慑力。

第五节　边患缓解的意义

戴克里先在位 20 年，许多时候在忙于平定边防，绥靖行省，东奔

① *The Cambridge Ancient History*, Second Edition, Volume XII, The Crisis of Empire, a. d. 193–337. Cambridge University Press, 2008, p. 80.

② 帝国边患为长久积弊，戴克里先的种种努力无法彻底根除。戴克里先退位后的 307 年，加莱里乌斯还在同萨尔马提亚人作战。见 Michael Kulikowski, *Rome's Gothic Wars, from the third century to Alaric*, Cambridge University Press, 2007, p. 78.

③ A. D. Lee, *Information and Frontiers: Roman Foreign Relations in Late Antiquity*, Cambridge University Press 1993, p. 70.

西走，南北征战：当卡劳西乌斯在不列颠称王、阿奇里乌斯在埃及起事时，“五民族”扰乱了非洲，波斯王纳尔斯则在东方发动了战争①。经过戴克里先及另外“三帝”的征伐，陆续平息了各地的反叛，终于在“公元3世纪最后几年，罗马人的政权几乎在各处都重新建立起来了”②。戴克里先登基后所面临的两个重要问题——保卫边境、维护帝国的内部统一——先后得到解决。因此，考察戴克里先的作为，平定边防、绥靖行省、构筑新的边防体系，无疑是重要内容。学术界对戴克里先稳定帝国的贡献几乎没有异议，而戴克里先对稳定帝国的作用集中表现为帝国边境的稳定。

戴克里先接手的帝国边患重重，危机四伏。戴克里先登基时，面对诸多蛮族的敌对势力，只是这些蛮族没有联合起来与罗马为敌，为戴克里先各个击破创造了条件。戴克里先通过一系列的军事行动，消除了日益严重的边境危机，战胜了多个蛮族，解决了一系列先前皇帝没有解决的难题。其中之一是降服波斯。3世纪以降，自奥莱里安皇帝被俘遭杀戮后，戴克里先第一次，也是罗马帝国第一次真正战胜波斯人。在平定边境过程中，戴克里先及“共治”诸帝，要么忙于对入侵蛮族的战争，要么忙于应付行省的反叛，绝大多数时间在战场上度过。这一时期，戴克里先及其“共治”皇帝所进行的大部分战争属于对外战争，且均已胜利宣告结束。一段298—300年的铭文，对四个皇帝的军事胜利大加赞誉，宣称四个皇帝都是“最伟大的胜利者”，先后五次战胜日耳曼人、四次战胜萨尔马提亚人、两次战胜波斯人、一次打败不列颠人、四次战胜卡尔皮人③。“在打败这些蛮族国家之

① *The Roman Eastern Frontier and the Persian Wars*, (*AD* 226±363): *A Documentary History*, Compiled and edited by Michael H. Dodgeon and Samuel N. C. Lieu, Routledge, 1999, p. 108.

② ［英］约翰·瓦歇尔：《罗马帝国》，袁波、薄海昆译，青海人民出版社2010年版，第45页。

③ 卡尔皮人对罗马帝国造成的压力是直接的。横跨多瑙河的卡尔皮人的土地，被哥特人侵占。卡尔皮人不顾一切地夺取罗马人的领土，以便恢复自己的生活方式。他们不是作为袭扰者，而是作为侵略者突破边境的。302年年初至303年年底，戴克里先获得了四次“征服卡尔皮之伟人（*Carpicus Maximus*）”称号。这场艰苦的战争终于在303—304年结束，卡尔皮人投降，归顺罗马。304年夏天，戴克里先巡幸多瑙河诸行省，基本上确定了卡尔皮人的边界。见Bill Leadbetter, *Galerius and the will of Diocletian*, Routledge, 2009, p. 101。

后，罗马人的世界更加安宁……”① 这块铭文的内容难免有奉承、过度美言之嫌，但却说明边防的加强是通过一系列战争实现的，由来已久的边患得到了根本缓解。戴克里先及其诸帝用兵四方，战胜了波斯帝国，重新恢复了不列颠平静，莱茵河与多瑙河边境恢复了安全，南方的埃及等地彻底归顺帝国。和三世纪危机期间有边无防、处处被动相比，戴克里先平定边境是突出的军事业绩，对帝国的生存与发展有积极作用。古典史家曾对戴克里先大加赞美，认为戴克里先是不可战胜的皇帝，通过“毁灭、战争、屠杀、火与剑”征服了多个难以掌控的民族（如日耳曼诸部落）②。后世史家评论说：“在戴克里先及其同僚的统治下，帝国出现了前所未有的和平……”这一评说过于夸张，实际上应为“三世纪危机以来从未有过的和平”③。通过一系列战争，戴克里先把握了对周边蛮族的主动权。通过边防体系的“修”与“建”，帝国的边境安全得到了前所未有的加强。总之，三世纪危机期间种种边境危机，在戴克里先时代得到了缓解。考察其中的原因，有人认为，是“共治”皇帝体制的尝试获得了成功④。关于“四帝共治”的成功与否，应另行探讨，但可以肯定的是，戴克里先用兵四方，四个“共治”皇帝，尤其是两名奥古斯都之间没有纷争内讧，一致对敌，各个皇帝之间分工协作，当是军事成功的基本保障。

分析戴克里先绥靖行省、平定边防的价值意义，不妨回顾一下戴克里先登基的三世纪危机末期帝国的总体形势。由于三世纪危机的冲击，整体帝国面临分崩离析的危险：全部埃及、叙利亚已经脱离了帝国的统辖，莱提亚丧失，诺里库姆和潘诺尼亚惨遭蹂躏，作为帝国心脏的意大利许多城市遭到毁坏⑤；276 年，高卢最富足的地区被洗劫，许多城市

① David S. Pot ter, *The Roman Empire at Bay*, *AD*185–395, Routledge, 2004, p. 296.

② *The Roman Eastern Frontier and the Persian Wars*, (*AD* 226±363): *A Documentary History*, Compiled and edited by Michael H. Dodgeon and Samuel N. C. Lieu, Routledge, 1999, p. 106.

③ H. Stuart Jones, *The Roman Empire*, *B. C.* 29–*A. D.* 476, New York, G. P. Putnam's Sons, London: T. Fisher Unwin, 1908, p. 359.

④ Stephen Williams, *Diocletian and the Roman Recovery*, Routledge, 1996, p. 56.

⑤ David S. Potter, *The Roman Empire at Bay*, *AD*185–395, Routledge, 2004, p. 297.

甚至丧失了复原的能力①。不仅如此，随之而来的巴高达运动如火如荼，使高卢再度遭受劫难。这些动荡无疑是三世纪危机的余波，平息这些余波，帝国才能实现安宁。结合三世纪危机末期帝国的现实，不难看出，戴克里先平定反叛，绥靖行省成效是显著的。戴克里先登基时“四面受敌”的窘境得以改变，曾经漏洞百出的边境线得到了修复，从“篡位者和野蛮人手中夺回被强占的半壁江山”②。因此，夺回失地，巩固、重构边防体系，是戴克里先值得肯定的功绩。学术界一致认为，戴克里先最大的作为是推迟了罗马帝国灭亡的时间。笔者认为，关于学术界的这一观点，可从戴克里先作为三世纪危机的“终结者”，以及为帝国带来数十年的边界安宁中找到佐证。数十年的边境安宁，正是戴克里先平定反叛、绥靖行省最直接的后果。

讨论戴克里先军事上的成功，还应关注戴克里先手下的军队及其军事体制。如果总结这一时期戴克里先军事行动的特点，不外乎集中在两个方面：空间扩大——涉及帝国东西南北；时间持续长——几个皇帝忙于战场厮杀若干年。戴克里先治下帝国的军队能力、效率，以及帝国的军事体制，能够支持戴克里先进行如此规模、如此持久的战争。其中比较典型的案例是，加莱里乌斯带领军队长途奔袭东方和马克西米安指挥军队抵达美索不达米亚。这些军队的食物、军服、盔甲等军用军需物资的供给，连同及时征召兵员保证军队的战斗力等，耗费了帝国的巨大资源，考验了帝国经济承受能力。应当说，戴克里先较好地解决了这些问题，为帝国军队战胜内外强敌提供了保障。

戴克里先稳定边境的军事业绩及其被学术界强调，一个基本前提是，与前辈相比，尤其与三世纪危机期间百孔千疮的边防相比，戴克里先建立边防体系及其贡献值得肯定，表现出了较多的积极意义。戴克里先是否建立了“固若金汤”式的边防？回答是否定的。戴克里先建立的边防体系为后世帝国边境的安全奠定了基础，但彻底解决边境问题，特别是解决蛮族问题，绝非戴克里先及其共治皇帝短时间能够做到的。

---

① ［美］M. 罗斯托夫采夫：《罗马帝国社会经济史》（下册），马雍、厉以宁译，商务印书馆 1985 年版，第 651 页。

② ［瑞士］雅各布·布克哈特：《君士坦丁大帝时代》，宋立宏等译，上海三联书店 2006 年版，第 44 页。

戴克里先的“四帝共治”是在绥靖行省、平定边境过程中形成的，两者在同一时空内平行推进。据此，有学者认为，戴克里先军事上的成功与推行“四帝共治”有直接关系。然而，“四帝共治”的问世与戴克里先的内外两条战线的军事行动是否存在因果必然，值得商榷。可以肯定的是，“四帝共治”加强的是“向心力”，为戴克里先的军事行动获得成功提供了支持。

第七章　迫害基督教

戴克里先在位期间的罗马帝国历史，大规模迫害基督教无疑是主要内容之一[①]。个别论者甚至认为，戴克里先当政期间只做了两件大事：一是改革了政府；二是迫害基督教[②]。显而易见，这种说法过于简单，以这两件事概括戴克里先的全部作为有失全面。但也从一个侧面反映出，迫害基督教是戴克里先当政期间一项影响深远的活动。

按照基督教史家的说法，罗马帝国时代，基督教共遭受过10次大迫害，第一次是尼禄，最后一次则是在戴克里先统治时期，也是持续时间最长的一次大迫害——持续了整整10年——304年戴克里先颁布第一道迫害基督教敕令开始，至313年君士坦丁颁布《米兰敕令》[③]，是罗马历史上对基督教迫害时间最长、最残酷的一次。基督教史家尤西比乌斯声称："在这时期里，对基督教的迫害达到了恐怖的顶点。"[④] 关于罗

---

① 关于戴克里先迫害基督教记载的核心史料之一是与戴克里先同时代，且居住在尼科米底亚的拉克坦提乌斯所著《迫害者之死》。但瑞士著名学者布克哈特则认为，该著作"一上来就编造显而易见的不实之词"（［瑞士］雅各布·布克哈特：《君士坦丁大帝时代》，宋立宏等译，上海三联书店2006年版，第204页），言外之意，《迫害者之死》中记载并不可信。

② Philip van Ness Myers, *Rome: Its Rise and Fall*, U. S. A., Ginn & Company, Publishers, Boston, 1901, p. 381.

③ 就整个帝国而言，大迫害的时间并未真正持续10年。也有人认为，311年加莱里乌斯颁布了宽容敕令，实际时间为8年。305年，戴克里先与马克西米安退位后，内部纷争打乱了戴克里先迫害基督教的进程，几个皇帝各怀腹事，对基督教的态度不尽一致，全帝国规模的迫害基督教的行动已经停止，各个皇帝根据自己对基督教的认识，采取了不同的手段对待基督徒。比如，加莱里乌斯一如既往地残酷迫害基督教，且以东方行省为甚，而君士坦提乌斯和儿子君士坦丁控制的不列颠、高卢和西班牙，基督教徒的处境则比其他地区好许多（W. E. Addis, *Christianity and the Roman Empire*, London, 1898, pp. 89-90.）。学术界主流观点认为，戴克里先对基督教的大迫害没有达到举国上下的程度，帝国的东部和西部差异较大。

④ ［古罗马］尤西比乌斯：《君士坦丁传》，林中泽译，商务印书馆2015年版，第11页。

马帝国皇帝迫害基督教，有人认为，出身边陲的皇帝迫害基督教是一个规律性现象①。这一言说有一定的依据，但是否为“规律”，值得探讨，比如，第一次大迫害的制造者尼禄就不是出身边陲，所以，迫害基督教与皇帝出身之间没有必然联系。学术界对戴克里先的诸项改革持有各种议论，关于迫害基督教涉及较多。一种观点认为：“在大多数人心目中，戴克里先的名字主要不是和作为统治者、组织者的业绩联系在一起，而是与他下令迫害基督教的‘第十次大迫害’密切相关。”② 戴克里先在位期间所作所为必定涵盖了迫害基督教，但绝不仅仅是迫害基督教一件事。戴克里先对帝国的治理，以及恢复帝国的稳定，远不是迫害基督教一件事所能概括的。

第一节　宗教形势与宗教背景

世界三大宗教中，唯有基督教是在屡遭迫害中成长壮大的宗教。在基督教没有取得合法地位之前，罗马帝国统治者迫害基督教是公开的，毫无掩饰，神学史家笔下的 10 次大迫害，揭示了基督教 200 余年的处境。尽管迫害延绵不绝，“许多信徒为了坚持自己的信仰成为宗教迫害中的殉道者，但是基督教并没有因此被摧毁。相反，在与大权政府的抗争中，它获得了新的力量。”③ 当然，罗马帝国绝非始终如一地对基督教采取敌视、镇压、迫害态度，在一些学者眼中，260—303 年则是基督教历史上“安宁与发展时期”④。也就是说，从 260 年至 303 年的四十余年间⑤，罗马帝国政府与基督教“和平共处”，基督教获得了前所

① 游斌：《基督教史纲》，北京大学出版社 2010 年版，第 54 页。

② William F. Allen, *A Short History of the Roman People*, Published by Ginn & Company, 1890, p. 300.

③ ［美］M. 罗斯托夫采夫：《罗马》，邹芝译，世纪出版集团 2014 年版，第 239 页。

④ ［美］G. F. 穆尔：《基督教简史》，郭舜平等译，商务印书馆 1996 年版，第 121 页。

⑤ 有学者认为，基督教之所以能够在四十余年间发展壮大，与 3 世纪 60 年代加列努斯宣布容忍基督教有直接关系（William E. Dunstan, *Ancient Rome*, Rowman & Littlefield Publishers, Inc., 2011, p. 431.）。也有学者认为，在戴克里先之前基督教所经历的 40 年和平岁月指的是 260—300 年。

未有的发展壮大，尤西比乌斯用“日新月异”形容当时基督教的现状[①]。

君士坦丁大帝之前的罗马帝国，基督教没有合法地位，各种宗教活动往往是半公开的、不公开的。基督教最初是受压迫的下层群众的宗教，但逐步发展成为罗马各阶层都有信徒的宗教。到了戴克里先时代，教徒中富人、显贵的比例明显增加，甚至一些行省总督也是基督徒[②]。每个行省拥有一名主教，称之为大主教。大主教和行省总督同在一座城市——在行省首府设置自己的“办公场所”[③]。“基督教徒遍布各地和各个社会阶层——在军队、政府机关和皇室宫廷中都有，其中不乏显赫人物。据说，戴克里先的妻子和女儿都是基督徒。”[④] 帝国军队中存在相当数量的基督徒，甚至在马克西米安的精锐之师“赫勒克里斯”军团中，也有基督徒服役[⑤]。这说明，基督教在罗马帝国已经拥有了比较广泛的群众基础，教徒在罗马帝国人口中所占比例在大幅度增加[⑥]，存在于各个社会阶层。“到三世纪末，基督教在东方的一些小城镇或社区，基督教已经占据优势。在迦太基附近地区和意大利、高卢，基督教势力也很强大。”[⑦] 戴克里先的首都尼科米底亚，基督教会的势力异常强大，

---

① ［古罗马］优西比乌：《教会史》，［美］保罗·L. 梅尔英译，瞿旭彤译，三联书店2009年版，第375页。

② Charles Seignobos, *History of the Roman People*, Henry Holt and Company, New York, 1902, p. 394.

③ 尼科米底亚的基督教堂建造在戴克里先宫廷的对面。见 *Ancient Rome: from Romulus and Remus to the Visigoth Invasion*, edited by Kathleen Kuiper, Britannica Educational Publishing, 2011, p. 177。

④ ［美］G. F. 穆尔：《基督教简史》，郭舜平等译，商务印书馆1996年版，第82页。

⑤ Jill Harries, *Imperial Rome, AD 284 to 363: The New Empire*, Edinburgh University Press Ltd., 2012, p. 57.

⑥ 关于基督教徒在罗马总人口中所占比例，史家说法不一。瑞士学者布克哈特在列举了几种观点之后，得出的结论是，基督教徒在帝国西部人口中的比例为1/15，在帝国东部人口中所占比例为1/10（［瑞士］雅各布·布克哈特：《君士坦丁大帝时代》，宋立宏等译，上海三联书店2006年版，第24页）。也有学者认为，基督徒占帝国东部人口的1/12。无论这些数字中哪个比较可信，都足以说明基督教徒在罗马帝国总人口的比例不容轻视。

⑦ *Ancient Rome: from Romulus and Remus to the Visigoth Invasion*, edited by Kathleen Kuiper, Britannica Educational Publishing, 2011, p. 176.

有人认为，教会控制了整座尼科米底亚城[1]。美国学者 R. 罗斯 · 霍洛威（R. Ross Holloway）甚至称罗马帝国境内的基督教为“国中之国”[2]。“国中之国”说明，此时的基督教不仅人数大幅度增加，而且拥有了非常系统的组织结构，挤占了罗马人传统宗教崇拜的空间。

罗马帝国政治秩序大为不同的是，“基督教会的势力大为强大。当国家组织逐步解体之时，教会组织却相应地逐步扩进，俨然像国家内部的一个独立王国”[3]。城市主教形同帝国范围内“第二个管理机构的官员”[4]。戴克里先在位期间，帝国境内一些大城市都拥有庞大的基督教徒群体，这些城市包括：迦太基、安条克、亚历山大，乃至戴克里先的驻节地尼科米底亚等[5]。“到处都在建造新的教堂；在大城市，非常宏伟的教堂拔地而起……”[6] 戴克里先当政时期，基督教不仅人数空前，而且遍及帝国各个角落、各个阶层，拥有了较大政治空间和社会空间。基督教势力的发展壮大，明显阻碍了国家崇拜的宗教，以及其他宗教的发展，戴克里先决定限制基督教的发展[7]，原因恰在于此。基督教势力的发展壮大，对罗马传统宗教和其他宗教势力造成了挤压，此为戴克里先迫害基督教重要原因之一。

就宗教背景而言，戴克里先迫害基督教，除了基督教发展壮大的原因之外，其他宗教在罗马帝国境内的存在、发展，也是不可忽视的原因。

戴克里先即位后的罗马帝国，宗教存在状态的“多元化”特征突

---

① Mandell Creiguton, *The Church and the Roman Empire*, Oxford, 1887. p. 12. 这种说法有些夸张，基督教势力再强大也不可能达到控制戴克里先首都的程度。

② R. Ross Holloway, *Constantine and Rome*, Yale University Press, 2004, p. 12.

③ ［美］M. 罗斯托夫采夫：《罗马帝国社会经济史》（下册），马雍、厉以宁译，商务印书馆 1985 年版，第 694 页。

④ Lukas de Blois, Peter Funke, Johannes Hahn, *Roman Empire*, 200 *B. C.* – *A. D.* 476, Brill, Lieden · Boston, 2006, p. 224.

⑤ David S. Potter, *The Roman Empire at Bay*, *AD*185–395, Routledge, 2004, p. 314.

⑥ ［瑞士］雅各布 · 布克哈特：《君士坦丁大帝时代》，宋立宏等译，上海三联书店 2006 年版，第 203 页。

⑦ Johannes Roldanus, *The Church in the Age of Constantine*, *The theological challenges*, Routledge, 2006, p. 30.

出：既有罗马传统宗教，也有外来宗教，更有成长壮大进程中的基督教。其中，博得统治者好感，在罗马已经流行几百年的来自波斯的密特拉教（Mithraism）“独领风骚”，兴盛一时，戴克里先和马克西米安甚至指定密特拉神为“帝国的庇护神”[①]，崇拜者甚众。这种现象一直持续到 4 世纪[②]。埃及的伊西斯（Isis）和萨拉皮斯（Sarapis）也得到“宠幸”，戴克里先专门为这两个埃及神祇在罗马城修建了神庙。在外来宗教中，摩尼（Mani）创建的摩尼教[③]，在帝国境内发展迅速，西班牙、北非、小亚等地，摩尼教势力较为强大，成为基督教的强劲“对手”。“作为基督教眼中的异端，摩尼教在被罗马皇帝定罪之前，在整个帝国信众颇多。”[④] 至于摩尼教与基督教之间的关系，尤其是基督教对摩尼教的看法，基督教史家尤西比乌斯对摩尼教的评价颇有说服力：“……一个疯子开始用属灵错觉武装自己——其名字［摩尼］正反映出他是邪灵附身的异端。他受到上帝的敌人撒旦的唆使，试图毁灭人。”[⑤] 尤西比乌斯极度贬低的叙述，证实的是基督教与摩尼教并不友好的现实。摩尼教不仅是基督教眼中的“异端”，而且因摩尼教拒绝希腊-罗马诸神，而使帝国统治者对其充满敌意。“据说，戴克里先把摩尼教图视为威胁罗马帝国的‘第五纵队’……”[⑥] 戴克里先将摩尼教视为颠覆自己政权的“内奸”，大肆迫害不足为奇。在埃及，戴克里先命行省总督，将摩尼教的主要人物，连同他们的著述一起焚烧。迫害手段残酷至极。

无论是摩尼教，抑或基督教，包括罗马人自己的传统宗教，帝国时

---

① A. L. Frothingham, Diocletian and Mithra in the Roman Forum, *American Journal of Archaeology*, Vol. 18, No. 2 (Apr. -Jun., 1914), p. 146.

② Gordon J. Laing, *Survivals of Roman Religion*, Longmans, Green and Co., 1931, pp. 143-144.

③ 摩尼教于公元 6—7 世纪传入中国，唐代改称明教。

④ Warwick Ball, *Rome in the East: the Transformation of an Empire*, Routledge, 2000, p. 437.

⑤ ［古罗马］优西比乌：《教会史》，［美］保罗·L. 梅尔英译，瞿旭彤译，三联书店 2009 年版，第 362 页。

⑥ *The late Roman World and its Historian: Interpreting Ammianus Marcellinus*, edited by Jan Willem Drijvers and David Hunt, Routledge, 1999, p. 154.

代各种名目的外来或本土宗教在罗马人精神生活领域占据了自己的位置。“帝国精神生活中显著的特征就是宗教狂热的增长。宗教逐渐几乎成为每一个人超乎一切的感情了。社会愈倾向于宗教性，各个集团之间的分歧也就愈尖锐。”① 当这些宗教在价值观层面发生冲突时，统治者的“裁决”与选择，必然决定着某种、某些宗教在帝国境内的命运，而当朝皇帝戴克里先的取舍无疑具有唯一性和终极性。

践祚之初，戴克里先没有阻止基督教的传播，但他本人笃信和恢复罗马传统多神教的决心和行动从未改变。戴克里先和马克西米安自称“约维乌斯”和“赫尔库里乌斯”，表达了对罗马最伟大神祇的虔诚之心②，使二人具有了（与基督教格格不入的）“半神半人”（*demigod*）的身份③。与流行数百年的元首制不同的是，戴克里先的“多米那提”制度下，“皇帝的权力直接来自诸神，而非民众的意志……”④ 所以，戴克里先对罗马传统多神教的眷恋、强化，绝非宗教原因，政治动机是第一位的。此外，从奥古斯都到戴克里先，多个皇帝都对太阳（*Sol*）神情有独钟，对太阳神的祭祀具有多重意义⑤。在3世纪发行的货币上，太阳神的位置非常突出⑥。诸多神明中，戴克里先最为看重的是罗马主

---

① ［美］M. 罗斯托夫采夫：《罗马帝国社会经济史》（下册），马雍、厉以宁译，商务印书馆1985年版，第694页。

② David M. Gwynn, *Christianity in the Later Roman Empire: A Sourcebook*, Bloomsbury, 2015. p. 16.

③ Mark Hebblewhite, The Emperor and the Army in the Later Roman Empire, AD 235–395, Routledge, 2017. p. 57.

④ Timothy E. Gregory, *A History of Byzantium*, Blackwell Publishing Ltd, 2005, p. 38.

⑤ 对太阳神崇拜在罗马亦有传统。戴克里先之前的奥莱里安声称自己是宇宙、不可征服的太阳神的化身和圣子（Stephen Williams, *Diocletian and the Roman Recovery*, Routledge, 1996, p. 58.）。不仅如此，奥莱里安还使太阳神成为罗马宗教的核心，各种神庙接纳并崇奉太阳神，并于274年在罗马城建造了气势恢宏的太阳神（Michael Grant, *Collapse and Recovery of the Roman Empire*, Routledge, 1999. pp. 49–50.）。也正是从奥莱里安开始，太阳神的崇拜开始普及。在帝国西部，太阳神和朱皮特之子、作为光明、真理和预言之神的阿波罗等同（Charles Matson Odahl, *Constantine and the Christian Empire*, Routledge, 2004. p. 47.）。奥莱里安极大地推动了东方神祇在罗马的发展。

⑥ Erika Manders, *Coining images of power: Patterns in the Representation of Roman Emperors on Imperial Coinage, A. D. 193–284*, Leiden · Boston, 2012, p. 122.

神朱皮特[1]，重新对奥林匹亚众神予以重视[2]。戴克里先把朱皮特提升为至高无上的神祇予以崇拜[3]，采用赫尔库里乌斯作为帝国意识形态的主要象征，重新对奥林匹亚众神予以重视[4]。作为“朱皮特之子”，戴克里先为朱皮特建造了数不清的庙宇、神坛，献祭异常丰富。303 年，戴克里先为纪念自己登基 20 周年，第一次现身罗马城，在城内和谐神庙旁竖立了 5 根石柱，其中 4 根石柱顶端是“共治” 4 个皇帝雕像，中间的石柱顶端则是朱皮特雕像[5]。这组雕像反映出“四帝”居帝国中心位置的宗教观念，表达了“四帝”所环绕的朱皮特的特殊地位。

历代皇帝不把自己视为神祇的代理人，而视自己为神祇的朋友，戴克里先没有例外。当权后，戴克里先对传统宗教、神祇的态度能够从一个侧面印证这一点。首先，戴克里先对哈德良建造的以弗所神庙进行了大规模修缮与装饰。戴克里先还恢复了安条克附近的阿波罗神庙，为冥神赫卡特（Hecate）建造了地下神殿。其次，戴克里先还给予帝国诸神以特殊的显赫位置[6]。拉克坦提乌斯记载，戴克里先命令将罗马人的神龛安置在法官的审判庭内，案件审理时，当事人应向诸神拜祭[7]。戴克里先的“共治皇帝”步戴克里先后尘，在一些城市重建罗马神祇的神

---

① 视朱皮特为自己命运保护神，将罗马人崇拜的药神埃斯库拉皮乌斯（Aesculapius）奉为自己健康的保护神（C. P. S. Clarke, *Church History from Nero to Constantine*, A. R. Mowbray Co. Ltd., 1920, p. 316.）。戴克里先本人对传统神祇笃信不移的程度，由此可窥一斑。

② Stephen Mitchell, *A History of the later Roman Empire*, *AD* 284–641. (Second edition), Blackwell Publishing Ltd., 2007, p. 259.

③ 戴克里先当政之初发行的钱币上刻有“IOVI CONSERVAT AUGG”意为“献给奥古斯都的保护神朱皮特”。而马克西米安发行的钱币上则刻有“HERCULI CONSERVAT”，意为“献给保护神赫尔库勒斯”（Charles Matson Odahl, *Constantine and the Christian Empire*, Routledge, 2004. pp. 36–37.）。在帝国发行金币上，正面是戴克里先等皇帝的肖像，背面则是保护神的形象。类似事件说明，罗马人的传统神祇根深蒂固，深得统治者重视。一种观点认为，戴克里先大力推崇罗马人的传统宗教、东方宗教，原因在于寻找精神支柱。

④ Stephen Mitchell, *A History of the later Roman Empire*, *AD* 284–641. (Second edition), Blackwell, 2007, p. 259.

⑤ Ibid., p. 333.

⑥ Bill Leadbetter, *Galerius and the will of Diocletian*, Routledge, 2009, p. 121.

⑦ *A Companion to Late Antiquity*, Edited by Philip Rousseau, 2009, p. 386.

庙，恢复古老的崇拜仪式，要求在军营内祭祀等等[①]。这些事实说明，在戴克里先当权时代多种宗教崇拜并存，罗马人的传统宗教深得统治者青睐。

基督教在价值观、崇拜信仰等方面，与罗马的传统宗教差别巨大，毫无共同之处，属于截然不同的宗教信仰。某种意义上讲，戴克里先对待罗马传统宗教、神祇的态度实际上从反面揭示了对基督教的立场，即对于大多罗马民众和诸位皇帝来说，非常惧怕丢弃古老诸神，害怕失去已经扩展到各个城市乃至整个帝国的诸神的保护[②]。3 世纪末，戴克里先颁布命令，要求所有军队官兵和各级政府官员祭祀罗马诸神，如果不执行此项命令，则禁止在军队服役或官僚机构供职[③]。因外来的摩尼教大规模发展，对罗马传统宗教产生了较大冲击，笃信罗马传统宗教的戴克里先大规模迫害摩尼教，不是偶然。287 年，戴克里先对颁布敕令，命令埃及代行执政官对势力较为强大的摩尼教进行迫害[④]。297 年，戴克里先下令烧死摩尼教首领，焚毁他们的著作，对那些不放弃信仰的摩尼教追随者判罪，没收财产（充实帝国国库）；所有被剥夺财产的人将被送至矿山，在那里慢慢死去。在接踵而至的迫害基督教过程中，戴克里先也采用了迫害摩尼教的办法[⑤]。302 年——大规模迫害基督教前夕，戴克里先再次下令，对摩尼教进行迫害[⑥]。耐人寻味的是，即使戴克里先采取如此严厉的手段对付摩尼教，也未能彻底消灭摩尼教[⑦]。戴克里先迫害摩尼教是否为迫害基督教的预演？无法给出确切答案。可以肯定

---

① Charles Matson Odahl, *Constantine and the Christian Empire*, Routledge, 2004. p. 53.

② Fergus Millar, *Rome, the Greek World, and the East*, Volume Ⅱ, The University of North Carolina Press, 2004, p. 312.

③ Chris Scarre, *Chronicle of the Roman Emperors: the Reign-by-Reign Record of the Rulers of Imperial Rome*, Thames and Hudson, 1995, p. 202.

④ C. P. S. Clarke, *Church History from Nero to Constantine*, A. R. Mowbray Co. Ltd., 1920, p. 316.

⑤ Gilian Clark, *Christianity and Roman Society*, Cambridge University Press, 2004, p. 51.

⑥ Adrian Goldsworthy, *How Rome Fell, Death of a Superpower*, Yale University Press, 2009, p. 180.

⑦ *A Companion to Roman Religion*, Edited by Jörg Rüpke, Blackwell Publishing Ltd., 2007, p. 103.

的是，在大规模迫害基督教前夕对摩尼教大开杀戒绝非偶然，对待摩尼教的态度清楚地表明了戴克里先日后对基督教的态度。戴克里先统治时期罗马帝国宗教“多元化”特征，能够证实戴克里先对外来宗教、神祇宽容的一面。戴克里先迫害摩尼教、基督教，与宗教本身是否外来没有必然联系，关键在于是否有利于他的“多米那提”制。

戴克里先对基督教的敌视心态，一方面来自罗马传统的多神教信仰；另一方面，他本人无法容忍基督教教义中的“皇帝不是神”“帝王崇拜乃是犯下渎神和偶像崇拜罪”等信条①。基督徒在很大程度上拒绝帝国的意识形态，帝国统治者无论如何不能容忍。此外，基督徒信奉的某些信条，与戴克里先的世俗统治格格不入。例如，非洲的一些基督徒认为，在异教徒的军队中服役是一种罪过。戴克里先命令所有的士兵敬拜诸神，许多基督徒士兵因此离开军队②。就宗教背景而言，如何使罗马的传统宗教居主导地位，为戴克里先的“多米那提”制服务，是一个非常现实的问题。最直接的解决方法似乎只有一个，即在宗教领域强行扫除罗马传统宗教的各种障碍。而宗教领域内，最大的“障碍”当数基督教。至于戴克里先缘何 4 世纪初大规模迫害基督教，是因为此时戴克里先已东征西战十几年，战果显著。戴克里先改组行省和军队，平定了边境，离心力削弱，戴克里先有了对付基督教的时间③。在这种背景下，戴克里先当然不能够容忍对他所建立的新秩序的任何挑战长期存在。戴克里先既不喜欢，也不信任外邦宗教的信徒，尤其不能屈服于传统宗教的融合④。在准备对基督教进行大迫害时，戴克里先政权和地位稳固，其中包括了非基督徒的支持，为迫害基督教创造了条件。尽管基督教的势力已经发展壮大，但仍为强势的非基督徒所包围。面对得到皇

① 厉以宁：《罗马-拜占庭经济史》（上编），商务印书馆 2006 年版，第 307 页。

② Charles Seignobos, *History of the Roman People*, New York, Henry Holt and Company, 1902, p. 394. 也有一种观点认为，戴克里先要求军人要么祭神，要么离开军队的做法或许始于 302 年秋天（C. P. S. Clark, *Church History from Nero to Constantine*, U. S. A. The More house Publishing Co. , 1910, p. 319.）。如果这一说法属实，戴克里先迫害基督教的“实际行动”是从 302 年开始的。

③ C. P. S. Clarke, *Church History from Nero to Constantine*, A. R. Mowbray Co. Ltd. , 1920, p. 318.

④ Bill Leadbetter, *Galerius and the will of Diocletian*, Routledge, 2009, p. 130.

帝垂青的罗马传统宗教的势力根深蒂固，基督教无优势可言。

关于戴克里先迫害基督教的原因，还有一种说法是，在大规模迫害基督教之前，戴克里先（一种说法是派使者）曾到小亚米利都附近狄迪马（Didyma）的阿波罗神庙求神谕，得到了镇压基督教的答复①。此事是否属实，尚待考订。但却反映出戴克里先对罗马人的传统宗教信赖有加。

第二节　迫害基督教

关于戴克里先迫害基督教的缘由，历史学家认为，303 年，戴克里先尼科米底亚宫廷的两次火灾是直接原因。与戴克里先同时代，且生活在尼科米底亚的拉克坦提乌斯记载说，第一次火灾系加莱里乌斯为使戴克里先颁布迫害基督教敕令，命人在宫廷放火，部分宫廷建筑遭焚毁，基督徒由此被指控为公敌，指控这些基督徒和宦官一起密谋杀害皇帝②。尽管一无所获，但仍然对基督徒血腥审问，甚至一度在宫廷中最有权势的宦官也被诛杀③，基督徒则横遭屠戮。“尤西比乌斯的记述或许有所出入，但却揭示了戴克里先‘欲加之罪，何患无辞’的真实动机。那些曾深得戴克里先信赖、爱戴的王室官吏或遭受酷刑折磨，或被处死”④。“按照皇帝的敕令，或整户或成群的基督徒死于刀剑之下，其他一些人则被判以火刑，男男女女们满怀神圣的真情跳入火海中。还有一些人被行刑者绑上船，随后被扔进大海。至于那些已按照恰当礼仪下葬的皇室仆人，他们的尸体不但被人挖出，并且也被扔进海里——这种行为出于如下荒诞念头的驱遣：‘否则，他们在坟墓中会被当作神明受到崇拜’”⑤。由尤西比乌斯的记载可知，宫廷火灾是戴克里先迫害基

① William E. Dunstan, *Ancient Rome*, Rowman & Littlefield Publishers, Inc., 2011, p. 431.

② Lactantius, *The Minor Works*, tr. By Sister Mary Francis McDonald, O. P., The Catholic University of America Press, 1965, p. 153.

③ Ibid., p. 154.

④ Mandell Creiguton, *The Church and the Roman Empire*, Oxford, 1887. p. 12.

⑤ ［古罗马］优西比乌：《教会史》，［美］保罗·L. 梅尔英译，瞿旭彤译，生活·读书·新知三联书店 2009 年版，第 389 页。

督教的借口，是最好的口实。

除了所谓宫廷火灾的直接原因的说法之外，英国学者安德林·戈德斯沃司认为，戴克里先萌生迫害基督徒的念头，是因为在宫廷发生火灾之前，一次传统的罗马人宗教占卜活动中，基督徒有画十字的动作，进而导致占卜失败①，戴克里先因此加罪于基督徒。还有学者从基督教徒履行自己的宗教职责角度予以分析，认为戴克里先迫害基督教与宫廷官员、宦官信奉基督教，并向其宣讲基督教义有关②。换言之，一些虔诚的基督徒，传播自己信仰的教义时，选错了地点、选错了对象。然而，即使这些说法属实，也不足以解释戴克里先大规模迫害基督教的全部理由。因为在戴克里先当政的前 18 年里，一直没有对基督教进行迫害，否则基督教不可能获得较大发展。研讨戴克里先大规模迫害基督教的原因，从戴克里先第二次颁布迫害敕令的背景，或许可以得到某些启迪。第一次迫害敕令颁布后，帝国东部基督徒发动起义，导致戴克里先第二次颁布迫害敕令。“没有人会否认，当时的基督教会中有毫不犹豫支持政变的人。……世俗力量在生存受到威胁时从未心慈手软过。”③ 这一议论对于阐释戴克里先迫害基督教的原因有一定的说服力，但似乎又不是全部。比如，此处所说“生存受到威胁”难免言过其实。3 世纪以降，帝国境内各种起义、反叛时有发生，均未真正对帝国政权造成颠覆性威胁。“戴克里先统治时期企图篡权者没有销声匿迹，但并没有导致内战的发生。”④ 尤西比乌斯记载，大迫害开始不久，“在梅里特内和叙利亚发生了一次试图推翻现任皇帝的政变，皇帝随即下令，把各地教会领袖都套上镣铐投入监狱。由此出现的景象，真是难以用笔墨形容。数不胜数的人在各地被关押起来。原先为杀人犯和盗墓贼准备的监狱现在却装满主教、长老、执事、读经师和驱魔师，以至于再也没有足够的地

① ［英］安德林·戈德斯沃司：《非常三百年——罗马帝国衰落记》，郭凯生、杨抒娟译，重庆出版社 2010 年版，第 137 页。如果这一情况属实，则说明了即使是直接原因，也与罗马传统宗教有着千丝万缕的联系。

② 厉以宁：《罗马-拜占庭经济史》（上编），商务印书馆 2006 年版，第 307 页。

③ ［瑞士］雅各布·布克哈特：《君士坦丁大帝时代》，宋立宏等译，上海三联书店 2006 年版，第 211 页。

④ M. Cary, H. H. Scullard, *A History of Rome, Down to the Reign of Constantine* (Third Edition), The Macmilan Press Ltd., 1975, p. 518.

方关押罪犯。"[①] 戴克里先对基督教的迫害及其细节，多出自基督教史家的记载。4世纪以及后来几个世纪的基督徒，把戴克里先迫害基督教称为"大屠杀"。《宗教名录》记载，在30天时间里，整个帝国共有1.7万基督徒遭杀戮[②]。这一数字的真实性，无从可考。林林总总的史实揭示出的真实情况是，戴克里先迫害基督教的各种理由难免牵强，将基督教置于死地才是最主要的原因。

按照尤西比乌斯的说法，戴克里先对基督教的迫害开始时并非疾风暴雨式的。尤西比乌斯记述说："他（戴克里先）首先攻击军营中的基督徒，他以为，如果在军营取得胜利，他就可以轻而易举地征服其他基督徒……他（戴克里先）首先开始迫害士兵，他把士兵分群别类，让他们选择或者服从命令，保持现有军阶，或违抗敕令，剥夺现有军阶。……在各地，一些士兵已然为忠诚与虔信的缘故，不仅丧失荣誉，甚至还遭遇死亡。"[③] 戴克里先清除军队中的基督徒，是一次有组织、有系统的行动，专门任命了一个行政长官维图里乌斯（Veturius）。维图里乌斯"仔细检查了所有的军队，从一个军营到另一个军营，从一个要塞到另一个要塞，从一个兵站到另一个兵站，清除军队中的基督徒"[④]。戴克里先为何先在军队中对基督徒开刀，尤西比乌斯所说的原因不会是全部，一种说法认为，戴克里先这样做是为了"净化"军队。但尤西比乌斯所记有一点是正确的，即清理完军队中的基督徒后，大规模迫害基督教的行动正式开始。除了军队中的基督徒外，帝国政府中的各级官吏亦未能幸免。高级官吏中的基督徒遭放逐，较为低级的基督徒官吏更为悲惨——削官为奴[⑤]。此时，出身、国籍不再重要，宗教信仰攸关身家性命。戴克里先对基督教迫害之疯狂和残酷，由此可知一二。

---

① ［古罗马］优西比乌：《教会史》，［美］保罗·L. 梅尔英译，瞿旭彤译，生活·读书·新知三联书店2009年版，第389—390页。

② John R. Curran, *Pagan City and Christian Capital: Rome in the fourth Century*, Oxford University Press, 2000, p. 47.

③ ［古罗马］优西比乌：《教会史》，［美］保罗·L. 梅尔英译，瞿旭彤译，生活·读书·新知三联书店2009年版，第377页。

④ Bill Leadbetter, *Galerius and the will of Diocletian*, Routledge, 2009, p. 128.

⑤ C. P. S. Clark, *Church History from Nero to Constantine*, U. S. A. The More house Publishing Co., 1910. p. 320, p. 322.

戴克里先迫害基督教的第一个敕令于303年2月24日颁布，但在前一天——303年2月23日[①]，迫害基督徒的行动即已付诸实施：近卫军在近卫军长官带领下，捣毁了一座大教堂[②]，继而大规模的迫害行动全面展开，许多朝廷官员、侍从被处死[③]，甚至一些皇室成员也未能幸免。那些坚持自己信仰的人，被剥夺了自由，成为皇帝的奴隶，戴上锁链到皇帝的庄园里劳作[④]。一些著名的基督徒成为攻击的目标，包括尼科米底亚主教，最残酷的折磨手段用于对付各地的基督教徒。戴克里先命令捣毁教堂，焚烧宗教经典，禁止基督徒集会[⑤]。"和从前一样，迫害基督教的过程是无法躲避的。"[⑥] 戴克里先的敕令下达到行省当权者手中，敦促他们逮捕、监禁基督教神职人员[⑦]。

关于戴克里先迫害基督教的具体细节，与戴克里先同时代的尤西比乌斯，在《教会史》有比较详细的记载："在戴克里先统治第十九年的三月，正是受难节（复活节）临近的时候，他下达一道敕令，命令各地拆毁教堂、焚烧圣经。任何身居高位的基督徒都将失去原有的地位与身份，而皇室中的基督徒如果继续表明自己的基督教信仰就将深陷囹圄。这是针对我们的第一道敕令。紧接着，其他敕令接踵而来，各地教会的领袖因此被投进监狱，同时被以各种方式强迫献祭。"[⑧] 戴克里先迫害基督教敕令的内容大致包括如下几方面[⑨]：

---

① 每年的2月23日为罗马人的界神特尔米努斯（Terminus）的节日——"界神节"或"特尔米努斯节"。戴克里先选择这一天开始迫害基督教，似乎是要在这一天为基督教画上句号。见 Mandell Creiguton，The Church and the Roman Empire，Oxford，1887. p. 14。

② 即前文所提及的与戴克里先宫廷对面的大教堂。

③ ［瑞士］雅各布·布克哈特：《君士坦丁大帝时代》，宋立宏等译，上海三联书店2006年版，第210页。

④ Arthur James Mason，*The Persecution of Diocletian*，*A Historical Essay*，Cambridge，1876. p. 114.

⑤ William E. Dunstan，*Ancient Rome*，Rowman & Littlefield Publishers，Inc.，2011，p. 431.

⑥ *A Companion to Ancient History*，edited by Andrew Erskine，2009，p. 322.

⑦ Stephen Williams，*Diocletian and the Roman Recovery*，Routledge，1996，p. 69.

⑧ ［古罗马］优西比乌：《教会史》，［美］保罗·L. 梅尔英译，瞿旭彤译，生活·读书·新知三联书店2009年版，第376页。

⑨ 戴克里先颁布的几道敕令原文已不存在，人们认为，语气和语言和迫害摩尼教的敕令极为相似。

第一，基督教堂必须拆除；

第二，基督教经文必须焚毁；

第三，基督徒官吏失去所在官职的各种特权；

第四，剥夺了基督徒应对法律起诉的权利；

第五，基督徒不能对袭击他们的人提起诉讼；

第六，帝国境内信仰基督教的被释奴重新沦为奴隶①。

由上述内容可以看出，戴克里先的终极目的就是要对基督徒斩尽杀绝。戴克里先迫害基督徒的敕令，使人很容易联想到共和国末年内战时期的“公敌宣判”，基督徒毫无生命保障。基督徒的处境，由此不难知晓。尤西比乌斯《教会史》详细记载了帝国各地对基督教残杀、迫害的血腥和暴行，可谓无所不用其极：十字架、火刑、刀剑……甚至被野兽撕咬至死。拉克坦提乌斯也记载说，为了迫使基督徒屈服，统治者设计了许多“闻所未闻”的酷刑。尤西比乌斯《教会史》的记载带有声讨、控诉的成分，但也在较大程度上反映了戴克里先的大迫害的残忍与疯狂。《教会史》还记载，一个在大马士革的“杜克斯”派人到广场上抓来几个放荡的妇女，“以折磨威胁她们写下文字说自己曾是基督徒，知道他们（基督徒）的罪行：在教堂里，基督徒沉溺于伤风败俗的行为……”② 此段记载无从可考，能够说明的问题是，统治者对基督教的迫害不择手段。

在戴克里先杀戮与高压之下，手无寸铁的基督徒的命运只能任人宰割，一些教徒被迫做出让步。部分基督教会的上层纷纷屈服，连罗马城的主教也不得不到罗马神庙献祭；北非的主教有的向罗马神祇献祭，有的烧毁《圣经》，迦太基首席主教不仅自己背叛了基督教，还劝说教徒不要信仰基督教③。戴克里先迫害基督徒来势汹汹，血雨腥风，令基督徒几无任何招架之力。即便如此，作为少数人的宗教，帝国统治者依然

---

① David S. Potter, *The Roman Empire at Bay*, *AD*185-395, Routledge, 2004, p. 337.

② ［古罗马］优西比乌：《教会史》，［美］保罗·L. 梅尔英译，瞿旭彤译，生活·读书·新知三联书店 2009 年版，第 410 页。

③ 王美秀等：《基督教史》，江苏人民出版社 2008 年版，第 50 页。

无法将基督教彻底肃清[①]。

戴克里先对基督教的大规模迫害，不仅集中在驻跸地地尼科米底亚，外地行省的基督徒也未能躲过这场浩劫。尤西比乌斯在《教会史》中，记载了亚洲、非洲行省各个地区对基督教迫害的惨烈实况。除了《教会史》所涉及一些地区外，其他地区、行省的基督教也不可能幸免。“特别是在多瑙河地区各个行省的基督徒聚居区，全部遭受到一系列袭击……”[②] 戴克里先对基督教的大迫害，对帝国境内各地的基督徒堪称一场浩劫。

帝国范围内大规模迫害基督教，戴克里先诚然是罪魁祸首，但其他几个皇帝也未袖手旁观，而是积极参与其中，推波助澜。一般认为，303 年 2 月 24 日颁布的迫害基督教的敕令[③]，是戴克里先和加莱里乌斯在尼科米底亚联合签署的。基督教史家和后世史家都对加莱里乌斯指责有加，一致认为加莱里乌斯在迫害基督教过程中扮演了恶劣的角色。尤西比乌斯认为，正是在加莱里乌斯的鼓动下，戴克里先颁布了迫害基督徒敕令，加莱里乌斯是这场大迫害的元凶[④]。英国古典学者帕特·索特恩把迫害基督教归咎于加莱里乌斯，称他一生都在以暴力迫害基督教[⑤]。据认为，304 年年初[⑥]，戴克里先患病期间，第四次亦为最后一次迫害基督教的敕令即是加莱里乌斯颁布的。拉克坦提乌斯记载，加莱里乌斯对基督教的仇恨是其母亲的怂恿：“她心怀恶意地反对基督徒，因

① ［美］朱迪斯·本内特、沃伦·霍利斯特：《欧洲中世纪史》，杨宁、李韵译，上海社会科学院出版社 2007 年版，第 22 页。

② Bill Leadbetter，*Galerius and the will of Diocletian*，Routledge，2009，p. 222.

③ 此后，又接连三次颁布了迫害敕令。每一道敕令都比前一道敕令的内容更加严酷、严厉。例如，第二道敕令规定，所有基督教主教、牧师、执事都被治罪；第三道敕令命令所有被关押的牧师一律从严处罚，严刑拷打，直至他们向罗马神祇献祭；304 年的第四道敕令，则把第三道敕令扩展到整个帝国（W. E. Addis，*Christianity and the Roman Empire*，London，1898，p. 88.）。这几道敕令的内容反映出，对基督教的迫害呈现出逐步加剧的势头。

④ ［古罗马］优西比乌：《教会史》，［美］保罗·L. 梅尔英译，瞿旭彤译，生活·读书·新知三联书店 2009 年版，第 398 页。

⑤ Pat Southern，*The Roman Empire*：*from Severus to Constantine*，Routledge，2001，p. 168.

⑥ 具体月份不详。一般认为颁布时间为 304 年 1 月或 2 月。

为他们一直不愿意参加她的祭神活动……”① 第四次敕令命令所有基督徒拜祭罗马神灵，违者处以死刑②。戴克里先在位期间，大多数时候容忍了基督教，而且迫害基督教并不是帝国总设计中的一部分③。加莱里乌斯把自己的想法越来越多地灌输给老迈的戴克里先，他本人采取极端的暴力手段迫害基督徒，尤其在埃及、巴勒斯坦和多瑙河等地区④。按照这一分析，加莱里乌斯才是迫害基督教的罪魁祸首，戴克里先只是受人怂恿。这种分析应视为一家之言，戴克里先是否真的那么容易接受加莱里乌斯的说辞，值得商榷。但可以肯定的是，加莱里乌斯的推波助澜，对戴克里先迫害基督教产生了非常大的影响。“共治”“四帝”中，加莱里乌斯是迫害基督教的积极支持者和实践者，另一个恺撒君士坦提乌斯则与加莱里乌斯不同，没有像东部那样，开展声势浩大的迫害基督教的行动⑤。君士坦提乌斯对基督徒相对仁慈，并未对基督徒兴师问罪，大肆屠戮，他统治的不列颠、高卢地区，基督教徒处境相对较好。尤西比乌斯记载说：“他从未参与过反对我们的战争——实际上，他甚至从伤害和虐待中救助过臣民中的男女信徒——而且，他既没有毁坏过教堂建筑，也没有对我们进行过任何其他的伤害。”⑥ 当代学者认为，君士坦提乌斯只是拆毁了几座教堂建筑，并未处死基督教徒⑦。综合各方面因素考察，尤西比乌斯的说法与当代学者的观点都有难圆其说之处。作为基督教史家，尤西比乌斯的说法属于溢美之词。君士坦提乌斯

---

① C. P. S. Clark, *Church History from Nero to Constantine*, U. S. A. The More house Publishing Co. , 1910. p. 319.

② William E. Dunstan, *Ancient Rome*, Rowman & Littlefield Publishers, Inc. , 2011, p. 431. 第四道敕令异常严酷，要求所有的人，无论男女老幼，如果不放弃自己的信仰，一律处死。

③ Raymond Van Dam, *The Roman Revolution of Constantine*, Cambridge University Press, 2007, p. 240, p. 164.

④ *Ancient Rome: from Romulus and Remus to the Visigoth Invasion*, edited by Kathleen Kuiper, Britannica Educational Publishing, 2011, p. 177.

⑤ Chris Scarre, *Chronicle of the Roman Emperors: the Reign-by-Reign Record of the Rulers of Imperial Rome*, Thames and Hudson, 1995, p. 202.

⑥ ［古罗马］优西比乌：《教会史》，［美］保罗·L. 梅尔英译，瞿旭彤译，生活·读书·新知三联书店 2009 年版，第 191 页。但关于君士坦提乌斯对待基督徒的态度，在具体细节方面，尤西比乌斯和拉克坦提乌斯的记载并不一致。

⑦ ［美］G. F. 穆尔：《基督教简史》，郭舜平等译，商务印书馆 1996 年版，第 126 页。

的迫害行为不如其他几个皇帝疯狂，倒可能是事实，如果说“按兵不动”，公然违抗君命，可能性似乎较小。按照尤西比乌斯的逻辑，君士坦提乌斯不仅没有迫害基督徒，而且对戴克里先的迫害敕令置若罔闻。在当时的历史条件下，身为恺撒的君士坦提乌斯抗拒戴克里先的敕令，在举国上下的大迫害中，我行我素，公开救助基督徒，不免缺乏说服力。至于君士坦提乌斯仅仅“拆毁了几座教堂，没有杀害基督徒”之说，也令人生疑。与史实比较接近的是，君士坦提乌斯统治区域内，基督徒受迫害的程度略低于其他地区；同其他诸帝相比，君士坦提乌斯不甚疯狂。“四帝”对待基督教态度的差别，反映了各自对基督教不同的认识，以及在迫害行为上的差异性。

“四帝”中的奥古斯都马克西米安，在非洲、西班牙、意大利等地实施强硬的政策对待基督教，一直到305年退位①。尤西比乌斯在《教会史》中，详细记载了埃及、底比斯、亚历山大里亚等地“殉道者”蒙受的苦难与灾祸，堪称“血泪控诉”。虽然没有明确指出这些迫害活动为马克西米安所指使，但这些地区是马克西米安的“辖区”，应是马克西米安的“总策划”。在现代西方某些著述中，马克西米安被描述为除君士坦提乌斯之外，另一位对基督教相对宽容的皇帝，不知依据何在。

第三节 失败的结局

无论宗教史家如何抨击戴克里先对基督教的迫害，戴克里先对基督教的迫害是罗马帝国历史上，也是基督教史上的最后一次。因此，戴克里先对基督教的迫害具有相对的特殊性。就结局而言，戴克里先对基督教的迫害最终以失败而告终。按事先约定，305年，戴克里先便退隐田园，未能将迫害基督教“进行到底”（第四次迫害敕令于304年颁布）。最能说明问题的是，在戴克里先生前的311年，临终之际的加莱里乌斯等“四帝”便颁布了宽容敕令，表示对基督教采取宽容、容忍的态度，

---

① O. F. Robinson, *Penal Practice and Penal Policy in Ancient Rome*, Routledge, 2007, p. 121.

允许基督徒重建教堂，“允许基督徒集会，让他们为皇帝祈祷。”① 加莱里乌斯的行为既是对戴克里先迫害基督教的否定，也标志着持续10年的第十次迫害基督教的终结②。一种观点认为：“宽容敕令的出台纯粹出于冷酷的政治动机，而非针对基督教。”③ 作为一家之言，这种议论或许有一定道理，但就结果、现状而言，无疑是戴克里先迫害基督教的最后失败。

人称戴克里先迫害基督教的行为是历史上“时间最长、最残酷的迫害行为”④。戴克里先对基督教的迫害，充满了暴力和血腥。大迫害之所以撼动了基督教会的基础，某种程度上是因为相当一部分信徒表面上屈服于皇帝的意志⑤。戴克里先的大迫害只是重创了基督教，基督教没有真正屈服于皇帝的淫威。戴克里先退位后不久，基督教东山再起，迅速恢复了元气。据尤西比乌斯记载，宽容敕令颁布后，一时间各个城市的“教堂人满为患，聚会拥挤不堪，崇拜仪式也按时举行。”⑥ 尤西比乌斯在《教会史》中，更是用“大解放”形容宽容敕令颁布后基督教的现状与心态。这种“反弹”与反差说明了戴克里先的大迫害不仅没有消灭基督教，反而刺激基督教进一步发展壮大，并在短时间内获得了合法地位。基督教证明了自己在实力上强于对手⑦。

当然，基督教对罗马帝国的胜利，绝不仅仅因为宽容敕令的出台，更重要的是313年君士坦丁《米兰敕令》的问世。基督教获得了彻底的胜利。戴克里先于312年故去，君士坦丁则于313年颁布了《米兰敕

① *A Companion to Roman Religion*, Edited by Jörg Rüpke, Blackwell Publishing Ltd., 2007, p. 103.

② 尤西比乌斯在《教会史》中提到了加莱里乌斯的“撤销令”，尤其提及加莱里乌斯颁布“撤销令”的原因是“感到良心上的巨大痛苦”（［古罗马］优西比乌：《教会史》，［美］保罗·L. 梅尔英译，瞿旭彤译，生活·读书·新知三联书店2009年版，第397页）。然而，这种“良心发现”说基督教色彩浓重，表达的是基督教的立场与观点，没有更多的说服力。

③ Pat Southern, *The Roman Empire: from Severus to Constantine*, Routledge, 2001, p. 371.

④ *A Companion to Roman Religion*, Edited by Jörg Rüpke, Blackwell Publishing Ltd., 2007, p. 103.

⑤ Timothy E. Gregory, *A History of Byzantium*, Blackwell Publishing Ltd., 2005, p. 44.

⑥ ［古罗马］优西比乌：《教会史》，［美］保罗·L. 梅尔英译，瞿旭彤译，生活·读书·新知三联书店2009年版，第407页。

⑦ ［美］M. 罗斯托夫采夫：《罗马》，邹芝译，世纪出版集团2014年版，第242页。

令》。从戴克里先 303 年颁布第一个迫害基督教的敕令，到 313 年君士坦丁颁布《米兰敕令》，中间间隔 10 年。或许是已经清楚了无法通过暴力战胜基督教，311 年《宽容敕令》问世后，对基督教敌意最大的加莱里乌斯在病中宣布停止迫害活动。历史上著名的对基督教第十次大迫害以基督教彻底胜利而告结束。

“‘大迫害’是一个旨在影响帝国继承的政治行动”[①]。这一观点耐人寻味。大迫害与第二次“四帝共治”之间到底是什么关系？对于君士坦丁最后一任独掌帝国权柄到底是什么关系？的确是需要深入考察的一系列问题。

---

① Timothy Barnes, *Constantine: Dynasty, Religion, and Power in the later Roman Empire*, Blackwell, 2014, p. 57.

结语　退隐田园

戴克里先以三世纪危机“终结者”身份登基，把治下的帝国变成了毫无掩饰的“东方专制帝国”[①]。戴克里先虽然开创了君主专制，但也成为这个制度下第一个主动“离职”“退休”的皇帝。罗马帝国历史上，贤君明主有之，昏庸皇帝亦不绝于书，主动“退休”，自觉交出皇权者，戴克里先为第一人。古典史家尤特罗庇乌斯给予戴克里先极高的评价：“自罗马帝国缔造起来之后，一切皇帝之中唯有他一人，自愿从权力的巅峰隐退到普通臣民的生活状态与社会身份当中，这需要他拥有非同寻常的美德。”[②] 不仅是第一个主动退位的皇帝，戴克里先还是安东尼乌斯・皮乌斯（Andonius Pius，138—161 年在位）之后，150 年间，第一个在位时间长达 20 年的皇帝。

305 年 5 月 1 日，在尼科米底亚附近的一块平原上，举行了戴克里先禅让仪式[③]。戴克里先面对军队，发表了告别演说，声称自己因年龄与健康的原因退位，同时宣布两名恺撒接任他和马克西米安的王位。在众人注视下，乘坐一辆挂有帷幕的马车，径直穿过城市，抵达港口，从海路回到自己的家乡达尔马提亚的萨罗那（Salona）。按照约定，戴克

---

① Philip van Ness Myers, *Rome: Its Rise and Fall*, Ginn & Company, Publishers, Boston, U. S. A., 1901, p. 381.

② ［古罗马］尤特罗庇乌斯：《罗马国史大纲》，谢品巍译，上海人民出版社 2011 年版，第 107 页。

③ 在此之前的 303 年，戴克里先和马克西米安在罗马城举行了“四帝共治”10 周年庆典。有史家认为，在两个人逗留罗马城期间，曾共同在卡皮托林神庙宣誓，共同退位。见 Raymond Van Dam, *The Roman Revolution of Constantine*, Cambridge University Press, 2007, p. 42。

里先的同僚皇帝马克西米安也在米兰辞去了帝位①。马克西米安的退位仪式不甚隆重，但地点选在了朱皮特神庙。马克西米安退位后，在卢卡尼亚纵情声色犬马。罗马帝国历史上，第一次“四帝共治”结束。退位之时，戴克里先获得了如下名号：Imperator Caesar Gaius Aurelius Valerius Diocletianus Pius Felix Invictus Augustus, Pontifex Maximus, Germanicus Maximus VI, Sarmaticus Maximus Ⅲ, Persicus Maximus Ⅱ, Britannicus Maximus, Carpicus Maximus, Armenicus Maximus, Medicus Maximus, Adiabenicus Maximus, Tribuniciae potestatis XXII, Consul X, Imperator XXI, Pater Patriae, Proconsul。与登基时的名号相比，戴克里先的名字多了一系列的“后缀”，内容“丰富多彩”。长长的名号记载了戴克里先军事征伐的业绩，所蕴含的炫耀昭然若揭。

第一次“四帝共治”的结束之日，亦为第二次“四帝共治”开始之时。戴克里先和马克西米安——两个奥古斯都自行退位，按照事先的设计，两个恺撒，亦即二人的女婿加莱里乌斯和君士坦提乌斯随之晋身奥古斯都（君士坦提乌斯“排名”在前、加莱里乌斯“排名”在后）。依照“四帝共治”的设计模式。两个新登基的皇帝分别选择了自己的恺撒：塞维鲁斯（Severus）和马克西米努斯（Maximinus）。日后叱咤风云的君士坦丁大帝——君士坦提乌斯的长子君士坦丁和觊觎王位已久的马克西米安的儿子马克森提乌斯，没有入选②，为很快到来的王位争夺战埋下了隐患。至此，戴克里先和马克西米安退位后，第二次“四帝共治”形成。但第二次“四帝共治”形成不久，几个皇帝之间便失去了平衡，308 年，即戴克里先隐居田园的两年后，罗马帝国破天荒地呈现出“六日中天”的局面：加莱里乌斯、李锡尼、马克森提乌斯、（重披

① 马克西米安退位后获得的名号是：Imperator Caesar Marcus Aurelius Valerius Maximianus Pius Felix Invictus Augustus, Pontifex Maximus, Herculius, Germanicus Maximus V, Sarmaticus Maximus Ⅲ, Persicus Maximus Ⅱ, Britannicus Maximus, Carpicus Maximus, Armenicus Maximus, Medicus Maximus, Adiabenicus Maximus, Tribuniciae potestatis XXI, Consul IX, Imperator XX, Pate。军事业绩亦堪称彪炳。但就“自动退位”而言，马克西米安多有不情愿，日后复出，即能说明某些问题。

② 戴克里先认为，马克森提乌斯不适合出任恺撒。见 M. Cary, H. H. Scullard, *A History of Rome, Down to the Reign of Constantine* (Third Edition), The Macmilan Press Ltd, 1975, p. 520.

紫袍的）马克西米安、马克西敏、君士坦丁[①]。戴克里先设计的人为的、看似“合情合理”的王位继承规则彻底遭人废弃，他计划的弱点大白于天下。[②] 一天难容“六日”，继三世纪危机之后，短暂的二十几年和平再度被争夺天下的内战所打破。众所周知，最后是君士坦丁战胜了所有对手，统一了帝国。戴克里先亲手重建的“共治”模式，终于以内战的爆发画上了句号；他的确保帝位平稳传承的计划以失败而告终。戴克里先亲眼看到了他的诸项改革的失败[③]。

戴克里先退位后，缘何会再次出现争夺帝位的内战？“伴随着戴克里先影响的衰退，‘四帝共治’体系开始瓦解，其他诸位皇帝通过提拔、支持自己的儿子，蔑视戴克里先（确定）的优先权，试图建立自己真正的嫡传王朝。”[④] 戴克里先的权势成为明日黄花，所创建的“四帝共治”体系，绝非一种法律制度层面的设计，更多的是他主观意愿的结果，很大程度上体现了权力的强势。戴克里先主政时还有一定约束力，尚能维系“四帝”和平共处，一旦失去了手中的强势权力，以分权为内容的“共治”模式便成为内战的策源地。

戴克里先对争夺帝位的内战有何看法？不可得知。一个流传甚广的故事似乎说明，戴克里先对六个皇帝彼此之间厮杀并不感兴趣，毫无重出江湖之意。传说，马克西米安曾到戴克里先隐居的别墅，劝说老朋友出山。戴克里先则回答说，只要你看一下我亲手种植的白菜，你就不会劝我出山了[⑤]。许多著作都谈到了戴克里先退隐后，热心于种植白菜的逸闻趣事。至于几个皇帝在为了统治权的唯一性进行火并时，为什么戴克里先能够在乡间别墅保持平稳的心态？笔者未发现详细记载。而马克

---

① ［古罗马］尤西比乌斯：《君士坦丁传》，林中泽译，商务印书馆 2015 年版，第 9 页。

② William F. Allen, *A Short History of the Roman People*, Published by Ginn & Company, 1890, p. 301.

③ Johannes Roldanus, *The Church in the Age of Constantine*, *The theological challenges*, Routledge, 2006, p. 188.

④ Raymond Van Dam, *The Roman Revolution of Constantine*, Cambridge University Press, 2007, p. 104.

⑤ Charles Seignobos, *History of the Roman People*, Henry Holt and Company, New York, 1902, p. 392.

西米安则违背了当初在罗马城卡皮托林山朱皮特神庙对戴克里先许下的诺言[①]，重新出山，参与王位争夺。由此可知，在退位问题上马克西米安与戴克里先想法相去甚远。

当然，在奴隶制帝国，即使主动退位的皇帝，绝对、彻底地远离政治舞台也是困难的。308 年，戴克里先应邀出席在卡努图姆（Carnuntum，位于今天奥地利境内）的马克西米安与加莱里乌斯的会晤[②]。据说，这是戴克里先退位后，唯一一次出现在公众视野中。即便如此，也能够说明退位皇帝与政治存在千丝万缕的联系。除此之外，戴克里先是否还有其他参与政治的举动，不可得知。这一事例似乎说明，全身心地息影林泉、远离尘世绝非易事。戴克里先的这一举动，是对失去的政治权力的眷恋？还是一次偶然的行为？有追问之必要。

当政 20 年的戴克里先退位后，更多的生活内容是名副其实的“退休生活”。“戴克里先如一介平民一般住在离萨洛纳不远的地方安度晚年，他带着崇高的名誉享受起了清闲。”[③] 戴克里先把大部分时间花在了建筑、园艺等方面。他的故乡达尔马提亚的斯普利特（Split，位于今天的克罗地亚南部），这里建有占地 3 万平方米的著名的“戴克里先宫”，花费 10 年时间建成[④]。宫殿濒临亚得里亚海，景致怡人，豪华壮观。宫殿四周建有城墙，并附有八边形和正方形塔楼，给人的感觉像是一座设防的军事营地[⑤]，明显带有军事防御的性质和特征。戴克里先生命中的最后时光即是在这座“设防”的宫殿中度过的。

---

① Timothy Barnes, *Constantine: Dynasty, Religion, and Power in the later Roman Empire*, Blackwell, 2014, p. 58.

② 据传，加莱里乌斯向岳父发出了热情的邀请，出席这次会晤，解决第二次“四帝共治”后，几个皇帝之间的争端。英国学者梅森认为，这次会晤的一项具有历史意义的成果是，罗马帝国境内的宗教信仰自由（Arthur James Mason, *The Persecution of Diocletian, A Historical Essay*, Cambridge, 1876, p. 272.）。卡努图姆从公元 14 年之前即是罗马军团的屯兵要塞，多个军团在这里驻扎。

③［古罗马］尤特罗庇乌斯：《罗马国史大纲》，谢品巍译，世纪出版集团、上海人民出版社 2011 年版，第 107 页。

④ 也有人认为工期不止 10 年。更有历史学家指出，在 305 年戴克里先退位时，斯普利特的宫殿尚未完工。

⑤ Charles Gates, *Ancient Cities, The archaeology of urban life in the Ancient Near East and Egypt, Greece, and Rome*, Routledge, 2003, p. 417.

戴克里先晚年，最具讽刺意味的事件是，311 年，曾经他的部下、恺撒，也是他的女婿，更是他迫害基督教的得力助手，加莱里乌斯在濒临死亡之际，与另外三位皇帝颁布宽容敕令，不仅终止了对基督教的迫害，也宣告了戴克里先迫害基督教以彻底失败而告终。面对基督教态度的大逆转，戴克里先作何想法，不可得知。

戴克里先是罗马帝国历史上颇有争议的皇帝，无论是他推进的各项改革，还是大规模迫害基督教，以及处于巅峰状态时，主动退隐田园，都是人们议论的话题。关于戴克里先主动告老还乡，过常人生活的缘由，学术界一个颇为流行的观点是健康原因。在戴克里先多瑙河之行的后半期，健康状况恶化。304 年 10 月，戴克里先是被人抬到圆形剧场的。12 月，戴克里先陷入昏迷，人们担心他会很快死去①。拉克坦提乌斯在《迫害者之死》中，对戴克里先的病情有较为详细的叙述，但不排除其中某些难以掩饰的敌意。透过各种记载不难判断，健康原因是戴克里先退位的主要原因之一。是不是决定性原因？无法得知。也有人认为，戴克里先主动退出政治舞台，除健康恶化的原因外，还由于年龄偏大。一般认为，戴克里先隐退的年龄大约为 62 岁。62 岁的确不年轻，但在帝国历史上，这个年龄段问鼎王位的皇帝不止一人：公元 96 年，尼尔瓦登基时 66 岁——比戴克里先退休时还年长 4 岁；皮尔提纳克斯紫袍加身时 67 岁。三世纪危机期间，塔西图斯登基时已年过七旬。至于在六十几岁的年龄仍在执掌权柄的皇帝，帝国历史上大有人在。所以，年龄不应成为是否隐退的决定性因素。正是基于这一点，大多数学者认为，戴克里先在权力巅峰急流勇退，病患是主要原因；甚至认为，在 305 年年初时，戴克里先有幸躲过了死神的一劫②，但此后的健康每况愈下。

戴克里先隐退后的生活，史载无多，一直被人认为充满了神秘感。罗马政治史上，在权力巅峰时主动隐退者，在戴克里先之前当数共和国末年的独裁者苏拉。戴克里先是否在效仿苏拉？抑或苏拉对戴克里先产生了“示范性”的影响？史载未详，无法妄下结论。但若进行比较研究，两者之间真的存在某些共性的东西：均在权力巅峰时刻主动抽身，

① Bill Leadbetter, *Galerius and the will of Diocletian*, Routledge, 2009, p. 102.

② William E. Dunstan, *Ancient Rome*, Rowman & Littlefield Publishers, Inc., 2011, p. 431.

都离开了喧嚣的政治舞台和闹市，到乡间度过余生……

关于戴克里先故去的时间，除了311年之外，还有312年、313年之说。尤西比乌斯则认为，戴克里先死于313年，而且死于“一种痛苦的慢性病”[①]。但尤西比乌斯的各种议论值得怀疑，这位基督教史家字里行间的诅咒成分溢于言表。故此，尤西比乌斯的某些观点值得商榷。笔者采用的是学界较为流行的观点——戴克里先死于312年[②]。也正是在这一年，君士坦丁战胜了马克森提乌斯，与李锡尼乌斯二分帝国，“六日中天”变成了“二日中天”。戴克里先死去的312年，马克森提乌斯将戴克里先的妻子普丽斯卡（Prisca）和唯一一个孩子瓦莱丽娅（Valeria）流放，李锡尼乌斯则更加残忍——将二人枭首。

鉴于戴克里先结束了三世纪危机，拯救了内忧外患的帝国，西方学术界对戴克里先的肯定性评价居多[③]。比如，从帝国重构的角度，认为戴克里先是奥古斯都以来帝国管理的重构者[④]。吉本对戴克里先评价较高，不仅开启了“新的帝国”，而且在吉本笔下，戴克里先是一个优秀的国王，睿智的政治家，还是一个理性、节制的男人[⑤]。更有人认为，戴克里先是勤勉、有天赋的管理者[⑥]。这些“定性分析”各有依据，注入了评价者的个人情感和价值判断在所难免。与现代史家截然相反，古典史家，尤其是与戴克里先同时代的基督教神学史家却对戴克里先竭尽抨击、诅咒之能事。拉克坦提乌斯在《迫害者之死》中，如此评价戴克里先：“他是犯罪的始作俑者，是邪恶的策划者；他毁灭了一切，甚

---

① ［古罗马］优西比乌：《教会史》，［美］保罗·L. 梅尔英译，瞿旭彤译，生活·读书·新知三联书店2009年版，第399—400页。

② 美国学者那卡穆拉依据大量第一手资料（包括实物资料），系统梳理了从古至今关于戴克里先死亡日期的各种观点、资料，最后的结论是：戴克里先死于312年10月3日。见J. Nakamura, When Did Diocletian Die? New Evidence for an Old Problem, *Classical Philology*, Vol. 98, No. 3 (July 2003), pp. 283-289.

③ 但也有人持有不同观点。例如，美国学者克拉克则认为，尽管戴克里先重组了帝国，给予帝国重生，但并非所有的结果都是积极的。戴克里先保守、狡猾，与其说是一个政治家，倒不如说是一名军人。见C. P. S. Clarke, *Church History from Nero to Constantine*, A. R. Mowbray Co. Ltd., 1920, p. 316。

④ William E. Dunstan, *Ancient Rome*, Rowman & Littlefield Publishers, Inc., 2011, p. 427.

⑤ Bill Leadbetter, *Galerius and the will of Diocletian*, Routledge, 2009, p. 3.

⑥ Timothy E. Gregory, *A History of Byzantium*, Blackwell Publishing Ltd., 2005, p. 34.

至上帝也不能阻止他。在贪婪与焦虑的驱使下，他颠倒了世界。”不难看出，拉克坦提乌斯的评述带有浓重的将戴克里先“妖魔化”色彩。无疑，这些议论流于偏激。结合史实，戴克里先更像一个“终结者”“改革者”[①]“创建者”和“开启者”。戴克里先登基时，面临诸多严峻问题：政治、经济、军事、文化等诸多方面的难题。不唯如此，边患日甚一日，国内混乱失序，令帝国内外交困。戴克里先需要“集中超常的权力包围幅员广大的帝国，抵御外敌入侵，平复内部混乱。”[②]作为“终结者”，戴克里先不仅终结了三世纪危机，而且减缓了帝国灭亡的速度；作为“改革者”，戴克里先在政治、经济、军事等方面进行了有利于帝国的各种改革，有些获得了成功，有些则成效甚微[③]；作为“创建者”，戴克里先在改革过程中，有所建树和重建，特别是重建，深得西方学者赞誉，认为戴克里先留给罗马帝国最伟大的遗产是广泛地重构了帝国管理体制[④]；作为“开启者”，戴克里先不仅结束了三世纪危机，而且开启了帝国稳定的一个新的时期，他的许多改革措施在在东方持续了很长时间。戴克里先为帝国的稳定、统一做出的各项努力是积极的。

前文已述，罗马帝国的三世纪危机主要指的是235—284年50年。50年间，几乎所有的皇帝惨遭横死：或死于暴力，或死于反叛者之手。戴克里先“终结”了三世纪危机，有幸得以“善终”。戴克里先幸运地执掌王权20年，而他所创建的“新帝国”在西方继续存在了200年，在东方存在时间更长[⑤]。

---

① 也有人认为，戴克里先的诸项改革并不都是他的发明创造，他所推进的一些政策，他的前辈在他之前已经开始实践。但这并不影响戴克里先被视为改革者。即使某些改革措施不是“原创”，他能够在前人的基础上予以完善，也应给予肯定。

② William E. Dunstan, *Ancient Rome*, Rowman & Littlefield Publishers, Inc., 2011, p. 432.

③ 戴克里先恢复帝国国力过程中，并不是刻意取代原有的各种体制，仅仅是恢复、充实和部分改革。也就是说，戴克里先的各项改革是建立在原有体制基础之上的，绝非抛弃了原有的体制。

④ Chris Scarre, *Chronicle of the Roman Emperors: the Reign-by-Reign Record of the Rulers of Imperial Rome*, Thames and Hudson, 1995, p. 201.

⑤ Charles Freeman, *Egypt, Greece and Rome, Civilizations of the Ancient Mediterranean*, third edition, Oxford University Press, 2014, p. 570.

附录　戴克里先大事年表

【家世背景】大约244（或243、245）年，戴克里先生于达尔马提亚（Dalmatia）的萨罗那，最初的名字是迪奥克莱斯（Diocles），后改名为戴克里先（Diocletian）[①]。戴克里先出身低微，一些对他怀有敌意的作家称其父亲是文书，或某个元老的被释奴。古典史家尤特罗庇乌斯记载，戴克里先“是位出身极其卑微的人，以至大部分人相信他是书记员之子，而一些人则相信他是元老阿努里努斯（Anullinus）的被释奴之子”[②]。总之，戴克里先没有显赫的家庭背景应是不争的事实。戴克里先生涯的前40年史焉不详，第一次出现在历史舞台上是284年，其时，戴克里先已是努米里亚努斯的卫队司令官。在此之前，戴克里先曾担任莫西亚司令官。本年表所收录的事实，主要集中在戴克里先当政的20年间。

284年9月17日，被军队推举为皇帝，并更名戴克里先（Valerius Diocletianus），此后，戴克里先便成为正式名号。

285年春，戴克里先在玛古斯战役中战胜卡里努斯，成为帝国无可争议的统治者，并得到元老院的承认。战胜卡里努斯后，戴克里先进军意大利，或许到达过罗马。发动对萨尔马提亚人的战争，获得“降服日耳曼之伟人”（*Germanicus Maximus*）和“降服萨尔马提亚人之伟人”（*Sarmaticus Maximus*）称号。

285年7月21日，戴克里先任命自己信任的老友马克西米安为

① 拉丁语全名为 Gaius Aurelius Valerius Diocletianus——一个非常罗马化的名字。

② ［古罗马］尤特罗庇乌斯：《罗马国史大纲》，谢品巍译，世纪出版集团、上海人民出版社2011年版，第103页。

恺撒[①]。

286年4月1日，马克西米安晋升为奥古斯都，戴克里先派其前往莱茵河。

286年夏，戴克里先抵达巴勒斯坦。是年冬天，戴克里先在尼科米底亚度过。

286年或287年，戴克里先称约维乌斯，马克西米安称赫尔库里乌斯。

286年夏，戴克里先穿过叙利亚和南部巴勒斯坦。

286年秋，不列颠、高卢重新宣布效忠罗马。

286年，戴克里先出兵亚美尼亚，结束多瑙河战役，连续获得“降服日耳曼之伟人（*Germanicus Maximus II* and *III*）”称号。

286年，冬天在色雷斯度过。

286年后至300年之前，推进行省改革，行省数量增加。

287年1月1日，戴克里先为获得执政官的法西斯举行庆祝仪式，但庆祝活动却被蛮族入侵的消息所打断。

287年，戴克里先获得了一次外交上的成功。这一年，波斯国王给戴克里先送来了诸多贵重礼物，甚至邀请戴克里先访问波斯，承认罗马人在底格里斯河西部和南部领土的主权。

287年，戴克里先将提里达特斯三世扶上亚美尼亚王位。

288年，戴克里先与马克西米安在美因茨会晤，商讨稳定莱茵河边境的军事行动。

288年，戴克里先从东方返回，同阿拉曼尼人作战。同年，戴克里先与马克西米安会面，商讨面临的危机。戴克里先第四次获得“降服日耳曼之伟人”（*Germanicus Maximus IV*）称号。

289年年初，戴克里先再次击败入侵多瑙河边境的萨尔马提亚人。第二次获得“降服萨尔马提亚人之伟人”（*Sarmaticus Maximus II*）称号。

289年夏，戴克里先将萨尔马提亚人逐出达契亚。

289年，未来的东部恺撒，亦即日后戴克里先的恺撒与戴克里先女

---

① 对于这个日期，学术界存在争议，有人认为是6月（*A Chronology of the Roman Empire*, Edited by Timothy Venning, New York: Continuum, 2011. p. 626.）。

儿瓦莱丽娅（Valeria）结婚。

289—301 年，戴克里先同卡尔皮人多次进行战争。

290 年 1 月 1 日，戴克里先和马克西米安双双出任执政官（戴克里先第四次出任执政官，马克西米安第三次出任执政官）。

290 年 1 月，戴克里先前往叙利亚、巴勒斯坦，战胜入侵的阿拉伯人，恢复了罗马人的统治。

290 年夏，戴克里先战胜入侵叙利亚的萨拉森人。

290 年，戴克里先将提里达特斯三世重新扶上王位。

290 年 12 月下旬，马克西米安越过阿尔卑斯山，进入意大利，在米兰与戴克里先进行了第二次会晤，并公开集会，庆祝二人联手执掌皇权

290 年 12 月或 291 年 1 月，在同马克西米安会晤后，戴克里先在多瑙河畔的西尔尼乌姆居住。在接下来的两年时间里，戴克里先构思了重建罗马帝国的设想。

292 年，戴克里先第二次战胜萨尔马提亚人。大约同一年（一说为 293 年和 294 年），戴克里先颁布了由四部分构成的、带有皇帝回答法律复文的《格里高利法典》（*Codex Gregorianus*）。

293 年 3 月 1 日，戴克里先在两位奥古斯都之下任命了两名恺撒，“四帝共治”形成。从 293 年开始，戴克里先的朝廷为朱皮特王朝，马克西米安的朝廷为赫拉克勒斯王朝。这一年，四人同时获得“降服日耳曼之伟人”（*Germanicus Maximus*）称号。

293 年 9 月初，戴克里先返回希尔米乌姆，一直逗留至 294 年夏天。

293—296 年，戴克里先多数时间在战场上或旅途中度过。

293 年（一说 294 年），戴克里先进行币制改革。

294 年，戴克里先确立了货币体系，新设置了三家铸币厂，发行三种金属的统一货币，即重新发行金币、银币和铜币。

294 年秋，戴克里先再次发动对萨尔马提亚人的战争，取得胜利。

295 年，戴克里先颁布婚姻敕令，目的是恢复“婚姻的圣洁”，强调所有人都应“坚守我们这个时代的戒律”①；罗马城内戴克里先浴场

① Clifford Ando, *Imperial IIdeology and Provincial Loyalty in the Roman Empire*, University of California Press, 2000, p. 396.

开工。同年，一说为 293 年或 294 年，颁布了奥莱利乌斯·赫尔摩根亚努斯（*Aurelius Hermogenianus*）编纂的《赫尔摩根亚努斯法典》（*Codex Hermogenianus*）。

295 年，戴克里先和加莱里乌斯强迫卡尔皮人（*Carpi*）签订条约，将大批卡尔皮人迁至帝国境内。

296 年，戴克里先前往美索不达米亚。

297 年，戴克里先镇压了埃及的第二次起义，攻陷亚历山大里亚城。此后，298 年和 302 年，两次抵达这座城市。同一年，戴克里先颁布"反摩尼教徒敕令"，罗马军队与波斯开战。

297 年或 298 年，罗马军队再次占领波斯首都泰西封。

297—298 年冬天在安条克度过。

298 年夏，戴克里先泛舟尼罗河，最远到达阿斯旺。

298 年秋，戴克里先从埃及返回。加莱里乌斯对波斯取得决定性胜利，罗马与波斯缔结和约。同在秋季，马克西米安造访罗马城。

299 年，加莱里乌斯战胜波斯后，与戴克里先在尼斯比斯会晤。戴克里先第七次、马克西米安第六次出任执政官。

299 年春末，戴克里先和加莱里乌斯进入安条克，在这里庆祝战胜波斯人的特别凯旋式。

299—301 年，戴克里先大多数时间在安条克度过。

300 年，加莱里乌斯取得多瑙河沿岸战事胜利后，戴克里先第四次获得"降服萨尔马提亚人之伟人"（*Sarmaticus Maximus IV*）称号。

301 年 9 月 1 日，戴克里先颁布了"货币再估价敕令"。同年，在君士坦提乌斯取得莱茵河沿岸战事胜利后，戴克里先第六次获得"降服波斯之伟人"（*Germanicus Maximus VI*）称号。

301 年 11 月底或 12 月初，戴克里先颁布涉及众多商品和服务的"最高限价敕令"。

301 年，戴克里先经由叙利亚前往埃及，君士坦丁陪同。

302 年，日后的君士坦丁大帝在埃及陪同戴克里先。

302 年，埃及总督为戴克里先建造纪功柱。

302—303 年冬，戴克里先和加莱里乌斯共同商讨如何对付基督教。

303 年 10 月，为了避免海上旅途劳顿，年事已高的戴克里先从尼科米底亚出发，走陆路穿过他的故乡伊利里亚行省，前往罗马城。旅途很漫长，但戴克里先走得较快，大约 9 月 15 日之前到达罗马城。同年，戴克里先第八次、马克西米安第七次出任执政官。

303 年 10 月，戴克里先和马克西米安举行凯旋式（也是戴克里先与马克西米安两个奥古斯都最后一次会晤），戴克里先第一次到达罗马，庆祝登基 20 周年。戴克里先和马克西米安讨论了退位的具体日期，以及由谁继位等事宜。同时，戴克里先庆祝活动敕令颁布后，所有牢门打开，特赦在押囚犯。但并不是所有监狱的囚犯都能获得自由，在迫害基督教的背景下，那些基督教的主教、执事、神父、招魂者等很难获得自由①。

303 年和 304 年，戴克里先先后颁布四道敕令，迫害基督教。第一道敕令的颁布时间为 303 年 4 月 23 日。

304 年，戴克里先第九次、马克西米安第八次出任执政官。

304 年春，戴克里先和加莱里乌斯巡视多瑙河边境。

304 年，戴克里先在尼科米底亚养病。

305 年 3 月 1 日，戴克里先退隐田园，是为帝国历史上第一位主动告别皇位的皇帝。同时，罗马城内规模宏大的戴克里先浴场（*Thermae Diocletianae*）竣工。戴克里先并未出席浴场的竣工仪式。也正是在这一年，开启了第二次“四帝共治”统治模式。

308 年，第二次“四帝共治”的内战期间，已经退位的戴克里先在多瑙河边境的卡努图姆主持了马克西米安和加莱里乌斯之间解决内战的著名的历时性会晤——“卡努图姆会晤”。此次活动大概是戴克里先最后一次出现在罗马公众视野中。

312 年 10 月 3 日，戴克里先死去。

---

① Arthur James Mason, *The Persecution of Diocletian*, *A Historical Essay*, Cambridge, 1876, p. 206.

参考文献

一　英语著述

（一）史料类

A Source Book of Roman History, Published by D.C.Heath & CO., 1904.

Aelius Spartianus, *Historia Augusta*, Tranlated by David Magie, Ph. D., for the Loeb Classical Library, 1924.

Ammianus Marcllinus, *The Later Roman Empire* (*A.D.*354–378), Selected and translated by Walter Hamilton with an Introduction and Notes by Andrew Wallace-Hadrill, Penguin Books, 1986.

Ancient Rome: An anthology of Sources, edited and translated, with an introduction, by R.Scott Smith and Christopher Francese, Hackett Publishing Company, Inc., 2014.

Aurelius Victor: De Caesaribus, Translated with an introduction by H.W. Bird, Liverpool University Press, 1994.

Barbara Levick, *The Government of the Roman Empire: A Source Book*, Routledge, 2000.

Brain Campbell, *The Roman Army*, 31*BC*–*AD*337, *A Source Book*.London and New York, 1994.

Dana Carleton Munro, *A Source Book of Roman History*, World Public Library Association, 2010.

David M.Gwynn, *Christianity in the Later Roman Empire: A Sourcebook*, Bloomsbury, 2015.

Dio's Roman History Ⅵ, With an English Translation By Earnest Gary, Harvard University Press, 1955.

Lactantius, *The Minor Works*, tr. By Sister Mary Francis McDonald, O. P., The Catholic University of America Press, 1965.

Mike Breault, Thomas M. Reid, *The Glory of Rome: Campaign Sourcebook*, Printed in the U.S.A., 1993.

Sources for Ancient History, Edited by Michael Crawford, Cambridge University Press, 1983.

The Chronicle of John Malalas, A Tranlation, by Elizabeth Jeffreys, Michael Jeffreys, Roger Scott, Melbourne 1986.

The History of Zonaras: from Alexander Severus to the death of Theodosius the Great, translation by Thomas M. Banchich and Eugene N. Lane; introduction and commentary by Thomas M. Banchich, Routledge, 2009.

The late Roman World and its Historian: Interpreting Ammianus Marcellinus, edited by Jan Willem Drijvers and David Hunt, Routledge, 1999.

The Roman Eastern Frontier and the Persian Wars, (*AD* 226±363): *A Documentary History*, Compiled and edited by Michael H. Dodgeon and Samuel N.C. Lieu, Routledge, 1999.

Valerie M. Hope, *Death in ancient Rome: a source book*, Routledge, 2009.

（二）专著

A Chronology of the Roman Empire, edited by Timothy Venning, Continuum International Publishing Group, 2011.

A Companion to Ancient History, edited by Andrew Erskine, Blackwell Publishing Ltd., 2009.

A Companion to Byzantium, edited by Liz James, Blackwell Publishing Ltd., 2010.

A Companion to Late Antiquity, Edited by Philip Rousseau, Blackwell Publishing Ltd., 2009.

A Companion to Roman Imperialism, edited by Dexter Hoyos, Leiden · Boston, 2013.

A Companion to Roman Religion, Edited by Jörg Rüpke, Blackwell Publishing Ltd., 2007.

A Companion to the Roman Army, Edited by Paul Erdkamp, Blackwell Publishing Ltd., 2007.

A Companion to the Roman Empire, edited by David Potter, Blackwell Publishing Ltd., 2006.

A.D. Lee, *Information and Frontiers: Roman Foreign Relations in Late Antiquity*, Cambridge University Press 1993.

A.H.M. Jones and the Later Roman Empire, Edited by David M. Gwynn, Boston, 2008.

A.H.M.Jones, *Roman Empire* 284-602, *A Social Economic And Administrative Survey*, Volume Ⅱ, Oxford, 1964.

Abbot G. Ricciotti, *The Age of Martyrs: Christianity from Diocletian* (284) *to Constantine* (337), TAN Books and Publishers (March 1, 2009).

Adam O.Anders, *Roman Light Infantry and The Art of Combat*, *The Nature and Experience of Skirmishing and Non-Pitched Battle in Roman Warfare*, 264 *BC-AD* 253, Cardiff University, 2011.

Adrian Goldsworthy, *How Rome Fell*, *Death of a Superpower*, Yale University Press, 2009.

Adrian Goldsworthy, *How Rome Fell*, *Death of a Superpower*, Yale University Press, 2009.

Alan W.Pense, *The Decline and Fall of the Roman Denarius*, Lehigh University, Bethlehem, PA 18015-3035.

Alaric Watson, *Aurelian and the Third Century*, Routledge, 1999.

Alaric Watson, *Aurelian and the Third Century*, Routledge, 1999.

Aleksander Aleksandrovich Vasiliev, *History of the Byzantine Empire*, 324-1453, vol.I, University of Wisconsin Press, 1952.

Ancient Rome: from Romulus and Remus to the Visigoth Invasion, edited by Kathleen Kuiper, Britannica Educational Publishing.2011.

Antonio Santosuosso, *Storming the Heavens: Soldiers, Emperors, and Civilians in the Roman Empire*, Westview Press, 2001.

Antony Kamm, *The Romans: An Introduction* (Second Edition), Routledge, 2008.

Arther Ferrill, *The Fall of Roman Empire. The Military Explanation*, Thames and Hudson, London, 1986.

Arthur Carr, *The Church and the Roman Empire*, Longmans, Green, and Co.1887.

Arthur James Mason, *Persecution of Diocletian: A Historical Essay*, Cambridge: Deighton Bell And Co., 1876.

Averil Cameron, *The Later Roman Empire, A. D.* 284 - 430, Fontana Press, 1993.

Barbarians Against Rome: Rome's Celtic, Germanic, Spanish and Gallic Enemies, Text by Peter Wilcox Rafael Trevino, Osprey Publishing, 2002.

Barnes, Timothy. *The New Empire of Diocletian and Constantine.* Cambridge, MA: Harvard University Press, 1982.

Beate Dignas and Engelbert Winter, *Rome and Persia in Late Antiquity: Neighbours and Rivals*, Cambridge University Press, 2007.

Benjamin Isaac, *The Limits of Empire, The Roman Army in the East*, Oxford University Press, 2009.

Bill Leadbetter, *Galerius and the will of Diocletian*, Routledge, 2009.

Brian Campbell, *The Romans and Their World*, Yale University, 2011.

Brian Campbell, *War and Society in Imperial Rome* 31*B. C–A. D.* 284, Routledge, 2002.

Bryan Ward-Perkins, *The Fall of Rome And The End of Civilization*, Oxford University Press, 2005.

C.P.S.Clark, *Church History from Nero to Constantine*, U.S.A.The More house Publishing Co., 1910.

C. R. Whittaker, *Roman and It's Frontiers: the Dynamics of Empire*, Routledge, 2004.

Caelton Huntley Hayes, *An Introduction to the Sources Relating to the Germanic Invasions*, Faculty of Political Science, Columbia University, 1909.

Charles Freeman, *Egypt, Greece and Rome, Civilizations of the Ancient*

Mediterranean, third edition, Oxford University Press, 2014.

Charles Gates, *Ancient Cities, The archaeology of urban life in the Ancient Near East and Egypt, Greece*, and Rome, Routledge, 2003.

Charles Matson Odahl, *Constantine and the Christian Empire*, Routledge, 2004.

Charles Merivale, *The Conversion of the Roman Empire*, New York: D. Appleton and Company, 1879.

Charles Merivale, *A General History of Rome: From the Foundation of The City to the Fall of Augustulus, B.C.*753-*A.D.*476, New York: Harper & Brothers Publishers, 1888.

Charles Seignobos, *History of the Roman People*, Henry Holt and Company, New York, 1902.

Charles W. Hedrick. *Ancient History: Monuments and Documents*, Blackwell Publishing Ltd, 2006.

Chris Scarre, *Chronicle of the Roman Emperors: the Reign-by-Reign Record of the Rulers of Imperial Rome*, Thames and Hudson, 1995.

Christopher Kelly, *Ruling the later Roman Empire*, The Belknap Press of Harvard University Press, 2004.

Clifford Ando, *Imperial Ideology and Provincial Loyalty in the Roman Empire*, University of California Press, 2000.

Clifford Ando, *Imperial Rome AD* 193 *to* 284: *The Critical Century*, Edinburgh University Press Ltd, 2012.

Coinage and Identity in the Roman Provinces, Edited by Christopher Howgego, Volker Heuchert, Andrew Burnett, Oxford University Press, 2005.

Constantina Katsari, *The Roman Monetary System: the Eastern Provinces from the first to the third century A.D.*, Cambridge University Press, 2011.

Corcoran, Simon. *The Empire of the Tetrarchs: Imperial Pronouncements and Government, AD* 284-324. New York: Clarendon Press, 1996.

Cornelis van Tilburg, *Traffic and Congestion in the Roman Empire*, Routledge, 2007.

Crises and the Roman Empire, Edited by Olivier Hekster, Gerda de

Kleijn, Daniëlle Slootjes, Leiden · Boston, 2007.

D.Brendan Nagle, *Ancient Rome, A History* (Second Edition), Sloan Publishing, 2013.

Danielle Slootjes, *Governors and Their Subjects in the Later Roman Empire*, Brill, Leiden · Boston, 2006.

David Magie, *Roman Rule in Asia Minor, to the End of the third Century After Christ*, Princeton University Press, 1950.

David S.Potter, *The Roman Empire at Bay, AD*185–395, Routledge, 2004.

Don Nardo, *Ancient Rome*, Greenhaven Press, 2002.

Donathan Taylor, *Roman Empire at War A Compendium of Battles from* 31*BC to AD*565, Pen & Sword Books Ltd, 2016.

E.G.Hardy, *Studies in Roman History*, The Macmillan Company, 1906.

Economy and Exchange in the East Mediterranean during Late Antiquity, Edited by Sean Kingsley and Michael Decker, Oxbow, 2015.p.9.

Erika Manders, *Coining images of power: Patterns in the Representation of Roman Emperors on Imperial Coinage, A. D.* 193 – 284, Leiden · Boston, 2012.

Ettore Pais, *Ancient Legends of Roman History*, Translated by Mario E. Cosenza, New York, 1905.

Fergus Millar, *Rome, the Greek World, and the East*, Volume Ⅱ, The University of North Carolina Press, 2004.

Franz Cumont, *The Oriental Religions in Roman Paganism*, Chicago: The Open Court Publishing Company, 1911.

From the Tetrarchs to the Theodosians: Later Roman History and Culture, 284–450 *CE*, edited by Scott McGill, Cristiana Sogno, Edard Watts, Cambridge University Press, 2010.

Frontiers in the Roman World: proceedings of the ninth Workshop of the International Network Impact of Empire (Durham, 16 – 19 *April* 2009), edited by Olivier Hekster and Ted Kaizer.Leiden · Boston.2011.

Gilian Clark, *Christianity and Roman Society*, Cambridge University

Press, 2004.

Giuseppe Ricciotti, *The Age of Martyrs Christianity, From Diocletian to Constantine*, Translated by Rev. Anthony Bull. The Bruce Publishing Company, 1969.

Glen W.Bowersock, *From Gibbon to Auden: Essays on the Classical Tradition*, Oxford University Press, 2009.

Glyn Davies, *A History of Money, From Ancient Times to the Present Day*, University of Wales Press, 2002.

Goldsmith, *The Roman History From the Foundation of the City of Rome to the Destruction of the Western Empire*, Printed by J.Williams, 1781.

Gordon J. Laing, *Survivals of Roman Religion*, Longmans, Green and Co., 1931.

H.Stuart Jones, *The Roman Empire, B.C.*29-*A.D.*476, New York: G. P.Putnam's Sons, London: T.Fisher Unwin, 1908.

Hans A.Pohlsander, *The Emperor Constantine*, Routledge, 1996.

Harold Mattingly, *Roman Imperial Civilisation*.The Norton Library, New York, 1971.

Hendrik W. Dey, *The Aurelian Wall and the refashioning of imperial Rome, AD* 271-855, Cambridge University Press, 2011.

Hugh Elton, *Frontiers of the Roman Empire*, London: B. T. Batsford Ltd., 1996.

Impact of Empire Volume 6, Edited by Lukas de Blois & Elio Lo Cascio, Leiden · Boston, 2007.

J. B. Bury, *History of The Later Roman Empire*, Macmillan & Co., Ltd, 1923.

J.C.L.De Sismondi, *Fall of the Roman Empire, Comprising A View of the Invasion and Settlement of the Barbarins*, Londun, 1834. Jones, A. H. M., *Cities of the Eastern Roman Provinces*, Oxford University Press, 1998.

J.Grafton Milne, *A History of Egypt under Roman Rule*, Vol.V., Second Edition, London, 1913.

James S.Reid, *The Municipalities of the Roman Empire*, Cambridge University Press, 1913.

James W.Ermatinger, *The decline and fall of the Roman Empire*, Greenwood Press, Printed in the United States of America, 2004.

Jaroslav Pelikan, *The Fall of Rome and the Triumph of the Church*, Harper & Row, Publishers, San Francisco, 1987.

Jill Harries, *Imperial Rome, AD 284 to 363: The New Empire*, Edinburgh University Press Ltd., 2012.

Johannes Roldanus, *The Church in the Age of Constantine, The theological challenges*, Routledge, 2006.

John Baptist Lewis Crevier, *The History of the Roman Emperors, From Augustus to Constantine*, Translated by John Mill ESQ.London, 1814.

John F. Drinkwater, *The Alamanni and Rome* 213-496 (*Caracalla to Clovis*), Oxford University Press Inc., 2007.

John R.Curran, *Pagan City and Christian Capital: Rome in the fourth Century*, Oxford University Press, 2000.

John R. Curran, Pagan city and Christian capital: Rome in the fourth century, Oxford, 2000.

John R.Love, *Antiquity and Capitalism: Max Weber and the Sociological Foundations of Roman Civilization*, Routledge, 1991.

Jones, A.H.M., *Cities of the Eastern Roman Provinces*, Oxford University Press, 1998.

Joseph Fletcher, *Life of Constantine The Great*, London, 1852.

Joseph Vogt, *The Decline of Rome*, Great Britain, 1967.

Keith Hopkins, *Conquerors and Slaves: Sociological Studies in Roman History*, v.i, Cambridge University Press, 1978.

Keith Hopkins, *Death and Renewal: Sociological Studies in Roman History*, Volume 2, Cambridge University Press, 1983.

Lesley Adkins and Roy A. Adkins, *Handbook to life in ancient Rome*, Facts On File, 1983.

Lukas de Blois, Peter Funke, Johannes Hahn, *The Impact of the Roman Army* (200 *B.C.-A.D.*476), Brill, Lieden · Boston, 2007.

M.Cary, H.H.Scullard, *A History of Rome*, *Down to the Reign of Constantine* (*Third Edition*), *The Macmilan Press Ltd*, 1975.

Makers of ancient strategy: *from the Persian wars to the fall of Rome*, edited and Introduced by Victor Davis Hanson, Princeton University Press, 2010.

Mandell Creiguton, *The Church and the Roman Empire*, Oxford, 1887.

Marcel Le Glay, Jean－Louis Voisin, Yann Le Bohec, *A History of Rome*, translated by Antonia Nevil, Oxford, 1996.

Mark Hebblewhite, *The Emperor and the Army in the Later Roman Empire*, *AD* 235–395, Routledge, 2017.

Mary Small Wood, *The Jews Under Roman Rule*, *From Pompey to Diocletian*, Leiden E.J.Brill, 1976.

Mary T.Boatwright, Daniel J.Gargola and Richard J.A.Talbert, *The Romans*: *From Village to Empire*, Oxford University Press, 2004.

Maureen Carroll, *Romans*, *Celts & Germans*, *The German Provinces of Rome*, Tempus Publishing Ltd., 2005.

McKay Hill Buckler, *A History of Western Society*: *From Antiquity to the Enlightenment*, volume 1, U.S.A.1995.

Michael Burgan, *Empire of Ancient Rome*, Chelsea House Publisher, 2009.

Michael Grant, *The Climax of Rome*, Weidenfeld & Nicolson, London, 1993.

Michael Grant, *The Collapse and Recovery of the Roman Empire*, Routledge, 1999.

Michael Grant, *The Roman Emperors*.London: Weidenfeld and Nicolson, 1996.

Michael Kulikowski, *Rome's Gothic Wars*, *from the third century to Alaric*, Cambridge University Press, 2007.

Michael P. Speidel, *Riding for Caesar*: *The Roman Emperors' Horse Guards*, B.T.Batsford Ltd., 1994.

Michael Whitby, *Rome at War AD* 293–696, Osprey Publishing Limited, 2002.

Niall Ferguson, *Civilization: the West and the rest*, The Penguin Press, 2011.

Noel Lenski, *Failure of Empire: Valens and the Roman state in the fourth century a.d*, University of California Press, 2002.

O.F.Robinson, *Penal Practice and Penal Policy in Ancient Rome*, Routledge, 2007.

Olga Tellegen-Couperus, *A Short History of Roman Law*, Published in the Taylor & Francis, 2003.

Olivier Hekster with Nicholas Zair, *Rome and Its Empire*, *A.D*193-284, Edinburgh University Press, 2008.

P. J. Casey, *Carausius and Allectus*, *The British Usurpers*, With translations of the texts by R.S.O.Tomlin, London, 1994.

P.J.Casey, *Carausius and Allectus: The British Usurpers*, With translations of the texts by R.S.O.Tomlin, B.T.Batsford Ltd., 1994.

P.V.N.Myers, *Outlines of Ancient History From the Earliest Times to the Fall of the Western Roman Empire*, AD.476, Boston: Pulished by Ginn & Company, 1887.

Pat Southern, *The Roman Army: a Social and Institutional History*, ABC-CLIO, Inc.2006.

Pat Southern, *The Roman Empire: from Severus to Constantine*, First published by Routledge, 2001.

Paul Erdkamp, *The Grain Market in the Roman Empire*, *A social*, *political and economic study*, Cambridge University Press, 2005.

Peter M.Edwell, *Between Rome and Persia: the middle Euphrates*, *Mesopotamia*, *and Palmyra under Roman control*, Routledge, 2008.

Philip Kay, *Rome's Economic Revolution*, Oxford University Press, 2014.

Philip van Ness Myers, *Rome: Its Rise and Fall*, Ginn & Company, Publishers, Boston, U.S.A., 1901.

R.Ross Holloway, *Constantine and Rome*, Yale University Press, 2004.

Raymond Van Dam, *The Roman Revolution of Constantine*, Cambridge University Press, 2007.

Rees, Roger.*Diocletian and the Tetrarchy*.Edinburgh University Press, 2004.

Rev. Mandell Creiguton, *The Church and the Roman Empire*, London, 1887.

Richard Alston, *Soldier and Society in Roman Egypt*, *A Social History*, Routledge, 1995.

Richard Duncan-Jones, *Money and government in the Roman Empire*, Cambridge University Press, 1994.

Richard Duncan-Jones, *Structure and Scale in the Roman Economy*, Cambridge University Press, 1990.

Richard S. Cromwell, *The Rise and Decline of the Late Roman Field Army*, White Mane Publishing Company, Inc., 1998.

Robert B. Jackson, *At Empire's Edge*: *Exploring Rome's Egyptian frontier*, Yale University Press, 2002.

Solomon Katz, *The Decline of Rome and the Rise of Mediaeval Europe*. Cornell University Press, 1955.

Stefan G. Chrissanthos, *Warfare in the Ancient World*: *from the Bronze Age to the fall of Rome*, Greenwood Publishing Group, Inc., 2008.

Stephen Mitchell, *A History of the later Roman Empire*, *AD* 284-641. (Second edition), Blackwell Publishing Ltd., 2007.

Stephen Williams, *Diocletian and the Roman Recovery*, Routledge, 1996.

Terrot Reaveley Glover, *Life and Letters in the Fourth Century*, Cambridge University Press, 1901.

The Cambridge Ancient History, Second Edition, Volume XII, The Crisis of Empire, a.d.193-337.Cambridge University Press, 2008.

The Cambridge Companion to the Age of Constantine, edited by Noel Lenski, Cambridge University Press, 2006.

The Cambridge Companion to the Roman Economy, edited by Walter Scheidel, Cambridge University Press, 2012.

The Cambridge Companion to the Roman Economy, edited by Walter Scheidel, Cambridge University Press, 2012.

The Cambridge Economic History of the Greco-Roman World, edited by Walter Scheidel, Ian Morris, Richard Saller, Cambridge University Press 2007.

The Cambridge Economic History of the Greco-Roman World, edited by Walter Scheidel, Ian Morris, Richard Saller, Cambridge University Press, 2007.

The Cambridge History of Greek and Roman Warfare, Volume II, Rome from the late Republic to the late Empire, 2008.

The Cambridge History of Greek and Roman Warfare, Volume Ⅱ, Rome from the late Republic to the late Empire, Edited by Philip Sabin, …et al., Cambridge University Press, 2007.

The Cambridge World History of Slavery, edited by Keith Bradley and Paul Cartledge, Cambridge University Press, 2011.

The Emperor and Rome: Space, Representation, and Ritual, edited for the Dept.of Classics by Björn C.Ewald and Carlos F.Norefia, Cambridge University Press, 2010.

The Oxford Cpmpanion to Classical Civilization, Second Edition, edited by Simon Hornblower and Antony Spawforth, Oxford University Press, 2014.

Theodor Mommsen, *A History of Rome under the Emperors*, English translation by Clare Krojzl, Routledge, 1996.

Theodor Mommsen, *The Provinces of The Roman Empire, From Caesar to Diocletian*, Translated by Willliam P.Dickson, London 1886.

Theodor Mommsen, *The Provinces Of The Roman Empire: From Caesar To Diocletian*, Translated by William P.Dickson, vol.II, London, 1886.

Timothy Barnes, *Constantine: Dynasty, Religion, and Power in the later Roman Empire*, Blackwell, 2014.

Timothy E. Gregory, *A History of Byzantium*, Blackwell Publishing Ltd., 2005.

Torben Christensen, *C. Galerius Valerius Maximinus: Studies in the*

Politics and Religion of the Roman Empire AD 305 – 313, Translated by Karsten Engelberg, Published by The Faculty of Theology, University of Copenhagen.

Victor Chapot, *The Roman World*, Translated by E. A. Parker, Routledge, 1996.

W.E.Addis, *Christianity and the Roman Empire*, London, 1898.

W. V. Harris, *Rome's Imperial Economy: Twelve Essays*, Oxford University Press, 2011.

War and Society in the Roman World, edited by John Rich and Graham Shipley, Routledge, 1993.

Warwick Ball, *Rome in the East: the Transformation of an Empire*, Routledge, 2000.

William E. Dunstan, *Ancient Rome*, Rowman & Littlefield Publishers, Inc., 2011.

William F. Allen, *A Short History of the Roman People*, Published by Ginn & Company, 1890.

Williams, Stephen, *Diocletian and the Roman Recovery*. London: Metheun, 1985.

（三）论文

A.L.Frothingham, Diocletian and Mithra in the Roman Forum, *American Journal of Archaeology*, Vol.18, No.2 (Apr.-Jun., 1914), pp.146-155.

Bruce Bartlett, How Excessive Government Killed Ancient Rome, *Cato Journal*, Vol.14, No, 2 (Fall 1994).

Byron J.Nakamura, When Did Diocletian Die? New Evidence for an Old Problem, *Classical Philology*, Vol.98, No.3 (July 2003), pp.283-289.

C.E.van Sickle, The Public Works of Africa in the Reign of Diocletian, *Classical Philology*, Vol.25, No.2 (Apr., 1930), pp.173-179.

C.H.V.Sutherland, Diocletian's Reform of the Coinage: A Chronological Note, *The Journal of Roman Studies*, Vol.45, Parts 1 and 2 (1955), pp. 116-118.

C.H.V.Sutherland, The Denarius and Sestertius in Diocletian's Coinage

Reform.*The Journal of Roman Studies*, Vol.51, 1961.pp.94-97.

Colin E. P. *Adams*, *Bureaucracy and Power in Diocletian's Egypt*: *The World of P. Panop. Beatty*, American Studies in Papyrology (Ann Arbor 2010) 1-6.

David Tucker, Fighting Barbarians, *Parameters*, Summer 1998, pp. 69-79.

E.C.Nischer, The Army Reforms of Diocletian and Constantine and Their Modifications up to the Time of the Notitia Dignitatum, *The Journal of Roman Studies*, Vol.13 (1923), pp.1-55.

E.J.Doyle, Two New Fragments of the Edict of Diocletian on Maximum Prices, *The Journal of the American School of Classical Studies at Athens*, Vol.45, No.1 (Jan.-Mar., 1976), pp.77-97.

Emilija Stankovic, Diocletian's Military Reforms, ACTA UNIV.SAPIENTIAE, *Legal Studise*, 1, 1 (2012) 129-141.

H.M.D.Parker, The Legions of Diocletian and Constantine, *The Journal of Roman Studies*, Vol.23 (1933), pp.175-189.

H.Michell, The Edict of Diocletian: A Study of Price Fixing in the Roman Empire, *The Canadian Journal of Economics and Political Science*, Vol. 13, No 1 (Feb, 1947), 1-12.

J.A. (Sander) Boek, *Taxation in the later Roman Empire*, *a study on the character of the late antique economy*, MPhil Thesis Ancient History, Institute of History, Faculty of Arts Leiden University.

J.Nakamura, When Did Diocletian Die? New Evidence for an Old Problem, *Classical Philology*, Vol.98, No.3 (July 2003), pp.283-289.

Jane Webster, Creolizing the Roman Provinces, *American Journal of Archaeology*, Vol.105, No.2 (Apr., 2001), pp.209-225.

Joshua Edward Petitt, *The Extension of Imperial Authority Under Diocletian And the Tetrarchy*, 285-305*CE*, A thesis submitted in partial fulfillment of the requirements for the degree of Master of Arts in the Department of History in the College of Arts and Humanities at the University of Central Florida Orlando, Florida, Fall Term, 2012.

Kenan T. Erim, Joyce Reynolds, Michael Crawford, Diocletian's Currency Reform; A New Inscription, *The Journal of Roman Studies*, Vol.61 (1971), pp.171-177.

Louis C. West, Notes on Diocletian's Edict, *Classical Philology*, Vol. 34, No.3 (Jul., 1939), pp.239-245.

Michael Hendy, Mint and Fiscal Administration under Diocletian, His Colleagues, and His Successors A. D. 305 - 24, *The Journal of Roman Studies*, Vol.62 (1972), pp.75-82.

Norman H.Baynes, Norman H.Baynes, Three Notes on the Reforms of Diocletian and Constantine, *The Journal of Roman Studies*, Vol.15 (1925), pp.195-204.

Peter Brown, The Later Roman Empire, *The Economic History Review*, New Series, Vol.20, No.2 (Aug., 1967), pp.327-343.

Philip Tilden, *Religious Intolerance in the Later Roman Empire: The evidence of the Theodosian Code*, Submitted by Philip Tilden to the University of Exeter as a thesis for the degree of Doctor of Philosophy in Classics. September 2006.

R.James Ferguson, The Division and Fall of the Roman Empire, *Journey to the West: Essays in History, Politics and Culture*, 2006.

Robert C. Allen, *How Prosperous Were The Romans? Evidence From Diocletian's Price Edict (301 AD)*, Department of Economics Discussion Paper Series, Working Paper Number 363, Department of Economics, Oxford University, 2007.

Roland G.Kent, The Edict of Diocletian Fixing Maximum Prices, *University of Pennsylvania Law Review and American Law Register*, Vol.69, No.1 (Nov., 1920), pp.35-47.

T.D.Barnes, Lactantius and Constantine, *The Journal of Roman Studies*, Vol.63 (1973), pp.29-46.

(四) 工具书

Don Nardo, *Greenhaven Press Encyclopedia of Ancient Rome*, Greenhaven Press, Inc.2002.

L. Richardson, jr, *A New Topographical Dictionary of Ancient Rome*, The Johns Hopkins University Press, Baltimore and London, 1992.

Matthew Bunson, *Encyclopedia of the Roman Empire* (revised edition), Facts On File, Inc.New York NY 10001, 2002.

Oxford Latin Dictionary, Oxford, 1968.

The Oxford Classical Dictionary, Edited By N.G.L.Hamond and H.H.Scullard, Second Edition, Oxford, 1970.

二 译著

(一) 马克思主义经典作家著述

马克思:《卡尔·马克思历史学笔记》(第一册),中国人民大学出版社2005年版。

《马克思恩格斯全集》第14卷,人民出版社1965年版。

(二) 史料

[古罗马] 埃利乌斯·斯巴提亚努斯等:《罗马君王传》,谢品巍译,浙江大学出版社2017年版。

[法兰克] 都尔教会主教格雷戈里:《法兰克人史》,[英] O. M. 道尔顿英译,寿纪瑜、戚国淦译,商务印书馆1996年版。

[古罗马] 恺撒:《高卢战记》,任炳湘译,商务印书馆1982年版。

[古罗马] 雷纳图斯:《兵法简述》,魏止戈译,华中科技大学出版社2016年版。

巫宝三主编:《古代希腊、罗马经济思想资料选辑》,厉以平、郭晓凌编译,商务印书馆1990年版。

[古罗马] 优西比乌:《教会史》,[美] 保罗·L. 梅尔英译,瞿旭彤译,生活·读书·新知三联书店2009年版。

[古罗马] 尤特罗庇乌斯:《罗马国史大纲》,谢品巍译,世纪出版集团、上海人民出版社2011年版。

[古罗马] 尤西比乌斯:《君士坦丁传》,林中泽译,商务印书馆2015年版。

[古罗马] 佐西莫斯:《罗马新史》,谢品巍译,世纪出版集团、上

海人民出版社 2013 年版。

（三）近现代西方学者专著

［英］爱德华·吉本：《罗马帝国衰亡史》（上册），黄宜思、黄雨石译，商务印书馆 1997 年版。

［英］爱德华·吉本：《罗马帝国衰亡史》（第 1 册），席代岳译，吉林出版集团有限责任公司 2008 年版。

［英］安德林·戈德斯沃司：《非常三百年——罗马帝国衰落记》，郭凯生、杨抒娟译，重庆出版社 2010 年版。

［英］彼得·琼斯：《罗马帝国档案》，孙逸凡译，北方文学出版社 2015 年版。

［法］杜丹：《古代世界经济生活》，志杨译，商务印书馆 1963 年版。

［美］G. F. 穆尔：《基督教简史》，郭舜平等译，商务印书馆 1996 年版。

［英］J. F. C. 富勒：《西洋世界军事史》（卷一），钮先钟译，广西师范大学出版社 2004 年版。

［苏］科瓦略夫：《古代罗马史》，王以铸译，生活·读书·新知三联书店 1957 年版。

［英］莱斯莉·阿德金斯，罗伊·阿德金斯：《探寻古罗马文明》，张楠，等译，商务印书馆 2008 年版。

［德］利奥波德·冯·兰克著，［德］斯特凡·约尔丹、耶尔恩·吕森编：《历史上的各个时代——兰克史学文选之一》，杨培英译，北京大学出版社 2010 年版。

［美］M. 罗斯托夫采夫：《罗马帝国社会经济史》（上下册），马雍、厉以宁译，商务印书馆 1985 年版。

［美］M. 罗斯托夫采夫：《罗马》，邹芝译，世纪出版集团 2014 年版。

［英］M. J. 卡里、［英］T. J. 哈阿霍夫：《希腊罗马世界的生活与思想》，郭子林、曹彩霞译，大象出版社 2012 年版。

［美］马文·佩里主编：《西方文明史》，胡万里等译，商务印书馆 1993 年版。

［英］迈克尔·格兰特：《罗马史》，王乃新、郝际陶译，上海人民出版社 2008 年版。

［法］孟德斯鸠：《罗马盛衰原因论》，婉玲译，商务印书馆 1995 年版。

斯巴托特：《伟大属于罗马》，王三义译，上海三联书店 2011 年版。

［美］威尔·杜兰：《世界文明史——凯撒与基督》（上册），东方出版社 1999 年版。

［美］威利斯顿·沃尔克：《基督教会史》，孙善玲等译，中国社会科学出版社 1991 年版。

［瑞士］雅各布·布克哈特：《君士坦丁大帝时代》，宋立宏等译，上海三联书店 2006 年版。

［英］约翰·博德曼等编：《牛津古罗马史》，郭小凌等译，北京师范大学出版社 2015 年版。

［英］约翰·瓦歇尔：《罗马帝国》，袁波、薄海昆译，青海人民出版社 2010 年版。

三　中文著作

（一）专著

曹绍濂编：《西洋古代史》（上下册），商务印书馆 1934 年版。

陈衡哲：《西洋史》，辽宁教育出版社 1998 年版。

冯作民编著：《西洋全史（四）罗马兴亡史》，燕京文化事业有限公司 1975 年版。

厉以宁：《罗马-拜占庭经济史》（上编），商务印书馆 2006 年版。

王美秀等：《基督教史》，江苏人民出版社 2008 年版。

杨共乐：《罗马史纲要》，商务印书馆 2007 年版。

游斌著：《基督教史纲》，北京大学出版社 2010 年版。

（二）论文

洪浩尧：《西洋上古史报告——罗马的婚姻制度》，《历史教育》1994 年第 4 期。

李大维：《罗马帝国“弗鲁曼塔里伊”研究》，博士学位论文，东北师范大学，2011 年。

邢义田：《罗马帝国禁卫军、地方军团和一世纪后期至三世纪的皇位继承》，《成大西洋史集刊》第十一期（2003 年 6 月）。

邢义田：《罗马帝国军队常备职业化的特色》，《台湾大学历史系学报》第 15 辑（1990 年）。